10
18

12, AVENUE D'ITALIE. PARIS XIIIe

Sur l'auteur

Kate Summerscale est née en 1965. Elle est l'auteur de *The Queen of Whale Quay*, pour lequel elle a reçu le prix Somerset Maugham. Ce livre a connu un grand succès public et critique et a figuré sur la dernière sélection du prix Whitbread dans la section biographies. Par ailleurs, elle a été membre de jurys de nombreux prix littéraires, parmi lesquels le Booker Prize. Paru en 2008, *L'Affaire de Road Hill House* a connu un grand succès public et critique : pour cet ouvrage, elle a gagné le prix Samuel Johnson dans la catégorie non-fiction, la Galaxy British Book Award et figuré en tête de la liste des best-sellers pendant plusieurs mois. Elle vit à Londres avec son fils.

KATE SUMMERSCALE

LA DÉCHÉANCE DE MRS ROBINSON

Journal intime
d'une dame de l'époque victorienne

Traduit de l'anglais
par Éric Chédaille

10
18

CHRISTIAN BOURGOIS ÉDITEUR

Du même auteur
aux Éditions 10/18

L'AFFAIRE DE ROAD HILL HOUSE, n° 4264

Titre original :
Mrs Robinson's Disgrace
The Private Diary of a Victorian Lady

ISBN 978-2-264-06254-3

En souvenir de mes grand-mères Nelle et Doris,
et de ma grand-tante Phyllis.

L'épouse retournait pensivement entre ses mains
Un livre marqué au nom de l'écolière.
Une chaude larme, une seule, tomba sur la couverture
Elle referma vite le volume quand survint son mari.

Il entra et ressortit – ce n'était rien –
Après un échange de paroles paisibles et indifférentes ;
Toutefois, au bruit de la porte qui se refermait,
Une autre porte, effrayante, resta béante dans son âme.

L'amour, qu'elle avait découvert dans de jolis romans,
L'amour qui, s'il pouvait attrister, jamais ne décevait,
Lui avait bâti un palais de belles illusions
Et fait du vaste monde un conte de fées.

Sombre et amère, en tout point désolante,
Telle lui apparaît la carte de sa vie ;
Heure après heure elle scrute son âme, recrue
De profond désarroi et de violents conflits.

Le visage entre les mains, elle tomba à genoux sur le tapis ;
Le nuage noir creva, la pluie s'abattit.
Ah ! La vie sait si bien le fourvoyer et le pervertir, –
Quel poète saura dire une journée d'un cœur malheureux ?

« A » [William Allingham], « Une épouse »,
Once a Week, 7 janvier 1860

Les Robinson

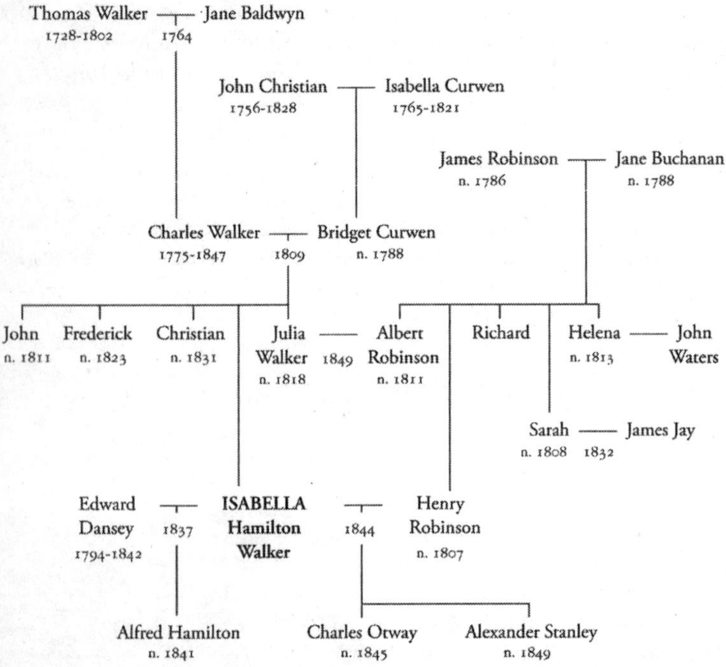

Les Lane

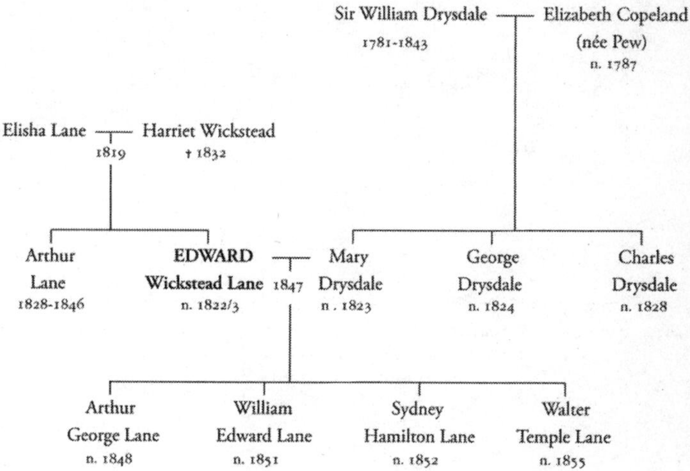
Sir William Drysdale
1781-1843
Elizabeth Copeland
(née Pew)
n. 1787
Elisha Lane
1819
Harriet Wickstead
† 1832
Arthur
Lane
1828-1846
EDWARD
Wickstead Lane
n. 1822/3
1847
Mary
Drysdale
n . 1823
George
Drysdale
n. 1824
Charles
Drysdale
n. 1828
Arthur
George Lane
n. 1848
William
Edward Lane
n. 1851
Sydney
Hamilton Lane
n. 1852
Walter
Temple Lane
n. 1855

Liste des hommes de loi dans le procès en divorce Robinson tenu à Westminster Hall

LES JUGES

Sir Alexander Cockburn, baronnet, président du tribunal de première instance

Sir Cresswell Cresswell, premier juge du tribunal des Divorces et Affaires matrimoniales

Sir William Wightman

LES AVOCATS

de Henry Robinson

Montagu Chambers QC

Jess Adams QC, DCL

John Karslake

d'Isabella Robinson

Robert Phillimore QC, DCL

John Duke Coleridge

d'Edward Lane

William Forsyth QC

William Bovill QC

James Deane QC, DCL

Prologue

Au cours de l'été 1858, un tribunal londonien commença d'accorder le divorce aux classes moyennes anglaises. Jusque-là, un mariage ne pouvait être dissous que par décret du Parlement et à un coût prohibitif pour la plus grande partie de la population. Nouvellement institué, le tribunal des Divorces et Affaires matrimoniales pouvait rompre les liens du mariage plus rapidement et pour un montant bien moindre. Gagner son divorce restait difficile – un homme devait prouver que son épouse avait commis l'adultère, une femme que son époux s'était rendu coupable de deux entorses conjugales –, mais les demandeurs se présentaient par centaines avec leurs histoires de trahisons et de dissensions, d'hommes brutaux et surtout de femmes dévergondées.

Le lundi 14 juin, un mois après avoir statué sur leur première requête en divorce, les juges se virent soumettre une affaire singulière. Henry Oliver Robinson, ingénieur civil de son état, demandait la dissolution de son mariage au motif que sa femme Isabella avait commis l'adultère, fournissant pour preuve le journal de cette dernière. Au cours des cinq journées du procès, lecture fut donnée devant la cour de dizaines de pages de ces écrits intimes, presque toutes reprises par la presse. Ce journal était détaillé, sensuel, tour à tour angoissé et euphorique, plus impie et relâché que ce qu'on pouvait trouver dans la littérature anglaise de l'époque. Sur le fond, il rappelait *Madame Bovary* de Gustave Flaubert, livre publié l'année précédente en France après un retentissant procès pour atteinte aux bonnes mœurs et qui, jugé par trop scandaleux, ne fut pas traduit en anglais avant les années 1880. Comme le roman de Flaubert, ce journal intime dressait le portrait d'un personnage aussi dérangeant qu'inattendu : une épouse de la classe moyenne qui se révélait indocile, insatisfaite, en quête d'émotions fortes. Au grand étonnement de ceux qui en lisaient des extraits dans la presse, Mrs Robinson paraissait avoir recherché et documenté avec délectation sa propre déchéance.

Livre I

Cet ami secret

« Pourquoi ai-je repris ce secret confident de mes heures de lassitude et de désespoir ? Parce que je suis plus abandonnée que jamais, plus seule que je ne l'ai jamais été, bien que mon mari soit occupé à écrire dans la pièce voisine. Ma souffrance est une souffrance de femme, et elle a besoin de parler, ici plutôt que nulle autre part, à mon second moi-même, sur ces pages : je n'ai personne d'autre pour m'entendre. »

Wilkie Collins, *Armadale* (1866)[1]

1. Traduction française : E. Allouard. (*N.d.T.*)

1

Ici, je puis regarder et aimer

Édimbourg, 1850-1852

Le vendredi 15 novembre 1850, par une soirée encore douce, Isabella Robinson sortit pour se rendre à une réception donnée non loin de son domicile d'Édimbourg. Après avoir suivi en cahotant les larges avenues pavées du New Town georgien, sa voiture s'immobilisa au centre d'un cercle de majestueuses maisons en grès éclairées de réverbères. Elle mit pied à terre et gravit les marches du 8 Royal Circus, à l'entrée imposante rutilant d'appliques en cuivre et couronnée par le rectangle lumineux d'une imposte vitrée. Il s'agissait de la résidence de Lady Drysdale, veuve fortunée et riche en relations à laquelle Isabella et son mari avaient été recommandés cet automne, lorsqu'ils s'étaient établis à Édimbourg.

Elizabeth Drysdale était une hôtesse fameuse, pleine d'entrain, aussi décidée que généreuse. Ses soirées attiraient des personnalités inventives et progressistes : des romanciers tels que Charles Dickens, qui s'était rendu à l'une d'elles en 1841 ; des médecins comme l'obstétricien et pionnier de l'anesthésie James Young Simpson ; des éditeurs comme Robert Chambers, fondateur du *Chambers's Edinburgh Journal* ; ainsi que quantité d'artistes, d'essayistes, de naturalistes, d'archéologues et de comédiennes. Bien que la ville ne fût plus le foyer des Lumières écossaises, Édimbourg restait un centre intellectuel et social très actif.

Un domestique introduisit Isabella à l'intérieur. Dans le hall d'entrée, un lustre à becs de gaz éclairait le sol de pierre et faisait luire le fer poli et le bois ciré de la rampe courbe de l'escalier. Avant de s'engager dans les marches, les invités ôtaient charlottes, manchons et capes, hauts-de-forme et redingotes. Les dames étaient en robe décolletée de soie et satin à corsage moiré tendu sur un corset à doublure et baleines, et dont la jupe, bouffant sur ses jupons, s'étageait de volants, de rubans, de ruchés et de galons. Leurs cheveux étaient séparés au milieu et ramenés au-dessus des oreilles en un chignon torsadé orné de plumes ou de dentelles. Elles portaient un collier et des bracelets, des bottines de soie ou des escarpins de satin. Les messieurs les suivaient en queue de pie, gilet, plastron et cravate, pantalons étroits et souliers vernis.

Isabella venait à cette soirée avec une grande envie de rencontrer du monde. Henry, son mari, s'absentait souvent pour ses affaires. Cependant elle se sentait esseulée même lorsqu'il était présent. Il faisait un « peu sympathique compagnon, écrivit-elle dans son journal, sans instruction, étroit d'esprit, vindicatif, égoïste, orgueilleux ». Alors qu'elle aspirait à parler littérature et politique, composer des poèmes, apprendre des langues étrangères et prendre connaissance des derniers essais scientifiques et philosophiques, lui « ne vivait que pour ses activités commerciales ».

Dans les hautes et spacieuses pièces de réception du premier étage, Isabella fut présentée à Lady Drysdale et au jeune couple avec lequel celle-ci partageait sa maison : sa fille Mary et son gendre Edward Lane. Natif du Canada, Mr Lane, juriste, avait fait son droit à Édimbourg ; aujourd'hui âgé de vingt-sept ans, il suivait des études de médecine. Isabella fut enchantée par le personnage. Il était « beau garçon, plein d'entrain, jovial », confia-t-elle à son journal ; il s'avérait « très intéressant ». Par la suite, elle se reprocherait, comme souvent dans le passé, d'être si sensible au charme masculin. Mais une aspiration s'était emparée d'elle, dont elle aurait du mal à se défaire.

Durant ce mois où elle rencontra Edward Lane, Isabella fit un voyage jusqu'au littoral de la mer du Nord et, assise sur la grève, se prit à méditer ses nombreuses imperfections. Anglaise de bonne famille, âgée de trente-sept ans, elle avait déjà, de son propre aveu, échoué dans chacun des rôles auxquels une femme de son époque était censée satisfaire. Elle dressa dans son journal la liste de ses manquements : « mes erreurs de jeunesse, mes provocations à l'encontre de mes frères et sœurs, mon entêtement face à ma gouvernante, mon insoumission et mon peu de déférence à l'endroit de mes parents, mon absence de principe conducteur dans la vie, la nature de mon mariage et ma conduite au sein de ce mariage, mon attitude partiale et souvent brutale envers mes enfants, mon comportement étourdi pendant mon veuvage, mon second mariage et tout ce qui s'est ensuivi ». Elle s'était rendue coupable, jugeait-elle, d'« impatience face aux épreuves, d'affections erratiques, d'absence d'abnégation et d'application à bien agir, ceci en tant que mère, fille, sœur, épouse, élève, amie, maîtresse de maison ».

Et de citer une strophe de Robert Burns :

Tu sais que tu m'as fait
Avec des passions intraitables et violentes ;
Et d'avoir écouté leur voix ensorcelante
M'a souvent conduit à mal[1].

Une partie de l'impitoyable catalogue qu'Isabella dressa de ses défauts peut se superposer aux faits connus de sa vie. Née le 27 février 1813 dans le quartier londonien de Bloomsbury, elle fut baptisée Isabella Hamilton Walker au mois de mai en l'église St Pancras. Charles, son père, était le deuxième fils d'un ancien comptable général de George III ; Bridget, sa mère, était la fille aînée d'une héritière des charbonnages de Combrie et d'un député whig. Peu après sa naissance, son père acheta un domaine à Ashford Carbonel, village du Shropshire situé non loin de la frontière avec le pays de Galles. C'est là, dans un manoir en brique bâti au bord de la Teme, qu'elle grandit, rebelle avec les grandes personnes, exaspérante avec ses frères et sœurs.

Sa mère décrivit plus tard la propriété, Ashford Court, comme un lieu idyllique pour des enfants. On y trouvait, raconterait-elle à l'un de ses petits-enfants, « un grand jardin ravissant, quantité de prairies et de jolies promenades, un long cours d'eau avec une barque », ainsi que « des agneaux, des vaches, des chevaux tant grands que petits, des chiens, des chats et des chatons ». La demeure était entourée de quatre-vingt-dix hectares de prés et pâtures, parcs à chevaux, champs de houblon et vergers. Une pelouse

1. Traduction française : Léon de Wailly. (*N.d.T.*)

descendait en pente douce jusqu'à la rivière. La vue donnait sur des collines couvertes d'arbres. Au fil des ans, le père d'Isabella, châtelain et juge de paix local, acheta ou prit à bail des terres supplémentaires, dont il exploita lui-même une quarantaine d'hectares et loua le reste.

Les huit enfants furent confiés à une nurse, puis à une gouvernante, aux bons soins de laquelle les quatre sœurs furent remises, tandis que les quatre frères partaient en pension. Il était d'usage qu'une gouvernante enseignât des langues vivantes, l'arithmétique et les lettres aux demoiselles dont elle avait la charge, mais sa tâche principale consistait à en faire de jeunes femmes accomplies, versées dans les arts d'agrément qu'étaient la danse, le piano, le chant et le dessin. Isabella, aînée des filles, se sentait limitée par cet enseignement. Elle notera plus tard que, dès ses plus jeunes années, elle avait été « une penseuse indépendante et assidue ».

Au mois d'août 1837, quelques semaines après l'accession de la reine Victoria au trône de Grande-Bretagne, Isabella fut la première des filles Walker à convoler. La cérémonie fut célébrée en l'église St Mary, sur une colline à quelques centaines de mètres de la maison. Isabella avait vingt-quatre ans. Âgé de quarante-trois ans, Edward Collins Dansey, le marié, veuf d'un premier mariage, était lieutenant de la Royal Navy. La façon peu flatteuse dont Isabella évoquera la « nature » de cette union donne à penser que ce ne fut pas un mariage d'amour. Elle dira plus tard s'être mariée sur un coup de tête, poussée par un « mouvement d'impétuosité ». Ce n'en était pas moins une alliance avantageuse pour les deux partis. Edward Dansey était issu d'une vieille famille du cru, anciennement propriétaire du domaine dont le père d'Isabella avait fait l'acquisition. Il déposait six mille livres dans la corbeille, somme presque égalée par les cinq mille livres de la dot de la mariée. Ce capital pouvait rapporter un confortable revenu d'environ neuf cents livres par an.

Le jeune couple alla s'établir à Ludlow, gros bourg des environs, où Isabella donna naissance à un fils, Alfred Hamilton Dansey, en février 1841. Comme le rapporte Henry James, à Ludlow au début du dix-neuvième siècle, « des bals étaient donnés dans la salle des fêtes. Mrs Siddons s'y produisait, Catalini y venait chanter. Les héroïnes de Miss Burney et de Miss Austen auraient fort bien pu y connaître leur première histoire d'amour ». Située dans Broad Street, rue pittoresque qui dévalait vers la Teme, la maison des Dansey – bâtie en 1625 et dont la façade avait été ornée de huit fenêtres à la vénitienne au milieu du dix-huitième siècle – était voisine d'une salle de bal. Isabella et sa nouvelle famille étaient installées au cœur de la bonne société du Shropshire.

Toutefois, au mois de décembre 1841, Edward Dansey perd brusquement la raison. La mère d'Isabella confie à un parent que « le pauvre monsieur Dansey » est « complètement dérangé » et requiert « une veille permanente et une surveillance de tous les instants ». Et d'ajouter que le frère d'Isabella, Frederick, âgé de dix-huit ans, est allé séjourner chez les Dansey à Ludlow « afin de s'occuper du malheureux et de consoler sa sœur dans cette épreuve des plus cruelles ». Cinq mois plus tard, Dansey mourait d'un « cerveau malade » à l'âge de quarante-sept ans.

Edward Dansey avait déjà fait des placements pour Alfred, mais tout ce qu'il possédait à sa mort alla à l'enfant de son premier mariage, Celestin, jeune lieutenant des Royal Bombay Fusiliers. Isabella ne reçut rien. Elle regagna probablement Ashford Court avec son bébé.

Isabella connut deux années de veuvage avant d'être présentée à Henry Oliver Robinson, protestant irlandais de six ans son aîné. Il est possible qu'ils se soient rencontrés par l'entremise de Sarah, sœur de Henry dont le mari était notaire et conseiller municipal de Hereford, à trente kilomètres au sud de Ludlow. Henry était issu d'une famille d'industriels mobiles et dynamiques. En ses jeunes années, il avait dirigé à Londonderry, sa ville natale, une brasserie et une distillerie produisant trente-cinq mille litres d'eau-de-vie par an. Présentement, il construisait à Londres, avec un de ses frères, des bateaux et des moulins à sucre. Il était, depuis 1841, membre de l'Institut des ingénieurs civils, organisme qui régulait une profession relativement nouvelle et en pleine expansion – en 1850, la Grande-Bretagne comptait environ neuf cents ingénieurs.

Après avoir repoussé à deux reprises la demande en mariage de Henry, Isabella finit par céder à la troisième tentative. « J'ai laissé des tiers dissiper mes scrupules et mon peu d'attirance, expliquera-t-elle plus tard dans une lettre, et c'est avec les yeux presque grands ouverts qu'en femme vouée au malheur je me suis engagée dans les liens d'une union redoutée. » Veuve de trente et un ans avec un enfant, elle n'était pas en situation de faire la difficile. Ce mariage lui donnerait au moins l'occasion de quitter ce coin de pays, et de découvrir de nouveaux endroits et rencontrer de nouvelles personnes.

Après avoir célébré leur union le 29 février 1844 à Hereford, Henry et Isabella s'établirent à Londres, où Charles Otway, leur premier enfant, naquit à peine un an plus tard dans une maison de Camden Town. Il fut baptisé Charles, comme le père d'Isabella, mais le prénom d'Otway ne semble pas avoir eu de précédent dans l'une ou l'autre famille. Peut-être Isabella l'avait-elle choisi en hommage à Thomas Otway, dramaturge en vogue sous la Restauration, dont les pièces – qualifiées de « tragédies féminines » – décrivent des femmes vertueuses ainsi que malheureuses. Elle donna le surnom de Doatie à ce second fils, son préféré, dont elle était folle.

Peu après la naissance d'Otway, la famille emménagea à Blackheath Park, luxueuse résidence de construction récente à la sortie de Londres. La maison était située à trois kilomètres au sud de Greenwich, d'où un ferry assurait un service régulier jusqu'aux usines métalliques Robinson, sur la rive gauche de la Tamise. Henry et son frère Albert concevaient et construisaient des navires à vapeur et des moulins à canne à sucre à Millwall, au milieu de la zone de friches et de marécages bordant le fleuve à l'est de la ville. Ces usines produisaient de la tôle, des machines et des pièces, et employaient plusieurs centaines d'hommes à la construction de bateaux et de broyeurs. Lors d'une opération qui rapporta cent mille livres, Albert construisit cinq navires pour le Gange qui furent assemblés, puis démontés à Millwall et expédiés à Calcutta (voyage de quatre mois) pour y être remontés sous sa supervision. En 1848, les frères Robinson rachetèrent l'affaire pour seulement douze mille livres (elle avait été acquise pour cinquante mille livres un peu plus de dix ans auparavant). Leur frère cadet Richard se joignit à eux, ainsi que l'architecte naval et ingénieur d'avant-garde John Scott Russell. La compagnie, à présent connue sous le nom de Robinson & Russell, lancerait une dizaine de navires de haute mer au cours des trois années suivantes, le premier étant le *Taman*, paquebot en acier commandé par le gouvernement russe pour assurer la liaison entre Odessa et la Circassie. Le baptême du *Taman* en novembre 1848 attira une foule importante, dont beaucoup de gens en embarcations à vapeur et canots, venus regarder le navire descendre le plan incliné, s'ébranlant d'abord lentement pour ensuite glisser de plus en plus vite vers les eaux du fleuve.

Son mariage avec Isabella apporta à Henry argent et position. Juste avant les noces, le père de la jeune femme avait placé cinq mille livres « pour son seul et exclusif usage », comme il l'avait fait lors de son premier mariage ; il s'agissait là d'un moyen ordinaire de tourner la loi, qui donnait au mari des droits sur tous les biens de son épouse. Les intérêts de ce fonds – environ quatre cent trente livres par an – étaient versés par les gestionnaires (son père et son frère Frederick) sur un compte à son nom à la banque londonienne Gosling & Co., sise à Fleet Street. Quasiment au début de leur mariage, Henry suggéra toutefois à Isabella de signer tous ses chèques puis de les lui confier ; il les encaisserait ensuite lorsqu'il le jugerait opportun, pour régler leurs frais domestiques et personnels. Elle y consentit. Henry était « de nature très impérieuse », expliquera-t-elle plus tard, et « afin de prévenir autant que possible tout différend » entre eux, elle était disposée à agir selon sa volonté. Il lui remettait de l'argent en liquide pour payer les factures des fournisseurs et les gages de leurs servantes, régler les dépenses domestiques et s'habiller, elle et les enfants. Il lui consentait un peu d'argent de poche et lui donnait des directives concernant la gestion du budget. Les dépenses de la famille tournaient autour de mille livres par an, ce qui la plaçait dans le centième le plus aisé de la population et sur le plus haut échelon de la classe moyenne supérieure.

Les appropriations de Henry ne se bornèrent pas à cela. Quand le père d'Isabella décéda en 1847, laissant mille livres de plus à sa fille aînée, Henry retira immédiatement la totalité de cette somme en utilisant un des chèques en blanc signés par sa femme, et la plaça à son propre nom dans des actions de la London & North Western Railway. Même s'il prit des dispositions pour que les intérêts soient versés sur le compte d'Isabella – auquel il était de toute manière le seul à avoir accès –, il conserva pour lui le capital. Isabella affirmera qu'il chercha aussi à supprimer le patronyme d'Alfred Dansey, son beau-fils, afin d'en devenir le légataire, et qu'il annexa deux mille livres des fonds propres du garçon. Isabella se disait « irrésolue » face à la rapacité de Henry, « irritée et néanmoins passive ». « Tout en connaissant parfaitement l'avarice et la cupidité de mon conjoint, écrivit-elle plus tard, je ne faisais rien contre ses empiétements et le laissais me déposséder d'une chose après l'autre. »

En février 1849, elle donna naissance à Alexander Stanley, son troisième et dernier enfant. À l'époque de cette naissance, elle séjournait dans la station balnéaire de Brighton, comté du Sussex, à deux heures de Londres par le rapide. Sans doute s'y trouvait-elle pour raisons de santé. Elle avait sombré, cette année-là, dans un profond abattement assorti de migraines et de problèmes menstruels, en lesquels le Dr Joseph Kidd, de Blackheath, avait identifié des symptômes de « maladie utérine ». En 1849, ses affaires avaient appelé Henry en Amérique du Nord pour une durée de six mois. Isabella commença à tenir un journal intime, comme un ami dans la solitude et la maladie, un compagnon et un confident.

« Je ne sais où chercher du secours, y écrit-elle. Un douloureux fardeau de déréliction et d'indéfinissables oppressions pèse sur mon âme. Je ne reçois ni compassion ni affection, car je ne le mérite pas. Mes chers garçons sont le seul rayon de consolation qui me soit donné. » Bien qu'elle se conduise parfois mal avec ses fils – portant la main sur eux lorsqu'elle était en colère, préférant Doatie aux deux autres –, l'amour qu'elle avait pour eux la sauvait de ses humeurs les plus sombres. Elle disait partager avec eux un lien « d'une force *peu commune* ».

Comme beaucoup de femmes du dix-neuvième siècle, Isabella se servait de son journal comme d'un lieu où confesser sa faiblesse, sa tristesse et ses péchés. Elle y sondait sa conduite et ses pensées, se colletait avec ses erreurs et tâchait de se tracer un chemin menant à la vertu. Cependant, tout en canalisant ainsi dans ces pages la force et la turbulence de ses affects, elle en faisait aussi un catalogue et un mémoire. Elle se trouva en train de raconter une histoire, un feuilleton en épisodes quotidiens, dont elle était l'héroïne bafouée et désespérée.

Henry rentré d'Amérique, les Robinson décidèrent d'aller s'établir à Édimbourg parce que cette ville était renommée pour ses écoles nombreuses et d'un coût modéré. Leurs garçons pourraient y recevoir un enseignement de qualité sans devoir partir en pension. Henry choisit pour les siens une maison en granite de cinq étages, au 11 Moray Place, dont le loyer s'élevait à environ cent cinquante livres par an. Réalisation la plus importante du New Town, Moray Place était délimité par douze immeubles bâtis sur un sol en déclivité. Au nord, le terrain descendait abruptement vers le Water of Leith à travers des jardins d'agrément plantés de rhododendrons et de noisetiers. La splendeur pesante de Moray Place ne ralliait pas tous les suffrages. « Il a été objecté, pouvait-on lire en

1851 dans le *Black's Guide Through Edinburgh*, que la simplicité de style et l'aspect massif qui caractérisent ces immeubles leur confèrent un aspect solennel et mélancolique en opposition avec le type de l'architecture locale. » Les Robinson avaient quatre employés à demeure : un domestique, une cuisinière, une bonne et une nurse.

À l'intérieur du 11 Moray Place, un large escalier conduisait aux pièces de réception, situées au premier, et aux chambres à coucher, dans les étages supérieurs. Les salons étaient vastes et lambrissés, avec de grandes fenêtres ouvrant, en façade, sur la verdure d'un parc circulaire et, de l'autre côté, sur un jardin en triangle. Au sommet de la cage d'escalier, une verrière hémisphérique était entourée d'une frise en stuc où des chérubins gambadaient au milieu d'un feuillage stylisé, cependant que d'autres, sagement assis sur les feuilles, s'adonnaient à la lecture.

Un escalier plus étroit continuait vers le dernier étage où logeaient les trois garçons. Des fenêtres de derrière de ces chambres, Isabella pouvait apercevoir la toiture du 8 Royal Circus et, au-delà, le clocher de St Stephen, église en laquelle, trois ans plus tôt, Edward Lane avait épousé Mary, la fille de Lady Drysdale.

Elle devint une visiteuse assidue de cette dernière et de ses enfants. La maison se trouvait à quatre cents mètres de la sienne vers le nord-est, l'affaire de quelques minutes à pied ou en voiture. Invitée aux réceptions familiales – un soir de la première année d'Isabella en ville, Lady Drysdale donna une grande fête à l'intention des enfants et, une autre fois, elle organisa un « festin de fraises » – Isabella se lia avec des membres de leur cercle : des romancières en vogue telles que Susan Stirling et des penseurs influents comme le phrénologue George

Combe. Lady Drysdale était, selon Charles Piazzi Smyth, astronome royal pour l'Écosse, « la grande protectrice de tout ce qui était scientifique et littéraire ». Elle était, selon une autre amie, la critique d'art Elizabeth Rigby, « *unique* dans sa façon de répandre le bonheur. [...] Je n'ai jamais rencontré nulle femme aussi chaleureuse et dépourvue d'égoïsme. » Lady Drysdale était une philanthrope fervente qui adorait prendre les déshérités sous son aile – révolutionnaires italiens, réfugiés polonais, et à présent Isabella, exilée au sein de son propre mariage.

Isabella n'avait jamais aimé son mari ; à l'époque où ils emménagèrent à Édimbourg, elle l'avait en aversion. Une photographie de cette époque est conforme au portrait qu'elle en donne : hautain et borné ; il se tient avec raideur sur son siège, en veste, gilet, chemise et cravate, la main droite refermée sur une canne à pommeau d'argent ; le torse maigre, la taille étroite, un long nez sur un long visage, l'air sûr de lui. Bien qu'elle affirmât s'efforcer de ne pas l'espionner, Isabella savait à présent qu'il avait une maîtresse et deux filles illégitimes. Elle en était arrivée à penser qu'il ne l'avait épousée que pour son argent.

Au bout de quelques mois, c'est presque chaque jour qu'elle rendait visite à ses quasivoisins. Elle avait coutume d'inviter Arthur, l'aîné des Lane, à venir jouer avec ses garçons, surtout après que Mary Lane eut donné naissance à William, son second, au début de 1851. Elle parlait poésie et philosophie avec Edward Lane, discutait des idées nouvelles, l'encourageait à écrire des essais en vue de la publication. Comme elle le déplore dans une lettre à un ami, Henry, lui, ne montrait nul intérêt pour la littérature ; il était parfaitement incapable d'« analyser et interpréter le moindre vers [qu'elle pouvait] lui citer – celui-ci fût-il [d'elle] ou de quelqu'un d'autre ! ». Edward leur proposait souvent, à elle et ses fils, de les accompagner, Arthur et lui, au bord de la mer. « Atty » étant de constitution fragile, son père cherchait à le fortifier par de fréquentes sorties sur le littoral à bord d'un phaéton, voiture découverte pourvue d'une caisse suspendue et de quatre grandes roues. Installés à la lisière de la plage de Grandon, à quelques kilomètres au nord-ouest de la ville, Isabella et Edward parlaient poésie tout en gardant un œil sur les enfants, occupés à jouer dans les rochers ou sur le sable.

Le 14 mars 1852, par un après-midi de grisaille, Isabella fit un tour à pied dans le New Town. Stanley, alors âgé de trois ans, était probablement resté à la maison avec sa nurse, une Irlandaise nommée Eliza Power, mais Otway et Alfred, sept et onze ans, accompagnaient leur mère. Partant de Moray Place, les promeneurs gravirent la côte jusqu'à son sommet et redescendirent vers Princes Street, large avenue qui longeait la lisière méridionale du New Town. Une rangée de maisons s'étirait sur un côté de la rue, et le trottoir d'en face était bordé d'une rambarde métallique derrière laquelle le terrain descendait en pente abrupte. Au loin, sur le versant opposé, se dressaient les immeubles noirâtres de l'Old Town. « Devant nous s'étendait la ville, confusément visible, écrira Isabella dans son journal, ses flèches, ses monuments et ses rues, le port de Leith, le Frith, et, au premier plan, des habitations exiguës, confinées, et des immeubles de dix étages. »

Le regard d'Isabella embrassait le gouffre séparant riches et pauvres, les rues aérées de la nouvelle Édimbourg des taudis verticaux et bondés de la vieille ville. Cette zone entre le New Town et l'Old Town avait été asséchée et nivelée au début du siècle ; en 1842, une voie ferrée avait été posée au fond. Même si quelques magasins avaient ouvert le long de Princes Street, les rues qu'Isabella parcourait avec ses fils étaient marquées d'une luxueuse solitude. Le dimanche, le quartier était désert. Les magasins étaient fermés, les stores des maisons, baissés. Isabella aurait voulu pénétrer le secret labyrinthe qui s'étendait de l'autre côté des rails. « Ah, pensais-je, chacun de ces toits cache une vie avec ses joies et ses chagrins mystérieux. Chaque habitant de ces maisons a sûrement une histoire personnelle, saisissante, palpitante, singulière. Si je les connaissais, certains de ces gens me rendraient peut-être moins triste, moins esseulée. Il s'y trouve peut-être des cœurs aussi mécontents de leur sort que moi du mien ; bien peu, je pense, plus las de vivre que je ne le suis.

« J'ai regagné la maison avec mes garçons, poursuit-elle. Au fond, je les aime et tiens à eux. N'était le fait que mon cher Otway me serait retiré, je quitterais mon mari pour toujours. » Si elle et Henry se séparaient, elle obtiendrait la garde d'Alfred, né du premier lit, et peut-être celle de Stanley – car la loi de 1839 portant sur le droit de garde des tout jeunes enfants permettait pour la première fois à une femme séparée de demander, à condition qu'elle ait bonne réputation, la garde de n'importe lequel de ses enfants âgés de moins de sept ans. Doatie, en revanche, serait certainement resté avec son père.

Rentrée chez elle à cinq heures et demie, Isabella tâcha d'apaiser son esprit tourmenté : « … joué psaumes, écrit Journal, lu, fumé cigare ; les garçons avec moi jusqu'à neuf heures. Me sentais un peu moins abattue. » Lire, jouer du piano et passer du temps avec les enfants étaient, à l'époque victorienne, des occupations traditionnelles pour une femme de la classe moyenne ; fumer le cigare était en revanche une pratique rebelle et bien peu féminine.

Le samedi 27 mars 1852, Isabella organisa une excursion pour elle et les enfants. Ayant invité Edward à les accompagner, elle loua une voiture avec cocher qui devait passer prendre les deux familles après le dîner[1]. Henry était en déplacement.

C'est une fraîche et lumineuse matinée. « Ai décidé de me préparer de bonne heure pour cette sortie, dont je me fais une joie. Cette joie n'est pas exempte de la *crainte* que quelque chose ne vienne gâcher le plaisir que je m'étais promis, comme c'est presque toujours le cas avec moi. » La journée commence mal : elle se lève trop tard, si bien qu'elle manque un rendez-vous ; un verre de sherry pris avant le repas de midi lui vaut « un vague mal de tête » ; elle est contrariée par le comportement brutal des garçons dans le jardin. « J'ai dîné à la hâte, note-t-elle dans son journal, et suis sortie immédiatement, pour ne rien perdre de la beauté de cette journée. »

En arrivant au 8 Royal Circus, elle découvre que sa crainte était justifiée : « Après quelque retard et flottement, j'ai appris que Mrs L. serait de la partie, et j'ai compris que tout espoir d'un plaisant *tête-à-tête**[2] était perdu pour la journée. C'est à peine si je suis parvenue à leur faire bon accueil, à elle et à Atty, ou à feindre la bonne humeur, sans parler de

1. À l'époque, on appelait *dîner* le repas du milieu de journée. (*N.d.T.*)

2. Les mots en italique suivis d'un astérisque sont en français dans le texte. (*N.d.T.*)

la gaieté. » Elle s'était habituée à avoir Edward pour elle toute seule.

Les deux familles partent en voiture, les garçons à l'extérieur sur le siège, les adultes à l'intérieur. Ils roulent vers le nord en direction de la mer, puis vers l'ouest le long de la côte, et dépassent le nouveau port construit à Granton. À l'intérieur, « la conversation était contrainte et décousue. M. L. a lu des fragments de Coleridge et de Tennyson ». Ils commentent un article d'Edward « sur l'erreur des jugements hâtifs, non fondés sur la connaissance », écrit à la suggestion d'Isabella et paru le matin même dans le *Chambers's Edinburgh Journal*. La voiture fait halte au bout d'une huitaine de kilomètres près d'un alignement de maisons blanchies à la chaux dans le village de Cramond, situé à l'embouchure de l'Almond. Le petit groupe grimpe un sentier raide pour gagner un coin abrité et ensoleillé du rivage, où on déploie les plaids et ouvre les livres. Au nord se dresse l'étendue herbue, piquetée de rochers, de l'île Cramond, sur laquelle les promeneurs peuvent se rendre en traversant des bancs de sable que la marée basse découvre.

Mary Lane emmène les garçons cueillir des genêts, laissant Edward et Isabella seuls, mais « cela ne m'a pas véritablement réjoui le cœur », notera cette dernière. Edward et elle parlent « de la vie, de Cana, de la propriété, de la richesse et de la naissance [...], du découragement, de l'éducation, de la pauvreté, etc. » et lisent à voix haute « quelques fragments décousus de nos poètes », dont « Abattement : une ode » de Samuel Taylor Coleridge. Ce poème dépeint un état d'esprit pareil au sien : un « poids suffocant », « Un chagrin diffus, vide, sinistre et morne, / Un chagrin étouffé, gourd, insensible ».

« Nous avons levé le camp quand le soleil déclinait. Remonté en voiture et continué de tenir une conversation [...] sans aucun intérêt, selon moi ; admirant, comme il convient, les paysages, qui étaient jolis. »

De retour en ville, la voiture dépose les Lane à Royal Circus, où les « garçons affamés » d'Isabella descendent du siège pour s'installer à l'intérieur. Ils arrivent à Moray Place à six heures et demie, Isabella se sentant « aussi contrariée, déprimée, dépitée, démoralisée, [qu'elle se] rappelle l'avoir jamais été ».

Elle s'en veut d'avoir fait mauvaise impression aux Lane. « Mrs Lane a eu l'air à plusieurs reprises renfermée et perplexe ; lui, était gêné ; leur enfant, fatigué ; personne n'était ni content ni reconnaissant. » Elle fait habituellement bonne figure devant ses amis puis s'épanche dans son journal ; mais, ce jour-là, son mécontentement n'a été que trop apparent. « J'avais dépensé huit shillings pour pis que rien, écrit-elle, partagée entre dégoût de soi et apitoiement sur son sort. Seigneur ! Pourquoi faut-il que tout ce que je prévois ou désire se solde par tant d'amertume ? Ce doit être ma faute. J'aspire à des choses auxquelles je ne devrais pas attacher de prix. Il m'est impossible d'aimer là où je le devrais, comme de m'empêcher d'aimer là où je ne le devrais point.

« Mon esprit est un chaos où s'enchevêtrent le bien et le mal. Je suis lasse de moi-même et ne puis cependant mourir. »

Sur quoi elle reçoit un billet – une « ligne toute de froideur » – d'Edward. Elle a prévu d'aller le lendemain matin avec les Lane entendre un sermon du docteur et révérend Thomas Guthrie, un des chefs de file de l'Église libre d'Écosse ; mais Edward lui apprend que la messe a été annulée. Elle se retire à minuit, « la mort dans l'âme, pour aller retrouver une couche triste et solitaire ». Au moins son journal lui est-il de quelque réconfort, sauvant quelque chose des ruines de l'expédition : « Éprouvé quelque allégement en faisant le récit d'une journée perdue. » Mettre des mots sur sa déconvenue en diminue le poids. L'héroïne d'Anne Brontë dans *La Locataire de Wildfell Hall* (1848) observe le même phénomène : « J'ai ressenti du soulagement à décrire les circonstances mêmes qui ont anéanti ma paix. »

Une dizaine de jours après la sortie à Cramond, Isabella est de nouveau tenaillée par ses sentiments pour Edward Lane. « Très belle journée, limpide et plaisante, note-t-elle le mercredi 7 avril. Terriblement et anormalement déprimée. »

Elle se lève tard ce jour-là. Henry, de mauvaise humeur, se montre grossier. Elle écrit à sa mère à elle une lettre dans laquelle elle se plaint de lui. Elle rend ensuite visite à Mary Lane. « Mrs L., très bonne ; elle est une douce et aimable nature, et qui fait merveille dès qu'il y a le moindre chagrin à consoler. » Ayant retrouvé le reste de la famille, elle est toutefois blessée par l'apparente indifférence d'Edward. Il « causait avec tous ceux qui se trouvaient dans la pièce, se montrant plus gai et volubile que d'ordinaire », mais « désinvolte dans son comportement, et c'est à peine s'il a eu un regard pour moi ». Les Lane la ramènent chez elle en fiacre. « J'étais malheureuse et, descendant du fiacre devant chez moi, leur serrant la main d'une main froide comme le marbre, j'avais le sentiment de n'être pas faite pour leur société. » Elle se glisse à l'intérieur, monte à sa chambre en évitant Henry. À l'instar de nombreux couples de la classe moyenne supérieure de l'époque, elle et lui font chambre à part. Elle apprend de la bouche d'Eliza, la nurse, que les garçons se portent bien, puis elle se retire, « complètement mortifiée ».

Après pareil désappointement, le retour des attentions d'Edward ne fait que l'électriser davantage. Elle se lève à onze heures le mardi 13 avril par une belle et tiède matinée et s'installe dans le jardin avec un livre des frères Schlegel, fondateurs du romantisme allemand et champions de l'amour et de la liberté. Alfred est à l'école, mais Otway, souffrant, est resté à la maison avec Stanley. À quatre heures, Isabella sort faire des emplettes et, une heure plus tard, passe prendre Atty Lane à Royal Circus pour l'emmener chez elle. « Les enfants ont joué dans le jardin, écrit-elle. St., très querelleur ; il est d'un tempérament excitable et passionné. » À huit heures du soir, elle ramène Atty chez Lady Drysdale, puis accompagne Edward, Mary et une « Miss R. » de leurs amies à une conférence sur Homère. Il s'agit d'une des causeries données, ce mois d'avril, à la Philosophical Institution, sise dans Queen Street, par John Stuart Blackie, nouveau professeur de grec de l'université d'Édimbourg. Le professeur Blackie pouvait être, selon ses dires, un orateur « sémillant et plein d'entrain » qui mettait son auditoire dans « un état non pas seulement d'attention ravie mais aussi d'euphorie et de jubilation manifestes ». Dans la salle, Isabella s'assoit à côté d'Edward et Mary de l'autre côté. Le propos du professeur est « distrayant et original ». Edward et Isabella causent avant et après la conférence. « Nous avons parlé de surnoms et de personnalités graves, et j'étais toute joyeuse, très exaltée par sa présence. Nous avons beaucoup ri. »

Ils continuent de deviser au cours des dix minutes du trajet de retour. « Mrs L. et Miss R. marchaient devant, hors de portée de voix. Nous avons parlé du temps qu'il fait, citant des vers s'y rapportant, puis d'Homère, de Shakespeare, du talent, etc. » Isabella arrive chez elle dans un état de vive euphorie. « Ces promenades à la nuit tombée sont très exaltantes. En retrouvant mon lit solitaire, j'étais trop énervée pour trouver le sommeil et me suis tournée et retournée pendant des heures. »

Lors de la soirée donnée à Royal Circus le 15 novembre 1850, Isabella a également fait la connaissance de l'auteur et éditeur Robert Chambers, colosse à la crinière ondulée. Ils sont voisins : les fenêtres de derrière des Robinson donnent sur celles de la maison de Robert et Anne Chambers, sise à Doune Terrace. Chambers compte parmi les figures littéraires les plus en vue de la ville. Son frère William et lui dirigent le très coté magazine progressiste *Chambers's Edinburgh Journal*, qui se vend chaque semaine à plus de quatre-vingt mille exemplaires. Dans les deux mois qui ont fait suite à leur rencontre, Chambers a dîné à deux reprises à Moray Place, et les Robinson sont allés à deux réceptions à Doune Terrace. Au mois de mai suivant, alors que Henry est en déplacement, Isabella y est conviée à un dîner auquel sont également invités notamment l'écrivain à succès Catherine Crowe, elle aussi une presque voisine, et la jeune comédienne Isabella Glyn. C'est vers cette époque qu'Isabella Robinson commence à soumettre des poèmes au *Chambers's Edinburgh Journal*.

Le seul que l'on puisse lui attribuer avec certitude, « Vers adressés à une miniature, signés d'une dame », est publié dans le numéro du 2 août 1851, accompagné des initiales « IHR ». Il dépeint le désir secret d'une femme pour un homme qui appartient à une autre. Ne pouvant le regarder ouvertement, elle se rabat sur un portrait miniature de lui. Ne pouvant lui exprimer son amour, elle le confie à son image : « En vain ai-je rencontré, connu, estimé, aimé / Cet homme dont tu es la fidèle semblance. » Malgré l'élévation de sentiment, on ne peut se méprendre sur le désir physique qu'éprouve cette femme pour cet homme : « Combien délicieusement, sur ces lèvres closes et viriles / Fermeté et amour exercent ensemble leur empire ! / Je vois ta forme, faite de force et de courage. / Ton regard avec toute son énergie innée ! » Comme la miniature, son bien-aimé n'a pas connaissance du désir qu'il inspire – « calme et indifférent, inconscient de mon regard » – et elle brûle de jalousie à l'encontre de celle qu'il lui a préférée. « Mon cœur est déchiré, écrit la femme éperdue d'amour, et mon âme est flétrie au plus profond. »

Le journal d'Isabella était l'équivalent de cette miniature, le lieu où elle conservait l'être aimé, un lieu où s'exprimer dans la solitude afin de garder le silence en public. La femme du poème se promet de cacher ses sentiments – « seuls prière et silence seront miens » – même si, en mettant des mots sur ses pensées, elle a déjà à demi rompu cet engagement. Le journal, comme le poème, mettait à nu autant qu'il les enfouissait les secrets d'Isabella. Mais elle tenait à son isolement : « *Ici*, je puis regarder et rêver, sans redouter nul blâme », proclamait son poème. « *Ceci*, je puis l'aimer et le chérir sans être vue – seule. »

2

Pauvre cher Doddy

Édimbourg, 1840-1852

Edward Wickstead Lane, objet de l'amour d'Isabella, naquit en 1823 au sein d'une famille presbytérienne de l'île francophone de Terrebonne, au Québec. Peu après sa naissance, la famille alla s'établir dans la ville proche de Montréal, où Elisha, son père, trouva un emploi chez un grossiste d'origine écossaise. Edward avait neuf ans quand sa mère mourut, les laissant à la garde de leur père, lui et son frère Arthur, âgé de quatre ans. Elisha Lane et son ancien patron montèrent à Montréal une affaire d'importation d'alcools, de viande et de céréales. À la fin des années 1830, Elisha fut suffisamment fortuné pour envoyer ses fils étudier à Édimbourg. En l'espace de dix ans, son entreprise avait constitué un capital de soixante-dix mille livres.

Logés chez une famille du New Town, les fils Lane fréquentèrent la très réputée Edinburgh Academy, où Edward se lia d'amitié avec George, fils d'Elizabeth Drysdale. Si le premier était un garçon sociable, le second était d'un caractère sérieux et emprunté. Tous deux étaient d'excellents élèves. En 1840, Edward fut nommé « Premier de l'Académie » – plus haute distinction de l'établissement –, titre qui revint à George l'année suivante. Edward reçut des prix pour ses résultats en français et en anglais, à l'écrit comme à l'oral, cependant que George se distinguait en latin, anglais, français, mathématiques et arithmétique. Ensuite, ce dernier alla étudier les lettres classiques à Glasgow, où il remporta six prix la première année. Edward, de son côté, s'inscrivit en droit à l'université d'Édimbourg, où son éloquence fut remarquée. Il fut élu en 1842 au sein du prestigieux club de débats contradictoires de la Speculative Society. Il logeait maintenant au 30 Royal Circus, à quelques numéros de la maison que les Drysdale habitaient depuis sa construction au début des années 1820. Il se lia avec plusieurs membres de la famille : les parents de George, Sir William et Lady Drysdale, Charles, son frère cadet, et – tout particulièrement – Mary, sa sœur aînée.

Mary était une jeune femme menue, sensible, intelligente, affectueuse et confiante. Elle apparaît fréquemment dans le journal d'Isabella Robinson comme une personnalité candide, apparemment inconsciente de l'intérêt passionné que cette dernière éprouve pour son mari. Mary et Edward étaient cependant liés par des souffrances partagées qu'Isabella, dans son égocentrisme inquiet, n'avait peut-être pas perçues. Elles concernaient George, frère bien-aimé de Mary et meilleur ami d'Edward, et survinrent en 1843, alors qu'il avait dix-neuf ans.

George se trouvait à l'université de Glasgow quand en juin 1843 Sir William, son père, mourut du choléra ; deux semaines plus tard, William Drysdale, son demi-frère, plus âgé que lui, succombait en Inde à la même maladie. Il fit une dépression, abandonna ses études et revint chez sa mère à Royal Circus.

Famille et amis lui apportèrent leur soutien. Dans le but de l'aider à reprendre forces et courage, son frère Charles et son ami Edward, qui venait de décrocher son diplôme de droit, l'emmenèrent en 1844 faire un tour d'Europe à pied. Alors que les trois jeunes gens séjournaient à Vienne, George disparut. Charles et Edward n'abandonnèrent les recherches qu'après qu'on eut découvert ses vêtements au bord du Danube. Le corps ne fut pas retrouvé, et ses compagnons rentrèrent en Écosse avec la nouvelle de sa mort. « La mère et les amis du défunt étaient plongés dans la plus profonde affliction », rapporte Lord Cockburn, éminent magistrat d'Édimbourg qui habitait Royal Circus ; George était « sans doute le plus capable et le plus aimable garçon que j'aie connu ». Les journaux annoncèrent que George avait trouvé la mort lors d'une baignade dans le Danube. Sa fin tragique fut, cette année-là, le sujet de poèmes primés de la part d'étudiants de l'Edinburgh Academy.

Moins de deux ans plus tard, en mars 1846, George réapparut. Il supplia sa famille de lui pardonner. Il avoua avoir simulé sa mort. Lord Cockburn explique dans une lettre à un ami que le jeune homme s'était trouvé « dans un état où il désespérait de répondre aux attentes qu'il avait suscitées, et avait pensé qu'il serait moins douloureux pour ses amis de pleurer sa mort plutôt que son échec. Il avait en conséquence *fait semblant* de s'être noyé, évitant ainsi le suicide ». Le roman de Goethe, *Les Souffrances du jeune Werther*, paru à la fin du siècle précédent, était censé avoir provoqué une recrudescence de suicides chez des jeunes hommes désireux d'imiter leur héros ; et Cockburn d'avancer que George avait souffert d'« une subite germanisation de la cafetière ». Il n'en était pas moins déconcerté de ce qu'un tel garçon, aimé de tous, ait pu se comporter de façon aussi irrationnelle et aussi cruelle : « Le manque de cœur de sa conduite, voici le côté incompréhensible de l'affaire. » « L'effroi de le voir ressurgir, affirme encore Cockburn à propos des Drysdale, fut peut-être plus grand que le chagrin que leur avait inspiré sa mort. »

George avait tenté de se livrer à une forme étrange d'annihilation, dans laquelle, au lieu de mettre fin à ses jours, il s'était dépouillé de son identité et de son passé. Sa mère, son frère et sa sœur durent éprouver, mêlée à la joie de le retrouver, une part de la confusion et de la douleur que leur prête Cockburn. Dans une lettre à une amie vivant en Tasmanie, Mary n'exprime toutefois que de la compassion pour son petit frère égaré : « Notre si cher et idolâtré garçon n'a pas péri dans le Danube, il est *sain* et *sauf* et avec nous à présent, ne nous étant revenu que jeudi dernier. [...] Pauvre, pauvre diable, cher Doddy, il a beaucoup souffert depuis que nous avons été séparés, *corps* et *âme*, mais voici que par la grâce du Père Tout-Puissant il a été ramené au sein de sa bienheureuse famille. » Quoique pas encore vraiment d'aplomb, dit-elle, il se remettait bien, et son esprit était « purifié, mortifié, mais fortifié par les épreuves qu'il [avait] traversées ».

John James Drysdale, né du premier mariage de Sir William, fit le voyage de Liverpool pour venir voir George. Il était, à quarante ans, un des homéopathes les plus en vue de Grande-Bretagne, rédacteur du manuel d'homéopathie *Materia Medica* et directeur du *British Journal of Homeopathy*. La théorie de sa branche de la médecine – controversée même dans les cercles médicaux progressistes d'Édimbourg – était que des solutions de substances médicinales, diluées jusqu'à être quasi indétectables, étaient propres à opérer des guérisons. Après avoir examiné son demi-frère, il diagnostiqua un effondrement nerveux provoqué par le surmenage et recommanda à ses proches de le tenir éloigné des livres.

Mary expliquait à son amie qu'au cours des deux années précédentes George avait « souffert d'une pression temporaire sur le cerveau occasionnée par un travail excessif, pression qui lui a rendu *impossible* toute réflexion sur ce qu'il s'apprêtait à faire. Uniquement mû par un sentiment de souffrance, il est allé en Hongrie, où il a vécu depuis lors, professeur d'anglais auprès du fils unique d'un noble de ce pays et traité par ces gens avec la plus grande bonté, et même avec affection et confiance. » La pression sur son cerveau a fini par décroître « et il n'a eu de cesse de nous revoir tous. »

La famille est au comble du ravissement. « Nous ne nous lassons pas de le regarder et de l'écouter, le pauvre, écrit encore Mary. Le passé nous semble, à lui comme à nous, un rêve affreux dont nous venons d'émerger pour découvrir ce que sont bonheur et gratitude. » Elle le trouve plus doux, plus gentil, plus affectueux que jamais. « Depuis le retour de notre chéri, la joie a rajeuni notre chère maman de nombreuses années, la tristesse s'est dissipée du visage de ce cher Charlie, et nous sommes si heureux que nous n'échangerions notre place avec aucun autre être humain. » John, leur frère homéopathe, assure que l'état de santé de George va s'améliorer et qu'il pourra peut-être même un jour embrasser une profession. D'ici là, ils doivent « le protéger de la moindre tentation d'étudier ».

Les Drysdale et Edward Lane connaissaient certainement une partie de la vérité. L'état morbide de George procédait moins d'une tension intellectuelle excessive que de ce qu'il nommait sa « honte secrète » : une névrose sexuelle. Dans un ouvrage anonyme qu'il fera paraître plus tard, il se décrit comme ayant été un jeune homme « de disposition active, studieuse et érotique, mais d'une timidité presque féminine ». « En Écosse, explique-t-il, où prévaut un code sexuel plus rigide que dans peut-être n'importe quel autre pays, et où les désirs de la chair, comme on les appelle, sont stigmatisés et jugulés autant qu'il est possible, timidité et inhibition sexuelles constituent une grande maladie *nationale*, et sont la cause chez les jeunes gens de plus d'accablement qu'on ne le conçoit. » Découvrant accidentellement la masturbation à l'âge de quinze ans, il s'aperçut que cette pratique lui offrait un « moyen facile de satisfaire des passions depuis longtemps source d'agitation et de tourment pour son imagination ardente ». Pendant environ une année, il se masturba deux à trois fois par jour. Quand il alla suivre les cours de l'université de Glasgow à l'âge de dix-sept ans, il se mit à faire des pollutions nocturnes et fut terrifié à l'idée que sa compulsion l'avait subjugué, sapait ses forces et le poussait vers la folie. C'est à cette époque que son père et son demi-frère moururent, et qu'il revint à la maison dans un état de grand désarroi.

Au cours de son voyage en Europe avec Edward et Charles en 1844, George constata qu'il était toujours esclave de son vice. Cela l'inquiéta tellement qu'il décida la mise en scène que l'on sait. À la suite de quoi, alors qu'il vivait secrètement en Hongrie, il subit une série d'opérations destinées à lui cautériser le pénis – c'est-à-dire à en détruire les terminaisons nerveuses en introduisant dans l'urètre une fine tige métallique enduite d'une substance caustique. Il se soumit sept ou huit fois à cette intervention.

En 1846, après avoir retrouvé sa famille en Écosse, il continua de chercher un remède. En mai, il se rendit sur le continent pour se faire traiter. Cet été-là, Mary écrivit à l'éditeur John Murray, qui connaissait la famille, pour lui demander de venir en aide à George. Elle l'informa que son frère se trouvait seul à Paris, attendant d'être reçu en consultation par le Dr Claude François Lallemand. Elle ne mentionna pas le fait que ce médecin venait de faire paraître un ouvrage dans lequel il soutenait que la masturbation compulsive était le signal d'une grave maladie. Dans son étude sur l'éjaculation involontaire, publiée en France en 1842 et en anglais en 1847, il professait que le corps et l'esprit se trouvaient corrompus par une émission excessive de semence. Les travaux de Lallemand et d'autres chercheurs français déclenchèrent au sujet de l'onanisme une panique tant morale que médicale qui allait durer jusqu'à la fin du siècle. La masturbation était le peu reluisant corollaire de cet individualisme si prisé par la société victorienne, une incarnation des dangers de l'intimité et de l'autonomie : un homme tel que George Drysdale risquait de se perdre dans ses lectures et ses rêveries, se retirant dans un monde imaginaire dépourvu de règles.

Ayant expliqué à son correspondant qu'Edward Lane avait accompagné George en France, mais s'était « trouvé obligé de rentrer précipitamment », Mary lui suggéra de demander à une de ses connaissances parisiennes de passer voir le jeune homme à son hôtel, de sorte à « éviter à ce pauvre garçon de se sentir aussi seul ». Elle et sa famille redoutaient « les possibles effets pernicieux d'une telle solitude sur l'état mental et la santé de [leur] cher George ». Cette mention des « effets pernicieux » de la solitude pouvait être une allusion aux tendances suicidaires auxquelles George était sujet ; à moins que Murray ne fût au courant de ses compulsions sexuelles. Mary ajoutait un *post-scriptum* dans lequel elle priait ce dernier de faire preuve de discrétion : « Veuillez ne mentionner auprès de votre ami aucune des circonstances liées à son histoire passée, car nous voudrions que lui-même oublie tout cela, le pauvre. »

Le retour précipité d'Edward Lane cet été-là fut probablement provoqué par une tragédie survenue dans sa propre famille. Après avoir obtenu en 1845 son diplôme à l'Edinburgh Academy, Arthur, son plus jeune frère, avait regagné le domicile paternel au Canada. Le 26 juin 1846, il se rendit au Théâtre Royal à Québec pour y voir un diorama chimique – spectacle dans lequel des scènes peintes sur de vastes pièces de lin étaient éclairées et superposées de sorte qu'elles paraissaient se transformer et se fondre comme par magie. Quand, en fin de soirée, le rideau fut abaissé, il toucha la flamme d'une lampe au camphène et la scène s'embrasa d'un coup, aussitôt suivie par la salle. Le public se rua vers la sortie, mais le passage était étroit et l'incendie trop rapide ; en l'espace de quelques minutes, quarante-six hommes, femmes et enfants trouvèrent la mort. Un témoin vit Arthur vivre ses derniers instants : « … renversé, à demi étendu, les deux pieds coincés dans la masse convulsée amoncelée sous lui », ce garçon de dix-huit ans « semblait se débattre vigoureusement ; il fut bientôt masqué par les flammes environnantes ».

Un an après la mort d'Arthur Lane et la résurrection de George Drysdale, Edward Lane et Mary Drysdale, tous deux âgés de vingt-quatre ans, se marièrent en juin 1847. George vint à Édimbourg pour l'occasion, puis repartit sur le continent. Les jeunes mariés en lune de miel le croisèrent à Strasbourg. Mary déclara n'avoir jamais vu son frère en meilleure forme : « son moral était excellent », il était « vraiment enchanté » de la voir, « car il commençait à en avoir assez de la solitude ». Dans le livre qu'il publia par la suite, George expliqua qu'il avait suivi le conseil de Lallemand d'essayer le coït et que cela lui avait réussi de façon étonnante. Il s'était aperçu que les rapports avec des prostituées le détournaient de sa compulsion à se masturber.

Extérieurement, George restait gauche et réservé. Une jeune femme de sa connaissance le décrira plus tard en ces termes : « [...] gentil mais timide, doux mais engendrant la gêne ; il avait un visage dur, écossais, il était silencieux, grave, sérieux, érudit, avec un côté impénétrable moralement et mentalement, comme une haute montagne ou une paroi de granite ». Après la crise, sa famille demeura proche de lui. Son droit terminé, Edward fut admis en 1847 au sein de la prestigieuse Faculty of Advocates. Malgré cela, lui et la famille Drysdale allèrent s'établir cette année-là à Dublin, où George avait décidé de suivre des études de médecine. Après avoir étudié les mathématiques pendant un an à Édimbourg (où il finit premier de sa classe) et à Cambridge l'année suivante, Charles Drysdale s'inscrivit au Trinity College de Dublin pour y suivre une formation d'ingénieur. Singulière époque pour emménager dans cette ville : l'Irlande était alors en proie à une terrible famine causée par le mildiou de la pomme de terre et des centaines de milliers d'Irlandais mouraient de faim et de maladie ou fuyaient leur pays.

Mary tomba enceinte à Dublin. Lady Drysdale demanda à son ami édimbourgeois James Young Simpson de lui recommander un médecin du cru qui saurait administrer du chloroforme à sa fille pendant le travail de l'accouchement. Simpson avait en effet découvert cette année-là, à la faveur d'une expérience conduite dans sa maison du New Town, les propriétés anesthésiques de cette substance. En 1848 à Dublin, Mary Lane donna naissance à un garçon. Edward et elle le prénommèrent Arthur George, en hommage à leurs frères.

La famille revint s'installer à Édimbourg en 1849. Edward, qui avait perdu sa mère lorsqu'il avait neuf ans, se soumit de bonne grâce à la bienveillante tutelle de Lady Drysdale au 8 Royal Circus. Il décida d'abandonner la profession à l'apprentissage de laquelle il avait consacré les sept dernières années, et d'emboîter le pas de George dans les études de médecine. Peut-être fut-il inspiré en cela par les souffrances de son beau-frère ainsi que par son intérêt pour les sciences nouvelles. Un diplôme en médecine était alors la seule formation scientifique existant en Grande-Bretagne, et l'enseignement prodigué à Édimbourg était réputé pour sa rigueur pratique autant qu'intellectuelle. Les deux jeunes hommes s'inscrivirent à l'université à l'automne de 1849.

Dans le cadre de ses études, Edward travaillait à l'hôpital royal d'Édimbourg, dont la plupart des patients appartenaient aux classes laborieuses. Consterné par ce qu'il y voyait, il acquit la conviction que les interventions médicales courantes – sangsues, lavements, laxatifs et mercure – étaient le plus souvent inutiles et parfois directement préjudiciables à la santé. Comme il le ferait observer dans sa thèse, cet hôpital exposait les malades aux infections en plaçant des patients contagieux dans des salles communes. Il avait eu connaissance de deux personnes qui étaient décédées du fait de cette pratique. Bien qu'il n'entrât pas dans le détail des traitements aussi inefficaces que douloureux administrés par les médecins de l'hôpital, il en avait été fréquemment témoin. Un patient, marin de trente et quelques années, admis en 1849 pour cause d'anévrisme abdominal, avait été traité pendant quatre ans à coups de saignées, de ventouses et de sangsues (jusqu'à quatorze à la fois) jusqu'à ce qu'il finisse par mettre lui-même fin à ses souffrances à l'aide d'une surdose d'aconit.

Edward relevait « la totale absence de *livres* quels qu'ils soient » dans les salles de l'hôpital et déplorait « le vide mental absolu » dans lequel cela laissait les patients. « Les effets sur le moral en sont exécrables [...] et cet abattement accomplit son œuvre sur la santé. » Afin de combattre ce mal, il demanda à Charles Dickens d'offrir à l'hôpital des numéros de son hebdomadaire *Household Words* et à Robert Chambers des exemplaires du *Chambers's Edinburgh Journal*. Tous deux acceptèrent. Le récent roman à succès de Harriet Beecher Stowe, *La Case de l'oncle Tom*, fut également fort apprécié par les patients.

Pendant cette période, Edward se mit à concevoir des moyens plus humains et plus naturels de traiter la maladie, des méthodes permettant de soigner simultanément le corps et l'esprit. Il acquit la conviction que l'environnement pouvait influer sur les perspectives de guérison. Les malades avaient plus de chances de se remettre, soutenait-il dans sa thèse, s'ils étaient hospitalisés dans les faubourgs ou à la campagne, là où il leur était possible de prendre de l'exercice au jour et au grand air, au milieu du décor, des bruits et des odeurs de la nature. À l'hôpital royal, ils étaient cantonnés dans « la tristesse carcérale d'une arrière-cour mangée de mauvaises herbes et isolée du vacarme de la rue par un méchant mur ». Il demandait à ses confrères de reconnaître

« les immenses ressources dont la nature disposait et usait en vue de sa propre guérison, comparées aux moyens dérisoires, hésitants et trop souvent hasardeux que le savoir-faire humain le plus habile [était] en mesure de déployer ».

Les beaux-frères d'Edward professaient un même scepticisme envers la médecine traditionnelle. John, l'homéopathe, se vit exclure en 1849 du Liverpool Medical Institute en raison de son insistance à traiter – avec grand succès, affirmait-il – des malades du choléra à l'aide de remèdes homéopathiques. George avait découvert avec son propre cas que les interventions médicales ne pouvaient guérir de l'onanisme, puisque seule la cure naturelle, à savoir les rapports sexuels, avait pu le sauver. Il quitta de nouveau l'université en 1851, cette fois pour commencer à travailler à un projet secret : son ouvrage sur la sexualité.

Isabella Robinson était, à l'instar de George Drysdale, émotive et dépressive, ambitieuse et anxieuse. Comme lui, elle était perturbée par ses appétits sexuels. Sa concupiscence l'avait, estimait-elle, incitée à faire deux mauvais mariages et la poussait maintenant à désirer Edward Lane. Celui-ci n'était d'ailleurs pas le seul objet de ses affections : un autre homme marié – non identifié – de leur cercle de relations affirma qu'elle l'avait assailli de lettres pour tenter de le séduire et qu'il s'était finalement tiré d'affaire en priant sa femme de ne plus jamais la recevoir à leur domicile. Au moins Isabella trouva-t-elle à Édimbourg la possibilité de porter un regard neuf sur ses pulsions libidinales. Son professeur en la matière fut George Combe, sommité du cercle des Drysdale et pionnier de la phrénologie en Grande-Bretagne. Alors âgé de soixante-deux ans, Mr Combe était un personnage maigre, de haute taille, avec une grande bouche, des pommettes saillantes et un front immense. Il habitait le New Town avec sa femme Cecilia, fille de la comédienne Sarah Siddons.

Quand elle fit sa connaissance en 1850, Isabella l'adopta aussitôt comme un père de substitution – son respect pour cet homme était, selon elle, « de nature toute filiale ». Elle le voyait comme « le champion d'un credo plus limpide et plus spirituel que tout ce qui [avait] été prêché aux hommes jusqu'ici ». Fanny Kemble, cousine de Mr Combe, convenait qu'il était « un homme d'une intégrité, d'une droiture, d'une pureté d'esprit et de réputation exceptionnelles, ainsi que d'une grande justesse et d'une grande impartialité de jugement ; il était extrêmement humain et bienveillant, et un des êtres les plus pondérés que j'aie connus ». Marian Evans, plus tard célèbre comme romancière sous le pseudonyme de George Eliot, était de ses amies et admiratrices. « Je pense souvent à vous, lui écrivit-elle, lorsque j'ai besoin de quelqu'un à qui je puisse confier toutes mes difficultés et mes conflits avec ma propre nature. »

Depuis sa parution en 1828, l'essai de Combe intitulé *The Constitution of Man in Relation to External Objects* s'était vendu à quatre-vingt-dix mille exemplaires, la plupart dans une édition publiée par Robert Chambers. Cet ouvrage hautement controversé avançait que l'homme devait accepter sa sujétion aux lois de la nature. Il sous-entendait que les secrets de la santé et du bonheur étaient à rechercher dans la science plutôt que dans la religion. Dans *A System of Phrenology*, en 1843, Combe affirmait expressément que la tête était le siège des sentiments, que la personnalité pouvait se déduire de la conformation de la boîte crânienne. Si la phrénologie et la pratique de l'interprétation des bosses du crâne étaient souvent brocardés, les principes radicaux de cette science nouvelle connaissaient néanmoins un vif engouement. Combe soutenait en effet que l'esprit était localisé dans le cerveau, que l'esprit et le corps étaient indivisibles, que les différentes parties du cerveau avaient des fonctions distinctes et que la nature humaine était fondée sur la matière plutôt que sur l'esprit. L'image emblématique de cette théorie – un encéphale sectionné en segments numérotés – devint le modèle d'une nouvelle science de l'esprit.

Peu après qu'ils eurent fait connaissance à Édimbourg, Combe examina le crâne d'Isabella. Il lui dit qu'elle possédait un cervelet de taille inhabituelle, et lui expliqua que cet organe situé juste au-dessus du creux de la nuque était le siège de l'*amativité* ou amour sexuel, et que l'homme possédait généralement un plus gros cervelet que la femme, discernable à un cou plus épais, de même que les animaux fortement sexués tels le bélier, le taureau et le pigeon avaient le col plus fort que les autres créatures. Un autre de ses sujets d'étude, le prince de Galles, alors âgé de neuf ans, possédait un crâne de forme similaire. Quand la reine Victoria et le prince Albert consultèrent le phrénologiste à propos de l'éducation de leurs enfants, celui-ci fit cette observation : « L'amativité [du jeune prince] est volumineuse et ne tardera pas, je pense, à être source de problèmes. » Quant à Combe lui-même, sa région *amative* était, selon ses propres dires, réduite – il n'avait pas connu la « spontanéité débridée du matin », même dans sa jeunesse.

Josef Franz Gall, le médecin viennois qui inventa la phrénologie dans les années 1800, prétendait avoir identifié la région amative alors qu'il soignait une veuve nymphomane. « Alors qu'il lui soutenait la tête pendant un violent paroxysme, explique George Combe dans *A System of Phrenology*, il fut frappé par la chaleur très prononcée et les dimensions de sa nuque. » Se gardant de développer le sujet dans son ouvrage, destiné au profane, il recommande toutefois aux « étudiants en médecine » sa traduction, parue en 1838, de l'ouvrage de Gall sur les fonctions du cervelet, dans lequel ce dernier s'étend sur le cas de la frémissante veuve : « Elle tomba sur le sol dans un état de rigidité si accusé que sa nuque et sa colonne vertébrale s'en trouvaient fortement arquées. La crise s'acheva inévitablement par une évacuation [une émission orgasmique] accompagnée d'une volupté convulsive et d'une véritable extase. » Dans *On the Management and Disorders of Infancy and Childhood* (1853), traité de médecine traditionnelle, Thomas John Graham affirme : « L'appétit charnel a pour siège le cervelet, situé à la base du cerveau ; quand il est excité et non assouvi, cet organe peut, en certaines circonstances, croître en volume au point de perturber différentes fonctions et, de ce fait, induire de l'hypocondrie, des convulsions, de l'hystérie, voire la folie. »

Combe fit remarquer que l'importante amativité d'Isabella se révélait d'autant plus dangereuse que ses facultés de prudence et de dissimulation étaient réduites – fonctions sises juste au-dessus des oreilles de part et d'autre du crâne ; tout cela suggérait un risque d'impulsivité et d'indiscrétion. Le plus inquiétant était peut-être la taille réduite de son organe de la vénération : elle avait en effet le sommet de la tête aplati, ce qui dénotait un manque de respect envers l'autorité terrestre ou céleste. Non seulement Isabella était donc portée sur le sexe, mais de plus elle était indifférente à la loi, à la religion et à la morale.

Combe identifia cependant deux zones de son crâne qui indiquaient un fort besoin de la bonne opinion d'autrui : son *amour de l'approbation* et son *adhésivité* étaient tous les deux surdéveloppés. Le premier se voyait aux ondulations amples et bien marquées de l'arrière de la partie supérieure de sa boîte crânienne. Selon Combe, cette faculté était souvent prononcée chez les femmes, les Français, les chiens, les mulets et les singes. Cela donnait à penser qu'Isabella était avide de plaire et devait se garder de la vanité, de l'ambition et de la soif d'éloges. Son adhésivité bien développée – placée juste après son amour de l'approbation, et généralement plus forte chez la femme que chez l'homme – signalait une propension à nouer de solides affections, parfois avec des objets ou personnes inadaptés. Pour illustrer les qualités de cette partie du cerveau, Combe citait quelques vers de Thomas More :

Le cœur, telle une vrille habituée à enlacer,
Où qu'il croisse, ne peut s'épanouir seul,
Et penche vers l'objet proche le plus charmant
Qu'il puisse embrasser et faire étroitement sien.

La phrénologie apprit à Isabella que ces compartiments antagonistes de son cerveau expliquaient la turbulence de sa nature – ses montées de désir et ses accès de désespoir. Elle lui apporta une explication scientifique de ses difficultés émotionnelles, ainsi qu'une méthode de réforme personnelle. Josef Gall avait promis que sa nouvelle science expliquerait « l'être double en vous et ce qui fait que vos tendances et votre intellect [...] s'opposent si souvent ». Isabella espérait que le décryptage de sa conformation psychologique lui permettrait de la rectifier en mobilisant des facultés plus élevées – les sentiments intellectuels et moraux – afin de contenir et maîtriser les parties rétives de son cerveau. Elle résolut de se libérer du « narcissisme » imprégné en elle dès sa jeunesse pour devenir « raisonnable, mesurée et maîtresse d'elle-même ».

« Je ne pouvais que souhaiter me réformer et m'y évertuer », écrit-elle dans son journal en février 1852, bien qu'elle admette que, dotée comme elle l'était « de sentiments ardents, d'un goût hors du commun pour l'approbation, d'un esprit déséquilibré, et accablée de l'infortune précoce d'une éducation défectueuse », cela serait « d'une exceptionnelle difficulté ». La phrénologie laissait entendre, d'un côté, que les gens avaient la capacité d'agir sur leur moi indiscipliné et, de l'autre, qu'ils étaient des organismes animaux impuissants, à la merci de leur physiologie. Isabella se sentait souvent esclave de son cerveau mal conformé. « Je ne sais comment je pourrais me rendre en quoi que ce soit autre, écrit-elle. Mon cœur s'attache à ceux qui ne peuvent m'aider et rejette ceux que je devrais aimer. Dieu ait pitié de moi ! Combien vaine et triste est ma vie ! Comme je suis mécontente de moi, et pourtant je persiste dans le mal. »

Les romancières Anne et Charlotte Brontë partageaient sa foi en la phrénologie. L'héroïne de *La Locataire de Wildfell Hall*, signé par la première, remarque que son coureur et buveur de mari présente une concavité au sommet du crâne, là où devrait se trouver l'organe de la vénération : « La tête paraissait plutôt normale, mais quand il y posa ma main, celle-ci s'enfonça de façon alarmante dans la couche de cheveux, descendant fort bas, surtout au milieu. » L'héroïne de *Jane Eyre*, œuvre de la seconde (1848), soutient que tous les êtres humains « ont besoin d'exercice pour leurs facultés ». Comme Isabella, Jane est mue par la passion. « Qui m'en fait le reproche ? demande-t-elle. Beaucoup sans doute, et l'on me qualifiera d'insatisfaite. C'était plus fort que moi. La pétulance était dans ma nature et elle m'agitait parfois au point de me faire souffrir. »

À la différence de la plupart des théoriciens scientifiques, les phrénologistes pensaient que les émotions et compulsions des hommes et des femmes étaient pour l'essentiel identiques. « Les femmes sont censées être généralement très calmes, déclare Jane Eyre ; mais elles ont exactement la même sensibilité que les hommes. »

George Drysdale et Edward Lane étaient toujours très proches à l'époque où Isabella habitait Édimbourg. Ils faisaient souvent des promenades en ville ou au bord de la mer, seuls ou en compagnie de leur ami Robert Chambers. À l'été 1851, ils s'embarquèrent à Hull pour la Suède, pendant une violente tempête, afin d'aller assister à une éclipse totale du soleil. « Ce fut un spectacle effrayant, rapporte un membre de leur groupe : un soleil noir entouré d'un halo de lumière blafarde, suspendu dans un ciel plombé et lugubre. » Edward Lane mesura à l'aide d'un chronomètre de marine la durée exacte de l'éclipse. L'obscurité était si complète qu'il dut allumer une chandelle pour lire l'heure.

Les trois amis partageaient un vif intérêt pour les phénomènes scientifiques. Outre sa réussite dans l'édition et la presse, Robert Chambers était l'auteur anonyme de l'ouvrage à succès *Vestiges of the Natural History of Creation*, essai d'un matérialisme audacieux sur la formation de la terre. Le livre fut condamné par beaucoup de contemporains. Son auteur, tempêta l'*Edinburgh Review*, « pense [...] que l'esprit et l'âme [...] ne sont qu'un rêve, que les organes matériels sont le tout du tout, qu'il peut peser l'esprit comme le boucher un rôti. [...] Il pense que la famille humaine pourrait être [...] composée de nombreuses espèces, toutes issues des grands singes. »

La paternité de *Vestiges* avait été sujette à spéculation depuis sa publication en 1844. Parce qu'il était le plus connu de leur groupe, George Combe fut soupçonné d'en être l'auteur, de même que Catherine Crowe, dont *The Night Side of Nature*, en 1848, tentait d'apporter des explications physiques à des phénomènes en apparence surnaturels. Mrs Crowe était connue pour participer à des expériences scientifiques outrées où l'on étudiait les rapports entre l'esprit et le corps, les forces visibles et invisibles. Hans Christian Andersen la vit inhaler de l'éther chez le Dr Simpson en 1847. « Miss [sic] Crowe et une autre poétesse burent de l'éther ; j'avais le sentiment de me trouver en compagnie de deux démentes – elles souriaient en ouvrant des yeux morts. »

La phrénologie de George Combe, la théorie médicale d'Edward Lane, la géologie de Robert Chambers, les recherches sur le psychisme de Catherine Crowe et la philosophie sexuelle de George Drysdale, tout cela était issu du même courant. Leur idée commune était que le monde et ses habitants n'étaient pas figés mais en mouvement, que des lois naturelles plutôt que surnaturelles les régissaient et qu'ils se transformaient au fil du temps.

Dans son journal de 1839, Combe raconte comment, à New York, il appliqua la main sur le cerveau palpitant d'une fillette de huit ans, victime quatre ans plus tôt d'un accident qui lui avait fendu le crâne, exposant son contenu à la vue. Quand il provoqua chez elle différentes émotions – timidité, fierté, plaisir –, Combe sentit les différentes facultés enfler sous sa paume, lui faisant éprouver « une sensation dans la main, lorsqu'elle était placée sur les téguments, semblable à celle que procureraient les mouvements d'une sangsue confinée sous un mouchoir de soie ». Ce fut comme s'il touchait les pensées de l'enfant, éprouvait ses sentiments, comme si l'univers émotionnel de cette dernière avait pris chair.

Les tentatives de Combe pour sonder le cerveau en quête d'indications sur la vie qu'il renfermait s'apparentaient à celles d'Isabella pour déchiffrer sa vie en consignant ses expériences dans un journal intime. Comme l'économiste et philosophe Herbert Spencer, qui décrivait ses mémoires comme « une histoire naturelle de [sa] propre personne », elle dressait le relevé de son évolution personnelle. En écrivant et en lisant son journal, elle avait espoir de comprendre son moi aliéné et conflictuel par le biais de cette extériorisation, de pénétrer dans sa propre tête et sous sa propre peau.

3

L'araignée silencieuse

Comté de Berkshire, 1852-1854

Une crise que traversaient les affaires de Henry Robinson obligea la famille à quitter Édimbourg au printemps de 1852, entraînant Isabella loin des amis qui l'avaient soutenue. Albert et Richard Robinson se retirant de l'usine londonienne, Henry fut contraint d'accepter une fraction de ses parts de la compagnie en machines et de renoncer au reste. Qui plus est, il dut rembourser à leur père les trois mille livres que celui-ci avait placées dans l'affaire. Afin de couvrir ses pertes, il ouvrit à Moorgate Street, dans la City, une officine d'où il se mit à vendre des moulins à sucre à des plantations des colonies.

James, le père de Henry, avait fait breveter son premier moulin en 1840. Ses brochures publicitaires promettaient aux planteurs que ses moulins broieraient et chaufferaient la canne à sucre avec plus d'efficacité que la « négligente » « main-d'œuvre nègre », qui présentait les tiges « de façon intermittente et en paquets irréguliers, tantôt en trop petite, tantôt en trop grosse quantité ». Depuis l'abolition de l'esclavage au sein de l'Empire britannique dans les années 1830, les planteurs s'efforçaient de trouver une alternative à la main-d'œuvre rémunérée. Les moulins Robinson étaient exportés vers Java, Cuba, Maurice, La Réunion, La Barbade, les Bermudes et le Natal. À Tirhoot, en Inde, les ouvriers surnommaient leurs trois énormes machines Guimbarde, Matamore et Goliath de Gath. Henry améliora le procédé de son père. En 1844, l'année où il épousa Isabella, il obtint un brevet pour un système destiné à fixer les pièces d'un moulin sur un châssis en fer, à augmenter le nombre des rouleaux qui extrayaient le jus des cannes déchiquetées et à resserrer le joint de la cuve sous vide qui transformait le jus en sirop.

En 1852, tandis que Henry tâchait de monter une affaire indépendante à Londres, Isabella et ses fils menèrent pendant trois mois une existence nomade. Ils visitèrent les Highlands en Écosse et séjournèrent un temps dans un hôtel de Scarborough, station balnéaire huppée de la côte du Yorkshire. Isabella goûtait la proximité de la mer et des cours d'eau. Elle préférait, confie-t-elle à Combe dans une lettre, les Highlands aux « belles vallées encaissées » du sud du pays de Galles en raison de l'« absence générale d'eau dans ces paysages gallois ».

Elle et les trois garçons passèrent du temps au domicile de sa famille, dans le Shropshire, dont elle donna l'adresse à ses amis écossais pour leur correspondance. Une gare de chemin de fer avait ouvert en avril à Ashford Bowdler, à un bon kilomètre d'Ashford Carbonel, ce qui facilitait les allées et venues de la famille et des visiteurs. À Ashford Court, la maisonnée s'était fortement réduite. Deux des cadets d'Isabella – Caroline et Henry – étaient décédés dans les années 1830 ; John, son frère aîné, avait émigré en Tasmanie au début de la décennie suivante ; sa sœur Julia était partie vivre à Londres à la suite de son mariage en 1849 avec Albert, plus jeune frère de Henry Robinson. À soixante-trois ans, Bridget, désormais veuve, partageait la maison du Shropshire avec ses fils Christian et Frederick, âgés de vingt et vingt-neuf ans. Frederick avait obtenu sa certification d'avocat en novembre 1847 ; toutefois, après le décès de son père survenu un mois plus tard, il avait été obligé – en tant qu'aîné des garçons résidant en Angleterre – de reprendre la gestion du domaine.

Au début de l'été, Isabella raconte dans son journal une journée au cours de laquelle les Lane ont été ses invités dans une maison à la campagne. Peut-être s'agissait-il d'Ashford Court, car Isabella semble avoir éprouvé une fierté de propriétaire à montrer à ses hôtes le domaine et la campagne environnante. Toutefois, elle ne mentionne ni sa mère ni ses frères ; aussi se peut-il que les Lane lui aient rendu visite ailleurs, dans une propriété louée. Comme à l'ordinaire, Henry était absent.

À onze heures du matin le 30 mai – dimanche de Pentecôte –, Mary et ses enfants vinrent dans la chambre à coucher d'Isabella. Mrs Lane était « très aimable, et tandis que le petit groupe (rejoint par l'épagneul de Mrs Lane) visitait la pièce, j'ai ressenti tout le charme de leur heureuse et affectueuse disposition d'esprit, et j'aurais voulu aimer et goûter la vie autant qu'eux ». Les Lane avaient décidé de sauter la messe ce jour-là. Edward était occupé à écrire dans sa chambre, mais, plus tard dans la matinée, sa famille et lui sortirent dans le jardin. Isabella se leva à midi et les y rejoignit, « répondant à leurs condoléances humoristiques sur mon indisposition ». Compte tenu des expressions de sympathie badines de ses amis et de la conversation qui s'ensuivit – « nous avons parlé de l'égoïsme, des menus plaisirs et des penchants » –, il semble qu'elle ait souffert d'avoir un peu trop bu la veille.

Pendant que les garçons jouaient ensemble, elle emmena Edward et Mary voir un « tertre fleuri », qu'ils admirèrent. Puis ils s'assirent et parlèrent d'« hommes remarquables » comme Samuel Taylor Coleridge et George Combe. Ils abordèrent les points soulevés par Edward dans son article paru au mois de mars dans le *Chambers's Edinburgh Journal* : « souplesse de caractère, opinions arrêtées, prudence juridique, fermeté mentale, étude des deux côtés de tout problème ». Il y invitait ses lecteurs à écouter attentivement toutes les versions d'une même histoire. « L'égotisme engendre tant de distorsion, écrivait-il, tant d'imprudence vis-à-vis de la vérité d'une manière générale et tant de perfidie, même sincère, dans le récit, qu'il n'est possible d'accorder foi à aucune relation partiale de quoi que ce soit. » Les gens étaient même capables de s'abuser eux-mêmes, faisait-il observer ; ils pouvaient être sincères dans leurs erreurs d'interprétation.

« Mr L. ne montrait pas l'humeur enjouée de la veille, observe Isabella, mais il était néanmoins très affable et charmant. Nous avons fait un détour par la route après une petite grimpette et nous avons pris pied dans la prairie en pente au-dessus. Nous nous sommes arrêtés là-haut pour contempler le panorama ravissant. »

Ils regagnèrent bientôt la maison, où Edward lut à Isabella un passage d'un essai de Shelley sur l'imagination – une nouvelle édition de l'œuvre en prose du poète avait été publiée cette année-là. Isabella ne fut pas convaincue par l'argument de cet essai ; « en tant que phrénologiste », dit-elle dans son journal, elle avait une vision différente de la psychologie humaine. Quand Mary rentra avec les garçons, ils se réunirent pour le dîner. Nombre de familles de la classe moyenne supérieure prenaient désormais un déjeuner léger à midi, le thé dans l'après-midi, et dînaient le soir ; mais les Robinson restaient fidèles à l'usage ancien consistant à prendre un repas substantiel dans l'après-midi et une collation le soir. Ce dîner dominical fut particulièrement copieux, et Isabella fut satisfaite de ce que son personnel avait préparé – du bœuf, une tourte aux pigeons (du pigeon émincé sur un lit de viande de bœuf, le tout cuit dans de la pâte feuilletée), des boulettes (farine et graisse de rognon), le tout accompagné de légumes. Ils finirent avec du café et une eau-de-vie de fruit. « Le seul désagrément fut le mauvais comportement d'Atty, qui nous a importunés toute la journée. Pour finir, nous sommes tous sortis. »

Isabella et Edward se promenèrent ensemble dans les prés et pelouses entourant la maison, par « un beau temps frais et ombragé ». De manière implicite, pleine d'espoir, elle lui prêtait le désir tacite qu'elle-même éprouvait. Ils s'arrêtèrent « un bon moment » à une balançoire. « Je me suis balancée longuement, et Mr L. m'a poussée très haut, Mrs L. suivant la scène des yeux. » Un des fils Lane fut amené par sa nurse et son « papa » lui fit faire un tour de balançoire.

Edward et Isabella poursuivirent seuls la promenade. Ils s'assirent côte à côte, sans un mot, à l'abri d'un talus escarpé. « F., l'épagneul, était dans mon giron, et Mr L. à côté de moi. C'était la situation que j'avais souvent souhaitée et imaginée ; voici qu'elle se réalisait. » Ils restèrent là une heure, regardant un groupe d'enfants qui jouaient jambes nues non loin de là. Puis ils reprirent le chemin de la maison par un sentier qui traversait une plantation d'arbres. « Je cheminais au côté de Mr L., mais sans son bras, et il m'a semblé qu'une vague amertume assombrissait son humeur. » Ils s'arrêtèrent à proximité de la maison. « Je me suis assise dans notre pré afin de me reposer, et lui s'est appuyé à la barrière face à moi. »

Edward et elle sont dérangés par la survenue de Mary Lane et des enfants, avec qui ils rentrent boire le thé à la maison. Isabella le prépare et le sert elle-même « en y prenant plaisir ». Peut-être cette tâche était-elle accomplie par une domestique à Édimbourg ; mais à la campagne, où l'étiquette était plus relâchée, il arrivait souvent que les hôtes découpent la viande ou servent le thé à leurs invités. « Mr L. était assis près de moi, et nous avons causé pendant une heure de politique, de la transmission héréditaire, de l'usage des capitaux, des pauvres, de l'émigration, etc. » Les journaux de la semaine rapportaient les débats sur la question de savoir si les paroisses britanniques devaient financer l'émigration des pauvres vers l'Australie, qui souffrait d'une pénurie de main-d'œuvre depuis la découverte en 1851 de gisements aurifères dans le Victoria.

« Ensuite, à neuf heures, ayant envoyé les garçons se coucher, car c'était dimanche, nous sommes allés nous asseoir dans le jardin. Mrs L., qui avait froid, est rentrée à dix heures. » Tandis que cette dernière se réchauffe au coin du feu, Isabella et Edward, restés seuls, parlent « de Lord Byron, d'équitation, du courage, de ballons et du flegme ». Ce sujet des ballons leur fut peut-être inspiré par les nombreuses annonces parues dans la presse dominicale à propos de lâchers d'aérostats sur les hippodromes et dans les parcs de Londres à l'occasion des congés de la Pentecôte. Edward « fumait et causait, et j'ai beaucoup ri ».

À mesure que tombe la nuit, leur badinage fait place à une conversation plus grave. Ils abordent

« l'esprit de l'homme, sa vie, le tombeau, l'immortalité, Dieu, l'univers, la raison, la nature fugace et brève de l'homme ». Isabella confie à Edward qu'elle a perdu la foi et se trouve seule parmi ses amis à ne pas croire à « toutes les illusions du credo chrétien ». Elle affirme être en paix avec sa nouvelle vision des choses : « J'ai parlé de cette équanimité que j'ai acquise peu à peu. J'ai dit que la noblesse de la vérité compensait à mes yeux les espoirs que j'ai abandonnés. » Edward lui parle d'un de ses camarades d'études de médecine, un Grec, qui vient de mourir. « Il s'exprimait avec tristesse » et « une grande profondeur de sentiment ». Il lui fait part de ses propres doutes religieux. « Il aspirait à prier, il aspirait à croire. »

Ils contemplent ensemble le lever de lune, prêtent l'oreille au cri aigu du râle des genêts. Edward « semblait envoûté par la beauté de cette scène », comme si le jardin gagné par l'obscurité l'avait ensorcelé, et il fait part à Isabella de son envie de rester dehors toute la nuit. Inspirée par ce moment, elle cite deux vers d'*Evangeline*, poème épique de Henry Longfellow publié pour la première fois en 1847 et qui connaissait un vif succès en ce début des années 1850. Quand la languissante héroïne mit le pied dehors, « Ce fut comme si le calme et magique clair de lune / Inondait son âme d'aspirations indéfinissables ».

Pour finir, l'idée vient à Isabella d'aller réconforter Mary Lane. « Peu après onze heures, j'ai pensé que Mrs L. allait nous trouver bien peu aimables de l'abandonner ainsi, et nous sommes retournés auprès du feu. Elle était toujours abattue, et j'ai essayé de l'égayer. »

Dans son journal, Isabella fait défiler mentalement, en position d'observatrice, les événements de la journée afin de mieux goûter la sensation d'être convoitée et désirée. Elle a passé tant de temps à l'écart de ce couple en le couvant des yeux avec envie, que d'être la cause du malaise de Mary lui est maintenant un secret enchantement. Le journal recrée magiquement les scènes qui viennent de se jouer, sans plus analyser ses désirs, mais plutôt en permettant à ceux-ci de nourrir sa remémoration. N'étant sujet à aucun contrôle, confronté à aucune source extérieure, limité par aucun autre point de vue, il peut faire jaillir un monde rêvé dans lequel les souvenirs se teintent de désir. Cette page du journal était destinée à être relue, pour le plaisir.

À la fin de l'été 1852, Henry trouva pour loger sa famille une villa située dans le Berkshire, à la sortie de Reading, qu'une soixantaine de kilomètres, soit un peu plus d'une heure de train, séparaient de Londres. Reading se trouvait dans une vallée fertile baignée par la Tamise. Les abondantes productions du comté de Berkshire – blé, haricots, cerises, oignons, argile à brique, porcs, laine, manches à balai et beurre – étaient transportées à Londres par voie d'eau et chemin de fer. Un auteur américain qui visita Reading cet été-là fit cette observation à propos des coquelicots bordant la voie ferrée : vues par la fenêtre d'un train lancé à pleine vitesse, les fleurs écarlates défilaient comme « une rivière de sang ».

Isabella emménagea avec les enfants à Ripon Lodge, propriété située sur la colline s'élevant à l'ouest de Reading, et commença à se faire livrer le mobilier, jusque-là entreposé à Londres. Henry se rendait à la capitale trois fois par semaine.

Les garçons n'étant pas inscrits dans un établissement scolaire, Isabella écrivit à Combe pour lui demander conseil sur leur éducation. Si Alfred, l'aîné, était « sociable et de bonne composition », Orway, maintenant âgé de sept ans, était d'« une nature moins aimable et plus singulière ». Comme son petit frère Stanley, trois ans, Doatie possédait « un caractère impulsif et une certaine dose d'obstination ». Henry avait le projet de créer dans le Berkshire un établissement scolaire pour garçons de la classe moyenne et d'y envoyer les siens le moment venu ; son modèle était l'« école laïque » fondée par Combe à Édimbourg, où l'enseignement était scientifique plutôt que théologique. Mais Isabella n'était pas certaine que l'externat pût convenir à son second. Elle se demandait s'il ne lui fallait pas plutôt la discipline du pensionnat.

Ses inquiétudes à propos de ses deux plus jeunes enfants faisaient écho à ses angoisses quant à sa propre personnalité passionnée et à son insatisfaction. Si la famille s'était naguère établie à Édimbourg afin qu'elle puisse garder les garçons auprès d'elle, elle commençait désormais à voir dans le foyer familial un lieu dont ils avaient peut-être besoin de s'évader.

Elle imputait dans une certaine mesure à Henry le fait que ses fils n'étaient pas heureux. « Les enfants sont tellement éteints et abattus quand il est avec eux, écrit-elle dans son journal. Ce n'est alors que tristesse, maussaderie, mutisme et reproches. » Le 26 août, Henry, de retour de Londres, s'irrite quand il trouve sa femme en train de déballer des affaires alors qu'Eliza, la nurse, est sortie faire une course. « Henry est rentré à midi, très déconcerté de nous trouver en plein chambardement. E. sortie ; lui, pressé de dîner. S'est fâché pour une histoire de pommes de terre. » À trois heures et demie, il s'en va seul à Pangbourne, village situé à huit kilomètres de

Reading, pour y chercher un terrain sur lequel bâtir une maison. Isabella emmène Stanley en voiture à Whiteknights, ancienne gentilhommière se trouvant à cinq kilomètres dans la direction opposée. « [...] un beau parc, pour l'instant à l'abandon ; la maison n'est pas habitée ; plusieurs groupes prenaient le thé et se promenaient de-ci de-là. » La scène lui inspire le désir « de posséder un paisible coin de terre où s'affranchir des contrariétés et des tracas mesquins de l'existence ».

À son retour, son humeur s'est un peu améliorée, mais Henry vient tout gâcher. « Il s'est montré imbuvable toute la soirée, et nous avons eu des mots après le souper. J'étais profondément contrariée à l'idée de vivre avec lui. Très malheureuse ; journée exécrable. » Son univers s'est détérioré. Plus de sorties avec Edward ni de dîners avec des romanciers et des philosophes ; rien que les tâches domestiques et la compagnie des enfants et du revêche Henry.

En France cet été-là, Gustave Flaubert achève le brouillon de la première partie de *Madame Bovary*, commencé un an plus tôt. Comme Isabella Robinson, l'héroïne de ce roman est recrue de solitude et de langueur, et sa vie, écrit l'auteur, « était froide comme un grenier dont la lucarne est au nord, et l'ennui, araignée silencieuse, filait sa toile dans l'ombre à tous les coins de son cœur ».

L'insatisfaction d'Isabella découlait en partie de la disparité entre sa vie et celle de ses ascendants, surtout du côté maternel. Son père, Charles, avait fait la connaissance de Bridget Curwen à la faveur d'un dîner au domicile des parents de cette dernière dans le Cumberland aux alentours de 1808, à l'époque où il exerçait comme avocat sur la tournée du Nord. Il avait hérité de terres dans l'ouest du Yorkshire, mais la fortune de Bridget était plus considérable : à la faveur de leur mariage en 1809, elle fut dotée de neuf mille cinq cents livres et lui de cinq mille livres.

Les Curwen étaient une vieille et puissante dynastie qui possédait deux fiefs près de la côte de Combrie, Workington Hall et Ewanrigg Hall. À la fin du dix-huitième siècle, le peintre George Romney fit le portrait de la mère de Bridget, Isabella, brune beauté aux lèvres vermeilles. Seule héritière d'une fortune paternelle constituée dans les charbonnages, elle s'était enfuie dès qu'elle avait eu dix-sept ans avec son cousin John Christian, brisant du même coup, à ce qui se disait, le cœur d'un autre de ses cousins, Fletcher Christian, qui peu de temps après prendrait la tête de la mutinerie contre le capitaine Bligh à bord de la *Bounty*. Quand il épousa Isabella Curwen, John Christian adopta son patronyme et lui offrit une île du lac Windermere (baptisée Belle Isle ou Bella's Isle en son honneur) ainsi qu'une bague montée de diamants d'une valeur de mille livres. John Christian Curwen, comme il s'appelait désormais, devint député whig de Carlisle et par la suite du Cumberland. Ses réformes sociales et agricoles lui valurent une grande renommée. Un jour, afin de montrer à ses pairs sa proximité avec la population de sa région, il se présenta à la Chambre des communes vêtu comme un paysan de Combrie, une miche sous un bras, un fromage sous l'autre. Sa femme partageait ses convictions politiques et avait particulièrement à cœur le bien-être des gens qui vivaient sur leurs terres.

Isabella Robinson aurait voulu tenir un tel rôle. Sa mère avait pris, elle aussi, une part active dans les affaires de son mari, l'aidant à gérer ses domaines et à cultiver ses relations. Mais Isabella n'était à la tête que d'une maison et de trois ou quatre domestiques, et l'univers de Henry, fait de manufacture et de négoce, lui était fermé. Il disparaissait à bord de trains pour gagner ses usines, ses chantiers, ses bureaux de la City, à bord de vapeurs pour se rendre dans les lointaines colonies avec lesquelles il traitait.

Comme elle le confia à George Combe, Isabella avait à Reading « de nombreuses heures de temps libre », « bien plus de temps libre qu'il n'en échoit à la majorité des femmes ». La plupart des femmes de son milieu faisaient des visites ou recevaient l'après-midi, mais elle-même n'avait pas d'amies dans les environs. Le Berkshire, note-t-elle, « est un endroit plaisant pour ce qui est du climat et de la beauté des sites, mais nous n'y avons pas de connaissances ; et considérant l'étroitesse d'esprit de ses habitants et la façon dont ils sont régis par le clergé, il est probable que nous ne nous en ferons pas beaucoup d'agréables ».

« Vous ne savez pas à quel point j'aimerais pouvoir vous voir et converser avec vous, écrit-elle à Combe, ni combien me manquent l'intelligence et l'enthousiasme du petit cercle que je fréquentais chez vous ou chez vos amis. *Ici*, je me sens isolée comme quelqu'un dont les opinions seraient condamnées sans presque avoir été entendues, à supposer que j'ose y faire allusion. »

Elle confie à son journal intime, et non pas à Combe, combien Edward Lane lui manque. « Ai veillé tard, lasse et tout ankylosée, commence la page du 31 août 1852. Les garçons sont venus me voir, puis ils sont descendus à la rivière ; mais un orage les a forcés à rentrer, et la matinée s'est déroulée de façon décousue. Ai écrit à maman. » Elle a reçu ce jour-là une lettre de Mary Lane, billet affectueux dans lequel elle apprend que Lady Drysdale est souffrante et qu'Edward s'est rendu à la station thermale de Rothesay, sur l'île de Bute, pour se remettre d'une blessure au pied. Isabella est déçue d'avoir des nouvelles par Mary plutôt que par lui-même. « Ah, ai-je pensé, bien qu'il soit désœuvré et même dans l'impossibilité de marcher, je ne suis pas au centre de ses pensées. » Elle lui a envoyé plusieurs courtes lettres et, en guise de présent, des boutons de manchette, mais il n'a pas répondu. « Pas une ligne, que ce soit pour me remercier du cadeau ou bien en réponse à mes multiples mots, alors que pas une heure ne s'écoule sans que j'aie pour lui des pensées pleines d'attente et de tendresse. » Elle voudrait en concevoir de la colère mais n'éprouve que de la pitié – pour lui comme pour elle. « Des larmes me sont venues aux yeux en me le représentant infirme et seul, et la profonde amertume de me voir à ce point négligée n'a pu m'insuffler suffisamment d'amour-propre pour me détourner de lui et l'oublier à mon tour. Inconsistante et déplorable disposition d'esprit. Toute cette journée et les suivantes, l'affligeante, l'humiliante vérité de son absolue négligence, même à l'endroit de mon amitié, m'accompagne partout et emplit mon cœur d'une indicible tristesse. »

Dans ses moments les plus sombres, Isabella se met à redouter qu'aucun de ses sentiments n'ait la moindre importance, que sa vie intérieure ne soit un objet de suprême indifférence. Elle en est arrivée à penser qu'il n'existe ni Dieu ni âme immortelle. Elle est convaincue que rien ne fait suite à la mort : « Tout ne me sera que ténèbres, écrit-elle, une fois que j'aurai quitté ce monde. » « La perte de foi d'Isabella, écrira plus tard Edward Lane, paraît avoir infligé à tout son être un choc tel qu'un épouvantable nuage de dépression et de malaise a recouvert le reste de sa vie. » Alors que d'autres êtres insatisfaits pouvaient trouver un réconfort dans la croyance que cette vie n'est qu'une préparation à la suivante, une épreuve à endurer récompensée par la félicité à venir, Isabella était torturée à l'idée de ne disposer que de cette unique et misérable existence. Elle sombra dans une profonde et envahissante mélancolie, son abattement spirituel se combinant à son ennui, à son amour déçu et à sa tristesse. Ses désillusions religieuse et sentimentale ne firent plus qu'une.

Envisageant de mettre son malheur à profit, elle parle à Combe de son projet de publier ses réflexions sur le mythe de l'immortalité. La vaine espérance en une vie future, argumente-t-elle, favorise l'orgueil spirituel et fait obstacle au progrès scientifique ; ceux qui croient au paradis ne servent ni n'améliorent le monde dans lequel ils vivent. Elle sait bien, dit-elle à Combe, qu'il a toujours soigneusement évité d'exprimer dans ses écrits des positions aussi périlleuses ; mais elle, inconnue du public et sans réputation à protéger, n'a « pas de raison de se soustraire à la réprobation ».

Combe lui déconseille fortement d'écrire sur la religion. Il tente de la persuader, comme il s'y est toujours employé avec d'autres, que la phrénologie ne conduit pas nécessairement à l'athéisme. À cette fin, il lui fait parvenir l'essai d'un ecclésiastique sur la relation entre le corps et l'âme. Elle n'en est pas ébranlée : l'auteur, répond-elle à Combe, « liquide l'idée reçue selon laquelle l'*âme* et le *corps* sont distincts […] mais il agite ensuite l'espoir que, par le biais de je ne sais quels mystérieux expédients à base de prière et de bonnes œuvres, nous *puissions* devenir de *purs esprits* et donc vivre à jamais – déduction plus complexe mais pas plus vraisemblable que la doctrine qu'il écarte ». Elle s'interroge sur la possibilité que les êtres humains connaissent après la mort « une révolution des éléments dont ils sont composés », car enfin, demande-t-elle, « pourquoi la vie humaine différerait-elle à ce point de l'existence animale sur le plan matériel ? ». Les croyants pourraient faire à tout le moins preuve d'un peu d'humilité ; elle s'étonne en effet qu'« en présence de tant d'opinions religieuses contradictoires, l'homme, dans sa vanité, se soit de tout temps résolument et furieusement battu pour son *propre* système, sa *propre* confession, en excluant fermement de prêter la moindre attention à celle de son voisin. On supposerait que la simple existence d'autant de doctrines et opinions *diverses* inculquerait au moins le doute et une mesure de charité. »

Elle se range toutefois à l'avis de Combe et s'abstient de chercher à publier ses observations. « Il en est que cette initiative pourrait irriter sinon blesser, lui écrit-elle, et peut-être pourrais-je en revanche laisser derrière moi quelques réflexions à publier ou non après ma mort par mes amis, s'ils le jugent bon. » Elle s'accommode à contrecœur de la discrétion et de la réserve qu'on attend d'elle.

George Combe fut frappé par la qualité du raisonnement d'Isabella. « Vous êtes lucide, vigoureuse, lui dit-il dans une lettre, et vous possédez, bien plus que la moyenne des femmes éduquées, la capacité de pénétrer les relations de cause à effet. » Quand il décida en 1853 d'écrire sur ses propres opinions en matière de religion, Isabella fit partie des « très rares personnes » à qui il envoya un exemplaire du manuscrit (Marian Evans fut du nombre). Il insista auprès de ces lecteurs choisis sur l'importance d'en tenir le contenu secret. « J'en arrive à la conclusion qu'il n'existe pas de religion surnaturelle, explique-t-il à un autre de ses correspondants. Si la teneur de ce livre devait transpirer, [...] nous serions contraints de quitter Édimbourg. » Isabella l'assura de sa discrétion : « Je puis sans risque vous promettre de satisfaire à vos conditions. Je vais de ce pas mettre ce volume sous clé avec mes papiers personnels, et je n'en parlerai à *personne*, sinon à Mr Robinson, comme vous m'en donnez la permission. » « Ses opinions sont progressistes pour la plupart, concédait-elle à propos de son mari, et il a le plus grand respect pour vos vues » – elle et lui avaient en commun leur intérêt pour le progrès scientifique et l'enseignement laïc – mais elle ne peut s'empêcher de rappeler à Combe que son intérêt pour les idées est superficiel. « Il n'a, écrit-elle, que peu de temps et d'inclination pour les méditations abstraites. »

Elle s'immergeait dans la lecture et l'écriture. En 1852, elle envoya un texte sur la religion au journal *The Leader*, même si elle savait que ses positions seraient jugées par trop extrêmes malgré la radicalité de cette publication. Le *Chambers's Edinburgh Journal* publia un autre de ses poèmes, « quelques vers de ma composition, dont je n'étais pas mécontente, sur les extravagants symboles de l'immortalité ». En juin 1853, ce même magazine publia un essai sur le mariage, « Une femme et son maître », signé « Une femme », qu'Isabella a fort bien pu écrire : la situation fâcheuse de l'auteur, sa prose animée, son amour intense pour ses enfants et ses opinions dissidentes lui ressemblent en tout point. Ce texte devait beaucoup à *Social Statics* de Herbert Spencer, qui venait de paraître et qu'Isabella avait lu cet été-là, le recommandant à Combe comme un ouvrage d'« une philosophie sérieuse et poussée ». Selon Spencer, le mariage peut entraîner « la dégradation de ce qui devrait être une relation libre et égalitaire en un rapport de maître à sujet [...] quelque poésie que recèle la passion unissant les sexes, elle fane et meurt dans une froide atmosphère de sujétion ».

De même, l'auteur de l'article paru dans le *Chambers* soutenait que le pouvoir immodéré d'un mari pouvait accabler son épouse, la laissant pleine de haine pour lui et pour elle-même. Non seulement une femme qui contractait un mauvais mariage était victime d'une injustice, mais elle s'en trouvait également déformée. Satellite dérisoire de l'« omnipotente planète » masculine, elle perdait toute volonté, devenait inerte, pitoyablement dépendante. Elle pouvait au fil du temps « s'évertuer avec des larmes de sang à se montrer patiente et sage et forte ; mais les énergies mutilées d'une vie ne recouvreront jamais leur intégrité ». Telle une « blanche esclave chrétienne », elle était « tenue de marcher en silence, en réprimant ses impulsions [...] Ses traits doivent afficher une apparence de calme, même si les feux de l'Etna bouillonnent en son sein ». Bien souvent, une femme malheureuse ne restait mariée que parce qu'elle ne pouvait concevoir d'être séparée de sa progéniture. Même si elle éprouvait une « incomparable tendresse » pour ses enfants, elle n'avait en propre « absolument aucun droit » sur eux.

Jugeant nécessaire de justifier sa décision de publier de telles opinions, Robert Chambers fit suivre l'article d'un *post-scriptum* : « Tout en dépeignant avec une vigueur sans doute plus que suffisante ce en quoi il nous faut voir un cas exceptionnel, notre contributeur a raison d'y chercher remède [...] peut-être apparaîtra-t-il à l'avenir qu'il y a bien moins de risque qu'on ne le suppose aujourd'hui à déclarer qu'une femme malheureuse peut quitter avec ses enfants un mari intolérable. »

Au cours de l'été 1853, Edward, Mary et Lady Drysdale rendirent visite aux Robinson à Ripon Lodge. Henry s'occupait toujours de ses moulins à sucre. Il venait de se voir accorder un brevet pour un disque de couplage permettant de faire fonctionner ensemble une machine neuve et un moulin plus ancien : l'extrémité de l'arbre de la première s'engageait dans une gorge du disque, et la languette du rouleau supérieur du moulin dans une autre. Edward venait d'obtenir son diplôme de médecine – médecin et non officier de santé, expert en diagnostic plutôt qu'en chirurgie. Lui et les siens traversaient le Berkshire en route pour le continent, où ils allaient passer un mois de vacances. Ils demandèrent à Isabella, qui avait été si bonne avec eux à Édimbourg, s'ils pouvaient lui laisser leurs enfants le temps de ce séjour à l'étranger. Arthur et William avaient cinq et deux ans. Mary Lane avait eu un troisième garçon en 1852, Edward Hamilton, aussi brun que ses frères étaient blonds. Peut-être fut-il baptisé Hamilton en l'honneur d'Isabella, puisqu'elle et Alfred portaient tous les deux ce deuxième prénom.

Les Lane et Lady Drysdale séjournèrent dans la ville d'eaux de Baden, en Allemagne, d'où Edward écrivit plusieurs lettres à Isabella. Il avait déjà visité une station hydrothérapique en Écosse ainsi que les sources chaudes de Bagni di Lucca en Italie – dans un article écrit en 1851 pour le *Chambers's Edinburgh Journal*, il vante la station toscane, ses « sentiers ombreux » et sa « bruissante rivière ». S'apprêtant à entrer dans la carrière médicale, il projetait de fonder son propre établissement thermal, un endroit spacieux où régneraient le verre, l'eau, les pelouses et la lumière du soleil.

De retour en Angleterre, Edward, sa femme et sa belle-mère allèrent à Ripon Lodge pour récupérer les garçons et passèrent un jour et une nuit chez les Robinson.

« Je voudrais bien savoir s'il a pensé à moi et si je lui ai un peu manqué, note Isabella dans une entrée non datée, quoique, lorsque je suis sérieuse, je n'en croie rien. » Elle s'admoneste : « Comment quelqu'un d'aussi occupé, d'aussi aimé et admiré pourrait-il avoir une pensée pour une amie éloignée, quelconque et empruntée ? Mon Dieu ! Pour lui, je changerais mon sang en souverains, si une telle chose était possible, et ne demanderais à être aimée qu'au moment de mourir. Et lui – pourquoi pareille disparité de sentiments ? – lui ne me considère que comme une ancienne relation. Hélas ! » En pareille disposition d'esprit, elle se rabaisse tout en plaçant Edward au plus haut – elle est sans charme et sans grâce, se lamente-t-elle, alors qu'il est aimé et apprécié de tous. Ce désir de « changer son sang en souverains » au profit d'Edward était celui de lui faire don de sa personne.

Les Robinson font à leur tour un voyage en Europe au cours du brumeux hiver 1853 – « échappant ainsi à la tristesse de novembre », commente Henry dans une lettre à Combe. Durant six ou sept semaines, la famille visite les villes françaises de Calais, Saint-Omer, Lille et Boulogne. « Nous avons surtout séjourné dans cette dernière, écrit Henry, que Mrs Robinson aime beaucoup. »

Ils rentrent à Ripon Lodge avant la fin de l'année. Le 1er janvier 1854, Isabella se lève de bonne heure (à huit heures moins le quart), fait les comptes, conclut son journal de 1853 et inaugure un nouveau volume. Elle s'efforce d'être patiente et pragmatique avec son mari et ses fils, tous d'humeur changeante. « Cette journée a été froide, glaciale, avec un vent d'est, note-t-elle, ensoleillée jusqu'à midi, réconfortante.

Pas dans mon assiette pendant la nuit, mais mieux au lever, et enjouée. Ai remis Henry de bonne humeur grâce à mon rayon de soleil, et accueilli affectueusement les enfants, alors qu'ils semblaient plutôt maussades. »

Henry a commencé à faire construire une maison à Caversham, faubourg situé à six kilomètres au nord de Ripon Lodge. Pendant le petit déjeuner, Isabella et lui cherchent un nom pour leur future demeure. Après quoi ils s'adonnent à la lecture en compagnie des garçons. Ensuite, s'étant isolée, Isabella fait le compte de sa correspondance de l'année passée : « 189 lettres reçues, plus 26 billets ; 214 envoyées, plus 54 billets ». Elle dresse également la liste des connaissances et parents qui sont décédés, dont George Dansey, frère de son premier mari, « jadis un ami, récemment un étranger » ; deux tantes du côté de sa mère ; et deux fils de John, son frère aîné, qui vivait avec les siens en Tasmanie. Cet inventaire annuel, coutumier dans les journaux intimes de l'époque, l'incline à tenter de prier : « Que l'Auteur suprême de l'existence de tous les êtres sur cette terre dirige nos pas et nous permette de reconnaître et de saluer la présence du bien et de l'ordre au milieu de l'apparente contradiction, de la souffrance et du chagrin. »

À une heure et demie, elle sort faire une promenade avec Alfred et Stanley. Au début, son aîné se montre « renfermé et mal disposé », mais l'humeur générale s'allège sous l'effet de l'air vif et du paysage des collines enneigées. Au retour, Isabella se voit de nouveau rebuter par Henry. « Dîner bon, mais Henry boudeur et résolu à récriminer. » Comme elle est chargée de tenir la maison, c'est à elle que sont adressées les critiques sur la qualité du repas. « Ai fait la lecture aux enfants après le dîner, puis ce fut une longue discussion avec lui sur les causes de son mécontentement. Il s'est répandu en reproches sur le personnel, disant vouloir un domestique de sexe masculin (avec lequel il serait en désaccord avant un mois) ; il voulait un bureau ; regrettait que je ne sois pas une maîtresse de maison plus active ; se plaignait du froid et envisageait de passer moins de temps ici et plus à Londres. » Elle répond avec calme aux remontrances sur la gestion domestique et à cette idée de passer le moins de temps possible avec les siens. « J'ai dit tout ce qui m'est passé par la tête pour le ramener un peu à la raison ; lui ai représenté l'égoïsme qu'il y a à se plaindre, la sagesse de tirer le meilleur parti des choses, et j'ai cité plusieurs petites mesures qui pourraient être prises pour améliorer la situation. »

L'attitude d'Isabella ce jour-là paraît un message adressé à elle-même, la mise en pratique de ses résolutions pour la nouvelle année. Elle s'est efforcée d'agir en accord avec des manuels de conduite tels que *The Wives of England* (1843) par Sarah Stickney Ellis, qui soutenaient que la mission d'une épouse était de se soumettre à son mari et de s'attacher à créer un foyer confortable et serein. C'est, écrivait Mrs Ellis, « sans conteste un droit inaliénable pour tous les hommes, malades ou bien portants, riches ou pauvres, raisonnables ou insensés, que de se voir traiter chez eux avec égards et déférence ». Apporter le bonheur à un homme est le talent et le privilège d'une femme. Comme le fait observer Coventry Patmore dans son poème narratif *The Angel in the House* (1854), « L'homme doit être satisfait, or le satisfaire / Est le plaisir de la femme. »

Isabella fait de son mieux pour endurer en silence la rudesse et la mauvaise humeur de Henry, attendant sans regimber que se dissipe le nuage de son mécontentement. Elle reste auprès de lui jusqu'à ce qu'il soit moins fâché, puis elle sort faire une nouvelle promenade avec Alfred. « Le vent était tombé, et ce fut plaisant. » Ils rentrent à huit heures pour le souper, après quoi Henry et elle passent encore une heure à discuter du nom de leur nouvelle maison. À neuf heures et demie, elle tient son journal, puis met la dernière main à des exercices de latin – bien qu'il ne lui fût plus possible de suivre des cours et des conférences comme elle le faisait à Édimbourg, elle cherchait toujours à corriger les points faibles de son éducation. À onze heures, elle est au lit. « [...] et ainsi s'est achevé le premier jour de l'année, confie-t-elle à son journal, pas d'une façon désagréable, bien qu'il fût un peu gâché par la maussaderie de Henry. » Et d'ajouter que « son côté absolument acrimonieux » l'a « hérissée et épuisée ».

4

L'imagination enfiévrée comme si cela avait été réel

Berkshire et Moor Park, 1854

En 1854, un nouvel homme fit son entrée dans la vie d'Isabella et dans les pages de son journal : John Pringle Thom, Écossais d'environ vingt-quatre ans, recruté par Henry pour être le premier instituteur de l'école qu'il envisageait de créer dans le Berkshire et qui n'était pas encore sortie de terre. Ce projet progressiste ne rencontrait que peu de soutien auprès des habitants conservateurs de la région, et puis Henry était avant tout préoccupé par son affaire de Londres. D'ici là, John Thom, qui avait pris une chambre à Reading, donnait des cours particuliers d'anglais aux enfants Robinson.

Il se présenta à Ripon Lodge à neuf heures et demie le matin du 24 mars 1854, journée sèche, froide et venteuse. Il donna un cours à Otway, maintenant âgé de neuf ans, pendant qu'Isabella supervisait le travail d'Alfred, treize ans, et de Stanley, qui venait d'en avoir cinq. Elle était chargée de l'éducation des garçons en attendant qu'ils soient scolarisés. Après le cours d'Otway, elle bavarda avec Thom. « Je plains vraiment ce jeune homme, écrit-elle dans son journal. Il est sans ressort, abattu et bien seul. Après l'avoir fait venir à Reading, Mr Robinson semble maintenant l'avoir abandonné. J'ai décidé de lui montrer que j'ai tout à fait conscience de sa situation. » Elle aussi se sentait abandonnée par Henry à une existence provinciale dépourvue d'attrait.

Au cours des trois mois suivants, son attachement nourri de compassion pour le précepteur de ses fils se fit fiévreux et se teinta de besoin. Elle se trouvait tour à tour emportée par « une tempête de passion et d'excitation » et précipitée dans un « languide et triste » marasme, avec l'espoir toujours renouvelé que leur prochaine rencontre pût répondre à ses aspirations.

Elle attendait la venue de Thom avec autant d'impatience que s'il s'était agi de son amant. « Mes pensées se portaient souvent, non sans un peu de terreur, vers ma prochaine rencontre avec Mr Thom, écrit-elle dans une page non datée, et cependant un désir aussi ardent qu'indicible me poussait de l'avant. Je tâchais de me raisonner, de me calmer, mais en vain. » À sa grande consternation, il ne vint pas comme prévu. « S'il avait éprouvé à mon endroit ne fût-ce qu'un dixième de mon intérêt pour lui, il n'aurait pas fait aussi peu de cas de mon invitation. J'étais accablée, humiliée, comme je l'avais souvent été en d'autres occasions, et je maudissais l'extrême nervosité et la tenace vacuité de mon cœur.

« Si seulement je pouvais vivre seule, poursuit-elle, si seulement j'étais capable de bannir toute aspiration à la compagnie et tout goût pour les plaisirs de l'esprit, je pourrais vivre relativement bien. Dans l'état actuel des choses, ma vie est tissée d'exaltation, de souffrance, d'incohérence. Que dois-je faire ? »

L'attirance d'Isabella pour Thom n'avait pas dissipé ses sentiments pour Edward Lane, auquel elle envoyait quantité de lettres et de billets. « Mr Lane toujours muet, lit-on dans une entrée non datée, n'a même pas répondu à ma question, lui plairait-il d'avoir de mes nouvelles ? En ai conçu indignation et surprise. J'ai supposé que sa présence personnelle (tout ce qu'il y a de plus courtoise et gracieuse) est tout ce que ses amis peuvent obtenir de lui. Absents, ils sont oubliés. » Apparemment, il ne lui traversa pas l'esprit que le silence d'Edward pouvait être une tentative délibérée de couper les ponts avec une amie par trop éprise. Dès qu'Isabella et lui étaient séparés, sa prudence revenait en force. Lorsqu'il lui écrivait, il devait prendre des précautions : il déclarera plus tard que Mary lisait toutes les missives qu'ils échangeaient.

Isabella admet sombrement qu'Edward ne partage peut-être pas ses sentiments. « Me suis penchée sur les deux dernières lettres de Mr Lane. Celle reçue à Noël m'a fait grand plaisir, elle est si originale, si intelligente. Mais chaque fois que je les ai sous les yeux, je mesure à quel point diffèrent l'amitié policée qu'il éprouve et professe à mon endroit et la considération captivée que je lui voue. Puisse-t-il en être autrement. » Ce réalisme ne tenait guère face à ses rêves éveillés : « Dans la solitude comme dans la joie, sa voix, son regard me reviennent comme au premier jour, et sa compagnie me manque. Je redoute le temps, qui diminue mon pouvoir de séduction tout en ne retranchant rien à des sentiments aussi passionnés qu'incontrôlables. »

Dans son sommeil, elle est assaillie de fantasmes troublants, de rêveries plus riches, plus captivantes que ses journées mornes et vides. « Ai fait dans la nuit des rêves confus à propos de Mr Lane, écrit-elle le 24 mars 1854, et me suis éveillée avec l'imagination enfiévrée comme si tout avait été réel. J'ai repensé toute la journée aux sujets qui ont occupé mes moments de sommeil. Je m'en suis trouvée tour à tour abattue et exaltée, et la journée fut décousue. »

Les phrénologistes pensaient que les rêves provenaient de régions du cerveau qui s'évadaient pendant que dormait la raison. Ils « sont le fait de certaines parties du cerveau qui sont moins en repos que les autres, écrivait Catherine Crowe dans *The Night Side of Nature* ; en sorte que, à supposer que la phrénologie soit dans le vrai, un organe n'est pas en situation de corriger les impressions d'un autre ». Parfois, cette correction ne s'accomplissait pas même lorsque le dormeur s'éveillait. Dans *Sleep and Dreams* (1851), John Addington Symonds explique comment, en pareil cas, un individu « découvre à son réveil un monde nouveau projeté hors de son être intérieur. Par l'effet d'une déplorable capacité, don fatal, à s'approprier et assimiler les objets réels perçus par ses sens, il prend possession de ceux-ci ou plutôt les dématérialise et les amalgame à sa création imaginaire. »

Dans un rêve, Isabella s'enfuit de nuit avec Edward Lane et ses deux aînés, Alfred et Otway. Mary Lane les prend en chasse et les rattrape, mettant ainsi fin à l'escapade de son mari ; Isabella, poursuivie par Henry et un personnage uniquement identifié comme « C. », continue de fuir. « Je n'ai jamais fait de rêve qui prît aussi entièrement possession de mon âme, écrit-elle. Je me suis hâtée de boucler mes occupations du matin afin de pouvoir le consigner sous forme de récit. Je n'ai pu m'en détacher de toute la journée, ni faire la part de ce qui était vrai et de ce qui était faux. Seigneur Dieu ! N'est-on point la marionnette de son imagination ? » Elle était troublée et excitée par la façon dont ses rêves infiltraient ses jours. Les visions nocturnes étaient les fragments d'un autre monde, un avant-goût de la liberté. « Ai rêvé toute la nuit d'amis absents, de situations romantiques et de Mr Lane, écrit-elle plus loin. Ah ! Pourquoi les rêves sont-ils plus heureux que la vie éveillée ? »

Dans un essai composé au début des années 1850, Florence Nightingale décrit « l'accumulation d'énergie » qui se produit chez des femmes comme elle et « leur donne l'impression [...], quand elles se mettent au lit, d'être en train de perdre la raison ». Elle impute l'intensité de ses rêves à sa « nature passionnée ». Le mariage, pense-t-elle, pourrait peut-être « au moins me protéger des influences malignes du rêve ». Les rêves d'Isabella, eux aussi inspirés par des désirs érotiques, suscitaient chez elle, dans un deuxième temps, des ambitions littéraires, lorsqu'elle s'éveillait au matin avec l'envie pressante de les coucher par écrit. « Ai fait à l'aube d'étranges rêves romantiques jusqu'à ce que j'ouvre les yeux. Me viennent souvent en tête, dans mon sommeil, l'intrigue et le plan d'un roman, les noms, les scènes, le tout parfaitement agencé et cependant sans guère de lien avec quoi que ce soit qui m'est arrivé, et je voudrais alors avoir à disposition la plume d'un écrivain pour tout noter incontinent. »

Cette année-là, une des romancières qu'elle avait croisées en Écosse parut basculer complètement dans un monde d'illusion. À la fin du mois de février, Catherine Crowe, âgée de soixante-quatre ans et depuis longtemps séparée de son mari, fut trouvée déambulant toute nue non loin de son domicile de Darnaway Street, à côté de Moray Place. Dans une lettre du 7 mars 1854, Charles Dickens évoque l'étrange comportement de Mrs Crowe : elle « est devenue complètement folle – et complètement nue

[…]. On l'a retrouvée l'autre jour en pleine rue, vêtue en tout et pour tout de sa chasteté, d'un mouchoir et d'une carte de visite. Elle avait appris de la bouche des esprits, croit-on savoir, que si elle sortait sans voiles, elle serait invisible. Elle se trouve maintenant à l'asile, étant, je le crains, définitivement aliénée. »

Catherine Crowe fut brièvement traitée dans une institution privée de Highgate, au nord de Londres, par le célèbre aliéniste – ou médecin des fous – John Conolly. « Quand elle est arrivée ici, ses hallucinations s'étaient dissipées comme un rêve, rapporta Conolly à son ami George Combe. Ne sommes-nous pas en présence d'une influence épidémique croissante, qui introduit dans le cerveau des croyances illusoires, comme au Moyen Âge la propension à danser sans discontinuer ? » Après Highgate, Mrs Crowe fut soignée à la station hydrothérapique de Malvern. Dans une lettre publiée dans le *Daily News* du 29 avril, elle nie avoir perdu la raison, mais reconnaît avoir souffert en février d'une « inflammation gastrique chronique » et s'être figuré lors d'une période d'inconscience qu'elle était guidée par des esprits.

L'histoire de la déambulation de Mrs Crowe dans le plus simple appareil fut confirmée par Robert Chambers, qui explique dans une lettre du 4 mars 1854 comment, la trouvant dévêtue près de chez elle, les amis de la romancière l'avaient tirée de cette « affreuse situation ». S'étant crue invisible, elle avait fini dépouillée de sa dignité et privée de sa raison, son égarement exposé aux yeux de tous.

À la fin du mois de mai, ayant renoncé à son projet de fonder une école, Henry donna son congé à John Thom. Isabella en conçut de l'affolement. Le samedi 3 juin – belle journée avec des éclaircies et un vent frais soufflant du nord –, elle envoya Alfred quérir Thom à son logement sur la route de Londres, à la sortie est de Reading. Cela faisait une semaine qu'elle ne l'avait vu, et elle déborda d'inquiétude en ne le voyant pas se présenter sur-le-champ – « abattue, angoissée, malheureuse, ne tenant pas en place, les larmes aux yeux ». Elle s'habilla et commanda le dîner, espérant toujours sa venue. Le voilà enfin qui arrive : « À midi, je l'ai entendu parler avec les garçons, mais, trop agitée pour le voir, je me suis précipitée dans ma chambre, pâle comme un linge. Un peu remise, je suis redescendue et l'ai reçu au petit salon. » Il semblait aussi défait et inquiet qu'elle. « Je l'ai trouvé amaigri, blême, fatigué, agité, morfondu. Je n'avais jamais vu d'aussi triste changement chez personne en l'espace d'une semaine : ses grands yeux ressemblaient à de pâles violettes, assombries de paupières lourdes et tombantes ; ses joues s'étaient creusées et il se dégageait de toute sa personne un air d'abattement profond. Il me dit avoir été souffrant, et désespéré d'être congédié de manière si abrupte. » Quand il se fut entièrement confié, une émotion débordante s'empara d'Isabella, au bord des larmes, accablée de chaleur. « C'était à peine si je parvenais à parler, j'avais un épouvantable mal de tête, les joues toutes rouges, des larmes ne cessaient de monter et ma voix s'étranglait. »

Quand elle a recouvré son calme, ils s'entretiennent « longtemps et avec gravité ». Elle critique Henry pour « l'orgueil et l'entêtement » qu'il a montrés en renvoyant le jeune homme aussi brusquement. Thom lui avoue ne pas savoir ce qu'il fera ensuite. « Il m'a exposé en détail ses tourments, affreux tourments : labeur ingrat en Écosse, exclusion de partout du fait qu'il n'était pas passé par l'université. » Cette situation difficile inspire à Isabella de la compassion – comme elle, il n'a pas reçu une éducation suffisante, se trouve à la merci des gens d'influence, est condamné à des tâches fastidieuses –, et elle s'efforce de lui remonter le moral avec des idées pour l'avenir : « nous avons formulé des projets, la plupart, sinon tous sans espoir ».

Le désarroi du jeune homme la distrait du sien. « Nous avons flâné une demi-heure dans le jardin, et je me suis sentie mieux, puis nous avons dîné de fort bonne humeur ; mais son visage ne s'est jamais départi de cette terrible pâleur. » Après quoi ils s'installent au boudoir et parlent de sculpture, de peinture et de l'Italie. Elle lui propose du café et du whisky, qu'il accepte, et il « s'anime » suffisamment pour les accompagner à pied, elle et ses fils, quand ils vont faire une promenade à cheval dans l'après-midi. Alfred se rend chez Thom – pour « Dickens, etc. », écrit-elle ; sans doute passe-t-il prendre des livres –, puis le jeune homme accompagne Isabella et les garçons à cheval jusqu'au parc de Whiteknights. Ils s'assoient au bord du lac avec leurs livres, mais causent « trop pour pouvoir lire ». Isabella veut offrir à Thom la somme de quinze livres, qu'il refuse, et elle prend note de l'adresse du jeune homme en promettant de lui écrire. « Il s'agissait pour ainsi dire de notre dernière entrevue, et nous étions graves mais pas vraiment tristes. Il a dit qu'il était content d'être venu à Reading ; moi de même. » Ils s'attardent dans le parc jusqu'à la fermeture, heure à laquelle il leur est demandé de partir.

Isabella et les garçons regagnent Ripon Lodge. Henry rentre à temps pour le repas du soir et se montre « civil ». Ils soupent ensemble. Elle passe le restant de la soirée à écrire et se couche à minuit.

Quand Thom quitta le service des Robinson, Isabella l'incita à aller visiter le nouvel institut hydrothérapique d'Edward Lane, à Moor Park, près de Farnham dans le Surrey, à une trentaine de kilomètres au sud de Reading. Les Lane et Lady Drysdale avaient quitté Édimbourg au mois de mars pour remplacer à la tête de l'établissement le Dr Thomas Smethurst, médecin hydropathe renommé. Thom se rangea à l'idée d'Isabella avec l'espoir qu'un séjour à Moor Park puisse atténuer sa dépendance au tabac, à l'alcool et à l'opium. Peut-être Edward aura-t-il accepté d'accorder, par amitié pour Isabella, un tarif réduit à ce jeune homme désargenté.

Moor Park était la station thermale dont Edward avait rêvé. Il fit la publicité de sa clinique parmi ses amis écossais et par voie d'annonces dans des publications telles que l'*Athenaeum*, le *Morning Post* et le *Times*. Il se rendait à Londres tous les mardis pour recevoir des clients potentiels entre dix heures trente et douze heures trente dans un cabinet situé à Mayfair. Le prix de la consultation était d'une guinée et le tarif de base du traitement était de trois à quatre guinées par semaine, avec un surcoût de quatre shillings pour qui souhaitait être lavé et massé, et de cinq shillings pour une chambre chauffée. Edward espérait que sa famille et lui bénéficieraient de ce climat plus salubre du sud de l'Angleterre. « Il a toujours eu une santé délicate », comme l'écrit Isabella (il souffrait de dyspepsie), et Atty continuait d'avoir des problèmes pulmonaires.

Introduite en Écosse et en Angleterre dans les années 1840, l'hydropathie était en train de se populariser comme traitement des affections mal définies, liées à l'anxiété, de ce milieu du dix-neuvième siècle. Pendant des siècles, on avait « pris les eaux » dans des stations comme Bath et Buxton, mais l'hydrothérapie nouvelle manière, inventée en Silésie dans les années 1830 par Vincent Priessnitz, visait à être plus scientifique et plus systématique. La théorie était que des douches et l'immersion dans des bains très chauds et froids étaient propres à restaurer la santé d'un organisme en déséquilibre. Selon Edward Lane, beaucoup de ses patients souffraient de manie, soit une obsession du travail (le « surmenage de l'avocat, de l'homme d'État ou du mécanicien »), soit une dépendance aux drogues ou à l'alcool (« les plaisirs suicidaires de l'homme élégant »). Accablé par l'anxiété que lui inspirait son « interminable livre sur les espèces », ouvrage qui deviendra *De l'origine des espèces*, Charles Darwin vint consulter le Dr Lane ; il souffrait de terribles accès de flatulences, de nausées, de maux de tête, de crises d'eczéma et de furoncles. « J'ai rencontré de nombreux cas d'indigestion violente, écrit Edward, mais je ne m'en rappelle aucun dans lequel la douleur était aussi intense. Pendant les pires attaques, il paraissait presque annihilé par la souffrance, le système nerveux se trouvant gravement ébranlé et la subséquente dépression étant terriblement profonde. »

Bien qu'en vogue dans les milieux intellectuels, l'hydropathie était brocardée par la presse traditionnelle, qui y voyait le ridicule engouement de gens s'apitoyant sur leur sort. En tant qu'hydropathe, Edward devait « lutter contre le conservatisme coalisé de la profession médicale » dans ses efforts pour être pris au sérieux. Il soulignait que ce terme d'« hydropathie » était en fait impropre. Priessnitz avait omis de remarquer tout ce que le succès de son traitement devait au changement de régime alimentaire et d'environnement. Edward préférait nommer sa méthode la « cure de nature ». À l'instar de l'hydropathe du roman de Charles Reade *Jamais trop tard pour s'amender* (1856), il « tapotait la nature dans le dos » quand « d'autres la frappaient sur la tête avec des gourdins et des briques ».

Le mardi 4 juillet, un mois après que John Thom eut pris congé d'elle, Isabella se rendit à Moor Park avec l'espoir de voir ce dernier ainsi qu'Edward Lane. Elle prit un train de Reading au bourg d'Ash, trajet de quarante-cinq minutes, puis couvrit les derniers kilomètres en fiacre. À dix heures et demie du matin, elle posait le pied sur une allée gravillonnée devant une large bâtisse blanche à trois étages. Au-dessus de la porte d'entrée, une plaque aux armes de Sir William Temple, diplomate et essayiste renommé qui avait habité la maison à la fin du dix-septième siècle. En quête d'évasion « dans la tranquillité et la liberté d'un lieu privé, où un homme puisse aller à sa guise et à son allure », Temple avait acheté ce domaine de cent quatre-vingts hectares dans les années 1680, un demi-siècle après la construction de la maison.

Isabella fut accueillie par Lady Drysdale, Mary Lane et plusieurs de leurs hôtes. Le docteur était sorti, mais elle tomba sur Thom alors que la matinée n'était encore guère avancée. « La rencontre a été très contrainte, écrit-elle dans son journal. Je rougissais beaucoup, et les yeux de la compagnie étaient attentivement fixés sur moi. Mr Th. restait là sans oser dire grand-chose, et je suis devenue presque muette. »

À l'intérieur, une table de billard était installée sur un côté de l'entrée, une bibliothèque lui faisant face. Puis s'élevait un escalier, fierté de la maison, à balustres concaves pour le passage des crinolines et dont les murs s'ornaient de lyres et d'angelots en stuc, le tout éclairé par une verrière ovale. Au sortir de la cage d'escalier, une porte ouvrait sur la salle à manger. Sur un côté de cette pièce, une cheminée en bois sculptée de personnages champêtres – un pâtre jouant de la flûte à une bergère entourée de son troupeau. De l'autre côté, trois portes-fenêtres donnaient sur une étendue de gazon qui descendait en pente douce vers une fontaine, deux canaux et la Wey. Sur une île de cette rivière, un pavillon d'été et une tonnelle en ruines étaient nichés dans un bosquet.

À droite de la terrasse qui prolongeait la salle à manger se dressaient une serre à raisin, une orangerie et un jardin d'hiver, jouxtés par une closerie où, en été, mûrissaient groseilles, framboises et cassis. À gauche de la terrasse, un cèdre énorme étendait ses ramures au-dessus de la pelouse. Un cadran solaire marquait l'emplacement où le cœur de Sir William Temple avait été enterré dans un coffret d'argent. De ce côté du parc, une réserve avait été profondément creusée sous terre, où l'on entreposait de la glace recueillie en hiver sur les canaux et la rivière ; une autre glacière avait été creusée au pied du coteau qui faisait face à la porte d'entrée.

C'est une tiède journée entrecoupée d'averses. À la faveur d'une éclaircie de la fin de matinée, Isabella sort se promener dans le jardin en compagnie d'Atty, à présent âgé de six ans, et d'un autre invité, qu'elle nomme « le capitaine D. » dans son journal. Elle a une conscience aiguë de la présence de John Thom, qui flâne de l'autre côté d'une haie avec un certain « Mr B. » (possiblement Robert Bell, en cure à Moor Park, qui offrira par la suite un emploi à Thom). Échangeant quelques mots avec ces messieurs, elle a l'impression que ce dernier se montre distant. « J'ai été quelque peu surprise de constater qu'il m'évitait ou plutôt ne recherchait pas ma présence. »

De retour à l'intérieur, elle se change pour le dîner et prend place à table vers une heure et demie. Elle est assise entre deux autres convives, « Mrs O. » et

« Mrs K. ». « Mr T., placé en face de moi, ne m'a pas une seule fois adressé la parole ni même regardée. »

Après le repas, elle demeure quelque temps dans la chambre de Lady Drysdale, puis prend la direction du jardin, passant auprès de Thom, qui joue au billard. Il « abandonna aussitôt la partie et, voyant que j'étais seule, s'empressa de sortir en même temps que moi. Sommes allés dans la serre, car il pleuvait ; y sommes restés assis un moment à converser gravement ». Ils se transportent dans l'orangerie. « Il m'a avancé une chaise, puis il s'est assis, mais à bonne distance. Nous avons causé avec grand sérieux, mais de façon plutôt confuse et précipitée, et nullement des choses qui importaient le plus. » Ils ressortent dans le jardin. « Je ne sais s'il est réellement plus silencieux qu'à l'accoutumée, mais ce qui est sûr, c'est qu'il s'est montré étrangement laconique ; néanmoins, l'assurance d'être comprise et le fait qu'il goûtait vraiment ma compagnie ont fait que j'ai pris grand intérêt à cette promenade. »

À leur retour à l'intérieur, Isabella apprend qu'Edward est rentré, qu'il a pris le thé, puis est ressorti. Elle prend le thé avec les autres invités et, peu après, le docteur apparaît sur la terrasse. Il « est entré avec empressement par la porte-fenêtre, restée ouverte, afin de me saluer avec encore plus de chaleur que je ne m'y attendais. Il m'a serré la main avec beaucoup de cordialité et s'est assis tout près de moi pour me poser quantité de questions sur mon bien-être. » La voici en situation de se représenter Thom les regardant, elle et son admirateur, et assistant à son commerce enjoué et sans façon avec le beau médecin. Une fois encore, elle est grisée à l'idée que son amitié avec Edward Lane puisse susciter de la jalousie chez certains. « Mr Th., assis en face de nous, faisait mine de lire, mais je sais que rien ne lui échappait. »

Plus tard, la compagnie se retrouve au salon du premier étage. « Le Dr Lane était de fort belle humeur. Il s'est assis sur le sofa que je m'étais choisi près du piano, et ne m'a quittée que pour aller chanter de temps en temps et échanger quelques mots avec ses hôtes ; mais ses regards, toute son attention, sa conversation, étaient pour moi. [...] Nous avons parlé de l'amour, de poésie, de son âge, et je lui ai dit qu'il n'avait jamais porté aussi beau, bien qu'il affirmât se sentir vieilli ; nous avons parlé de musique et de ses chansons ; il a chanté mélodieusement et avec grand plaisir une chanson française et une chanson comique, et plusieurs autres encore, dont une que je lui ai demandée : "*Oh, the heart is a free and feterless ding*" [Oh, le cœur est libre et sans entraves]. »

Thom « est resté assis non loin de nous toute la soirée, mais sans presque bouger ni parler ni lever les yeux, mais je savais qu'il nous observait et sentait notre présence ». L'apparente indifférence du jeune homme n'était, laisse-t-elle entendre, qu'un masque dissimulant son désir. Il ne s'approcha qu'une seule fois, commençant par s'agenouiller à côté d'elle pendant leur échange, « comme Mr L. venait de le faire ». Ils parlent d'une école qu'il se propose de créer à Sydenham, faubourg huppé de Londres qui connaît un afflux d'activité depuis que le Crystal Palace, bâti pour l'Exposition universelle, a été reconstruit sur Sydenham Hill en 1852. Isabella lui conseille d'envoyer des lettres circulaires pour faire connaître son projet. « Il était gai et content tandis que je lui tenais ce langage. » Thom quitte la maison à dix heures pour raccompagner un ecclésiastique et deux autres visiteurs à leur domicile dans le voisinage. « De retour plus tard dans la soirée, il s'est assis près de la porte, blême, défait, abattu comme auparavant. »

La veillée se prolonge en conversations et chansons. Après avoir écouté le refrain d'Eurydice dans *Orphée*, l'opéra de Gluck, Isabella demande à Edward de lire à haute voix « Ode pour la fête de sainte Cécile » d'Alexander Pope, « ce qu'il fit en dernier, et très joliment, pour mon plus grand plaisir ». L'opéra de Gluck et le poème de Pope sont tirés du mythe grec dans lequel Orphée perd son Eurydice bien-aimée parce qu'il ne peut s'empêcher de se retourner pour la regarder au moment où ils émergent des enfers.

Après chansons et lectures, « plus encore quelques badineries et compliments », la compagnie se sépare pour la nuit. « Je ne crois pas avoir jamais pris plus de plaisir à une soirée, écrit Isabella. Tout mal de tête était envolé, tout sentiment de tristesse. Le charme de jadis de cette société captivante m'imprégnait de nouveau, et nul ne pouvait à mes yeux rivaliser d'attrait avec le beau, le gracieux, l'entraînant, le charmant L. »

Mary – « sa petite épouse », « si douce, si gentille, si peu méfiante » – conduit Isabella à sa chambre *via* l'escalier ballonnant, et Edward ne tarde pas à les rejoindre. « [...] puis ils m'ont laissée, mais je n'ai pas trouvé le sommeil : le lit était dur et puis j'étais trop agitée pour dormir. Je me suis tournée et retournée jusqu'au matin, à la suite de quoi il s'est fait tard. »

Si ce journal intime était un lieu où s'engager à être vertueuse, il était également un havre pour cette part d'elle-même qui ne s'accommodait pas du mariage. « Celle qui s'emploie fidèlement à accomplir les différents devoirs d'une épouse, d'une fille, d'une mère et d'une amie, lit-on dans le manuel largement diffusé de Thomas Broadhurst *Advice to Young Ladies on the Improvement of the Mind and Conduct of Life* (1810), est bien plus utilement occupée que celle qui, coupable d'un manquement aux principales obligations, s'absorbe chaque jour dans des spéculations philosophiques et littéraires ou bien s'évade vers les régions enchantées de la fiction et du romanesque. » Dans des notes quotidiennes telles que celle-ci, Isabella s'égarait et s'évadait vers des régions condamnées par les manuels de conduite.

De retour à Ripon Lodge le mardi 11 juillet, Isabella se leva à onze heures pour découvrir qu'il avait plu toute la nuit. Déprimée depuis son séjour à Moor Park la semaine précédente, elle se sentait « plutôt moins triste » ce matin-là. Après le petit déjeuner, Henry se rendit à Caversham, où il avait choisi un terrain de dix hectares à flanc de coteau sur lequel construire leur maison. Une « Miss S. » s'occupait des garçons pendant que leur mère veillait aux tâches domestiques. Elle fit savoir au boucher qu'il avait commis une erreur dans son compte et, une fois la facture rectifiée, elle la régla. À une heure, elle rejoignit Henry à Caversham, où la maison prenait déjà forme. Le terrain jouissait d'une vue panoramique vers le sud, ce qui assurait « une parfaite salubrité », selon le descriptif des agents immobiliers. Mais Isabella n'était nullement enthousiasmée. « Très lasse et n'y ai pris aucun goût, écrit-elle. Restée assise dans la maison à méditer tristement. De retour passé sept heures. Défait les bagages et occupée de différentes choses. Henry fâché, à ce moment-là et par la suite. »

Une lettre de John Thom, arrivée à deux heures, l'attendait. Elle en prit connaissance. L'objet de cette missive, note-t-elle dans son journal, était « d'exprimer son profond regret quant à ma mauvaise mine et mon indisposition, et de me faire savoir qu'il se remettait et avait des espérances à Sydenham. Cela est bien court et laisse quelque peu à désirer : rien à propos de l'un ou l'autre de mes courriers antérieurs ; pas le moindre aveu de quoi que ce soit. Chaque lettre est moins intéressante que la précédente. » À Moor Park, elle avait imaginé que le jeune homme lui lançait de furtifs regards de désir ; or voici qu'il prétendait avoir seulement noté qu'elle paraissait souffrante. Elle ajoute avec une pointe de fierté blessée : « C'est bon. Il me faut apprendre à le laisser rejoindre la société qui peut se passer de moi : il y trouvera et s'y fera des amis, et ne connaîtra jamais plus la solitude. » Elle enviait à Thom sa liberté.

« C'était désormais de sa part une amitié détachée, écrit-elle encore. Fut-ce jamais autre chose ? Je ne le pensais pas et j'en fus punie une fois encore, comme souvent auparavant, à cause de ce tempérament par trop liant, de ce goût pour l'approbation et de cette excitabilité. Quand donc serai-je calme, impassible, sereine, digne d'éloges ? Jamais. »

Le mois suivant, Thom prit la fonction de précepteur auprès du maharajah Dhulîp Singh, âgé de quinze ans, avec qui il devait voyager en Écosse. Ce prince sikh se trouvait sous la tutelle de l'East India Company, qui l'avait déposé en 1848 du trône du Penjab. Il était un favori de la reine Victoria, à qui il avait offert en 1850 le diamant Koh-i Noor.

Quatre jours après avoir reçu la lettre de Thom, Isabella s'installe dans le jardin de Ripon Lodge avec la dernière livraison de l'*Athenaeum*, revue littéraire à laquelle les Robinson sont abonnés. Ce numéro du samedi 15 juillet contient une réclame pour Moor Park et des articles sur Alexander Pope et Harriet Beecher Stowe, qui vient de publier une relation de ses voyages en Angleterre (elle est, selon le critique, « en tout point héroïne de son propre ouvrage »).

« Ai recopié des passages dans l'*Athenaeum*, note-t-elle dans son journal, et suis allée, à une heure, le lire dans le jardin, sous cet arbre que je ne puis voir sans repenser à mon escapade avec Mr Thom. » La nature de l'escapade n'est pas précisée.

Un mois plus tard, Isabella pense toujours à Thom : il « continue de faire vibrer ma corde sensible ; je ne parviens pas à me détacher de son image ».

Au cours de l'été 1854, Henry vérifie les comptes domestiques de sa femme et y relève des anomalies dont elle ne veut pas s'expliquer. Ils se disputent – elle lui en veut de sa méfiance et de cette surveillance ; lui est fâché de sa négligence et de sa désobéissance. Elle n'admet pas avoir dépensé de l'argent au profit de John Thom. Bien que celui-ci ait refusé les quinze livres qu'elle voulait lui donner comme cadeau de départ, elle l'a persuadé, cette année-là, d'accepter quelque cinquante-cinq livres en argent et en objets – soit plus du vingtième des dépenses de la famille. Considérant que Henry a traité Thom avec mesquinerie, elle tenait à lui offrir un dédommagement. Compte tenu de sa contribution au budget de la maisonnée, sans doute se sentait-elle en droit de dépenser une partie de l'argent comme bon lui semblait.

Cet été-là, Henry s'en prit aussi à Albert, son frère cadet, exigeant le remboursement des trois mille livres qu'il avait versées à leur père en 1852. Albert vivait maintenant à Westminster avec Julia, la sœur d'Isabella, et leur fille en bas âge. Il investissait dans des entreprises ambitieuses, dont une expédition de prospection minière au Groenland et le projet de construire d'énormes vapeurs sur des plans d'Isambard Kingdom Brunel. Il refusa de payer Henry, arguant que la dette ne lui incombait pas à lui seul. Henry le poursuivit en justice. L'affaire fut jugée en août. Le jury se prononça en sa faveur, et Albert fut requis de verser trois mille trois cent trente-cinq livres à son aîné.

Isabella écrit que son mari se délecte des revers financiers d'autrui. « Il hait tout mérite, il envie tout succès, écrira-t-elle à Combe. J'ai su qu'il s'était rendu à un tribunal de commerce dans le *seul dessein* de se repaître du spectacle de la détresse d'un homme naguère prospère. »

5

Et je savais qu'il m'observait

Moor Park, octobre 1854

Isabella se rendit à deux reprises à Moor Park avec ses fils au cours de l'automne de 1854, en septembre et une seconde fois en octobre. Alfred avait maintenant treize ans, Otway neuf ans et Stanley cinq ans. Elle y allait autant pour prendre les eaux qu'en tant qu'amie de la famille. Sa passion pour Edward s'en trouva ranimée dans toute son intensité.

Lady Drysdale, Edward et Mary Lane donnaient dans leur retraite des bois du Surrey une sorte de partie de campagne permanente et roborative. Selon Henrietta, la fille de Charles Darwin, qui lui rendit visite dans les années 1850, Elizabeth Drysdale, en col de dentelle et robe de brocard noir, « faisait le charme de Moor Park ». Lady Drysdale devenait dure d'oreille, mais ses autres facultés n'étaient nullement affectées par l'âge. Elle était « très écossaise, pleine de vie et de tempérament, et avec une lueur infiniment malicieuse à l'œil au moment d'éclater d'un grand éclat de rire ; débordante de gentillesse et d'hospitalité, au point de prendre sous son aile tous les enfants abandonnés ; grande lectrice, grande joueuse de whist, maîtresse active et compétente de cet établissement considérable ». Charles Darwin était, lui, enchanté par l'ensemble de la famille : « Le Dr Lane, sa femme et sa belle-mère Lady Drysdale figurent parmi les meilleures personnes que j'aie jamais rencontrées. » Le docteur, dit-il, « est trop jeune – c'est son seul défaut –, mais il est un homme de bien, et très cultivé ». Il louait son bon sens et sa modestie. Ce médecin ne souscrivait pas à « toutes les inepties » débitées par les autres hydropathes, « non plus qu'il ne [prétendait] expliquer beaucoup de ce que ni lui ni aucun confrère ne [savait] expliquer ».

George Combe convenait que Lane était « un médecin rationnel et qualifié, et non pas un charlatan ignorant comme il en est beaucoup dans la profession » ; Mary Lane, « une intelligente petite personne », bien que « fort inquiète » ; Lady Drysdale, « le corps et l'âme de Moor Park », « personne active, intelligente, au grand cœur, et à la tête d'un beau revenu », qui « dirige la maisonnée » et « charme la compagnie par sa droiture et sa grande générosité ». À Moor Park comme à Royal Circus, Edward était bienheureux de laisser Lady Drysdale faire la loi. Et Combe d'observer que le Dr Lane s'appuyait sur son épouse et sur sa belle-mère, et qu'il s'était « toute sa vie reposé sur des femmes ».

Combe identifiait deux faiblesses dans la personnalité de Mary, d'Edward et de Lady Drysdale. « Bienveillance et amour de l'approbation sont très développés et les empêchent de voir les défauts de personnes que des amis leur présentent et recommandent à leurs bontés. »

Il n'y avait guère de démarcation à Moor Park entre patients et invités. Du fait que la cure thermale était une thérapie préventive destinée à renforcer la santé, ses bienfaits pouvaient s'appliquer aux bien portants comme aux malades. Edward s'efforçait de se comporter en ami affectueux avec ses clients, de faire en sorte qu'un esprit de tolérance, de franchise et d'ouverture s'épanouisse autour de lui. Une bonne compagnie, écrivait-il, « éclaire et égaie » le cheminement du patient vers la santé ; elle « lui maintient un bon moral » et « l'empêche de ruminer ses maux ». Il goûtait son travail et s'enorgueillissait de ses succès. « Il y a dans la vie peu de plaisirs (s'il en est aucun), dit-il à Combe, comme celui de pouvoir apporter une véritable amélioration à la santé ou au bien-être d'un de ses semblables. » Si l'esprit était une partie du corps, comme les phrénologistes et d'autres l'affirmaient, un médecin était capable d'entretenir le bonheur et la santé mentale autant que la santé physique. Le pouvoir de persuasion d'Edward se révélait crucial pour la réussite de la cure.

Les patients de l'établissement composaient, selon Combe, une « société très intelligente, animée, agréable ». Le cercle d'Édimbourg y avait ses habitudes, de même que les amis de Londres. Au nombre des visiteurs figuraient le logicien Alexander Bain, pionnier de la théorie psychologique, qui évoqua « la gentillesse et la prévenance » de ses hôtes ; l'ingénieur des chemins de fer George Hemans, fils de la poétesse Felicia Hemans ; Robert Bell, ami de Thackeray et de Trollope, et directeur unanimement apprécié du Royal Literary Fund ; les romancières Sydney Lady Morgan, Georgiana Craik et Dinah Mulock, laquelle écrivit son roman à succès *John Halifax, Gentleman* (1856) dans une chambre donnant sur le cadran solaire du jardin de Moor Park.

George et Charles Drysdale, les frères de Mary Lane, y séjournaient souvent. Charles donna Moor

Park pour adresse lorsqu'il devint membre de l'Institut des ingénieurs civils en novembre 1854 (personnellement recommandé par John Scott Russell, ancien associé de Henry Robinson). George, en revanche, regagna Édimbourg cet automne-là pour terminer sa dernière année d'études de médecine et, peut-être aussi, prendre quelque distance avec la famille au moment de la parution imminente de son manuel de maintien sexuel.

À Moor Park, chaque patient se voyait assigner un salon et une chambre à coucher, dans un angle de laquelle une petite baignoire était rangée debout. Le matin, un employé venait emplir ce tub et frictionner le patient tour à tour avec une serviette humide et une serviette sèche jusqu'à lui faire reluire l'épiderme. Il lui donnait ensuite à boire une timbale d'eau froide. Les pensionnaires prenaient les repas ensemble (dîner à une heure et demie, souper à sept heures), conversaient, se promenaient, pratiquaient des jeux de société. « J'ai beaucoup joué au billard, racontait Darwin à son fils, j'y ai retrouvé la main et réussi ces derniers temps quelques coups splendides ! » Edward emmenait son monde en voiture à travers la lande vallonnée, poussant jusqu'au palais épiscopal de Farnham, l'abbaye de Waverley ou le nouveau camp militaire d'Aldershot. En venant s'établir à Moor Park, il s'était trouvé un environnement mondain permanent, agrémenté d'une promesse de santé, des commodités familiales et de la compagnie de dames et de messieurs intelligents et sensibles. Son accès à ses clients ne connaissait guère de limites : en tant que médecin, il était fondé à se rendre dans leur chambre pour les ausculter et entendre leurs problèmes. « Le praticien a presque en permanence ses patients sous les yeux », écrivit-il.

Tous étaient encouragés à se promener dans le parc. « J'y suis allé flâner une heure et demie, poussant un peu au-delà de la clairière, et j'y ai pris grand plaisir, raconte Charles Darwin dans une lettre à sa femme. Le vert sombre et cependant plein de fraîcheur des majestueux sapins d'Écosse, le brun des chatons des vieux bouleaux à fût blanc, la frange verte des mélèzes dans le lointain, tout cela composait un tableau absolument délicieux. J'ai fini par m'assoupir sur l'herbe pour me réveiller au milieu d'un chœur d'oiseaux, avec des écureuils escaladant les arbres et quelques piverts hilares. C'était une scène champêtre comme on les aime, et je me moquais bien de savoir comment furent formés l'un ou l'autre de ces animaux. »

S'il était distrait de ses préoccupations lors de ses séjours à Moor Park, Darwin n'en recueillait pas moins à la faveur de ces promenades de nouvelles preuves de ses théories sur la lutte pour la vie. Sur la lande non loin de Farnham, il découvrit au milieu des bruyères une minuscule forêt de pins sylvestres âgés de vingt-six ans, des dizaines de milliers d'arbres rabougris, ne mesurant pas plus de huit centimètres de haut, qui avaient été régulièrement grignotés au passage par le bétail. « Quel concours de forces, déterminant la forme et les proportions de chaque plant sur son mètre carré de tourbe ! Cela me paraît proprement merveilleux. Et cependant nous trouvons bon de nous étonner quand tel animal ou telle plante disparaît. » Il évoquerait ces pins atrophiés dans le troisième chapitre de *De l'origine des espèces* pour illustrer la précarité et la violence du monde naturel, et montrer comment « la lutte se perpétue ». Examiné de près, le tableau idyllique était le théâtre de scènes bouillonnant de forces créatrices et destructrices, d'appétits et d'affrontements sans repos.

Darwin aimait à observer les fourmis se déversant de leur nid dans les bois et cheminant en file à travers les accidents du terrain. « J'ai eu un sacré coup de chance à Moor Park, raconte-t-il à un ami. Je suis tombé sur la rare fourmi esclavagiste et j'ai pu voir les petits nègres dans les nids de leur maître. » Il demanda à John Burmingham, le jardinier de Moor Park, de garder un œil sur telles fourmis jaunes qu'il avait repérées dans le parc, et Burmingham lui écrivit par la suite pour lui communiquer ses observations : « Y avait des tas d'œufs mais vu très peu de fourmis tant dans le nid que dehors [...] elles ont cessé d'y porter des œufs pt-être une huitaine après vot' départ et elles ont point tardé à quitter tout à fait le quartier. »

Quand un patient était à Moor Park depuis quelques jours, Edward lui prescrivait des traitements plus énergiques. Darwin prenait quotidiennement un bain peu profond, un bain de siège (dans un tub en forme de chaise) et une douche (une projection d'eau sur la partie affectée du corps). Pour les dyspeptiques, comme Darwin, l'affusion était dirigée sur l'abdomen ; pour les femmes qui souffraient d'hystérie ou autres maladies des organes génitaux, elle était dirigée sur le pelvis. Certains clients étaient soumis au bain d'air chaud, au drap détrempé et au drap humide. Pour le bain d'air chaud, le patient s'asseyait sur un morceau de liège posé sur une chaise en bois équipée d'un arceau. Des couvertures étaient disposées sur cet arceau puis serrées autour du cou du sujet, pendant qu'une lampe à alcool était allumée sous le siège. Au bout de vingt à vingt-cinq minutes, le procédé provoquait une abondante sudation réputée salutaire pour le foie et l'abdomen. Pour l'application du drap humide, le patient était étroitement enveloppé dans des linges mouillés, allongé sur un lit et recouvert d'un monceau d'épaisses couvertures. « La chaleur naturelle du corps agissant sur le tissu humide, expliquait Edward, de la vapeur se crée aussitôt, et le patient se trouve très rapidement au centre d'un bain de vapeur délicieusement réconfortant et apaisant. » John Stuart Blackie – ce professeur dont Isabella avait assisté à une conférence à Édimbourg – décrit la sensation comme « exactement celle de cuire très doucement et de façon très lénifiante à l'intérieur d'une tourte ». Un autre enthousiaste note qu'au sortir d'un bain de vapeur il se sentait « chaud comme une rôtie, ravigoté comme un bambin, affamé comme une autruche ».

Ce traitement est un tonique spirituel et sensuel. Quand on suit la cure hydrothérapique, écrit le romancier Edward Bulwer-Lytton, « le sentiment du présent atténue celui du passé et du futur : on éprouve une sensation de fraîcheur, de jeunesse, qui baigne l'esprit et se nourrit de la jouissance de l'instant présent ». Le corps du patient frissonnait sous les jets d'eau glacée, transpirait dans les nuages de vapeur brûlante, s'apaisait sous les couvertures humides et chaudes. Tout était affaire de température, expliquait Edward : la chaleur calmait les nerfs, ralentissait le pouls, atténuait la douleur et chassait les poisons de l'organisme ; le froid aiguisait l'appétit, allégeait l'humeur, fortifiait la fibre corporelle.

Les maladies réagissant le plus à l'hydropathie étaient l'hypocondrie et l'hystérie, affections dont on pensait qu'elles procédaient d'une disjonction entre l'esprit et le corps. La romancière Dinah Mulock impute le développement de l'hypocondrie – autre nom de la dyspepsie dont souffraient Darwin et Edward Lane – à « notre degré de haute civilisation qui entretient, semble-t-il, un conflit continuel entre corps et esprit ». En étaient souvent atteints des hommes de sensibilité aiguë, des intellectuels ; les symptômes pouvaient inclure la misanthropie ou le dégoût de soi ; ce mal se soignait, selon Miss Mulock, par « le repos, un mode de vie naturel et la placidité d'esprit ».

L'hystérie était le pendant féminin de cette maladie. En 1853, dans un essai qui connaît quelque retentissement, Robert Brudenell Carter soutient que l'hystérie est un désordre biologique induit par un trauma émotionnel : « Les dérangements sont beaucoup plus fréquents chez la femme que chez l'homme, celle-là étant non seulement sujette aux émotions, mais aussi plus souvent exposée à la nécessité de tenter de les dissimuler. » Miss Mulock juge que cette maladie relève d'un malaise féminin global : « Je crains qu'il n'existe indubitablement une tristesse commune à nombre de femmes, et que cette tristesse ne soit non seulement liée aux circonstances, mais encore inhérente à leur âme même. » La cure, explique-t-elle, est un retour à la nature favorisé par l'application d'eau, « plus elle est froide, mieux cela vaut ». « Une idée prédominante [...] parcourt les chambres du cerveau comme un démon obsédant et finit par prendre les proportions de la monomanie. »

Pour distraire ses patients de leurs anxiétés, Edward les incitait à lire. La famille était abonnée à différentes publications, mettait une bibliothèque à la disposition de tous et consacrait des soirées à la récitation de poésies. Le docteur et ses amis organisaient de temps à autre une causerie littéraire au Mechanic's Institute de Farnham. Edward Lane y parlait de Tennyson, qui avant de devenir poète lauréat avait suivi la cure hydrothérapique à Malvern, et Robert Bell évoquait la vie de William Shakespeare.

Quand il venait en séjour, Darwin apportait toujours une provision de livres. « Ici, mon idée est de ne penser à rien, de prendre quantité de bains, de me promener beaucoup, de manger d'abondance et de lire un grand nombre de romans. » Il prenait plaisir à parler littérature populaire avec Mary Lane, fervente lectrice des livres de la bibliothèque de prêt de Charles Mudie. Une fois, ils débattirent de la paternité de deux romans anonymes qu'ils avaient lus tous les deux, et Mary avait eu une sortie pleine d'assurance acerbe et espiègle. « Mrs Lane est d'accord avec moi pour dire que l'auteur de *Betrothed* est un homme. Elle a ajouté sans se démonter que *Beneath the Surface* est si indigent qu'il a dû être écrit par un homme ! » (L'auteur de *Letters of a Betrothed* était en fait une femme, la romancière et poétesse Marguerite Agnes Power ; mais Mary avait raison au sujet de *Below the Surface : a Story of English Country Life*, dont l'auteur était Sir Arthur Hallam Elton.)

Darwin participait également à des discussions animées sur l'évolution avec Georgiana Craik, romancière alors âgée de vingt-trois ans. « J'aime beaucoup Miss Craik, bien que nous nous livrions bataille et divergions sur tous les sujets. »

Edward évoquerait avec chaleur les séjours de Darwin à Moor Park : « Nul ne fut jamais plus avenant, plus prévenant, plus affectueux, plus charmant en tout point [...] il s'adaptait avec un tact et un goût rares aux capacités de son interlocuteur [...] il savait écouter aussi bien que parler. Jamais il ne prêchait ni ne pérorait, et sa conversation, grave ou bien enjouée (ce qu'elle était tour à tour), regorgeait de vie et de sel, pleine de verve, brillante et animée. » C'étaient ces mêmes qualités – esprit et délicatesse – chez Edward qui attiraient Isabella.

Un institut d'hydrothérapie comme celui-ci était l'un des rares lieux de la Grande-Bretagne victorienne dans lesquels des épouses et des jeunes filles non accompagnées d'un chaperon séjournaient à côté de célibataires et d'hommes mariés. Il arrivait que cela entraîne des problèmes. Ainsi, une patiente de Moor Park confia à un ami de George Combe que, pendant son séjour, un homme s'était comporté à son endroit d'une manière « dégoûtante ». Miss Mulock publia en 1855 une nouvelle intitulée « The Water-Cure », dans laquelle la sexualité sous-jacente au sein de l'établissement constituait une force positive. Alexander, le narrateur, est un écrivain à la santé défaillante qui n'arrive plus à écrire : « Mon corps m'entrave l'esprit, mon esprit détruit mon corps. » Il se décrit comme « un imbécile nombriliste, souffreteux, malheureux, hypocondriaque ». Austin, son cousin, est également souffrant ; si Alexander a surmené son cerveau, il s'est, lui, ruiné l'organisme en buvant et en fumant à l'excès. Les deux jeunes gens sont, déclare Alexander, « des assassins de l'esprit et des assassins du corps ».

L'établissement où se rendent les deux cousins s'inspire étroitement de Moor Park : à deux heures de train de Londres, une bâtisse blanche faisant face à un coteau escarpé planté d'arbres. « Il s'agissait d'une grande et antique gentilhommière, avec de longs couloirs à parcourir et des pièces spacieuses où respirer à son aise. » S'y trouvent une vingtaine de patients « des deux sexes et de tous les âges, dont le seul trait d'homogénéité était un air partagé d'amabilité et de plaisir ». Si vaste soit-il, le bâtiment présente « la parfaite absence de contraintes et l'atmosphère douillette d'un chez-soi ».

En souriant, le médecin chargé de leur traitement confisque à Alexander son manuscrit et à Austin son cigare, symboles des mauvais traitements infligés à leur esprit et à leur corps. Il leur expose sa philosophie : « Face à n'importe quel trouble du cerveau, n'importe quelle défaillance des capacités mentales – face à chacune de ces étranges manifestations où le corps finira assurément, avec le temps, par tirer vengeance de ceux qui ont [...] négligé la loi naturelle universelle –, l'esprit et le corps devraient œuvrer ensemble et non séparément. Je ne connais rien d'aussi salutaire que de revenir à un état naturel et d'essayer la cure hydrothérapique. » Comme nombre de ses patients viennent d'un foyer en proie à des difficultés, il ajoute : « Nous entendons guérir non seulement le corps mais aussi l'esprit. Pour faire véritablement du bien à nos patients, nous devons les rendre heureux. »

Après un séjour dans l'établissement, Alexander témoigne : « J'avais les idées claires, et le cœur palpitant de toute la chaleur de ma jeunesse. » Austin et lui se trouvent si ragaillardis qu'ils s'éprennent d'une pensionnaire. Ils finissent par découvrir qu'elle est promise au médecin lui-même. Le docteur – au profil grave et doux, « si tendre en dépit de sa fermeté et de sa force » – se révèle être le romantique héros de la nouvelle. Il se pourrait que la romancière ait nourri des fantasmes sur l'aimable, et cependant directif, Edward Lane.

Un avocat issu de Lincoln's Inn (école de droit avec laquelle la famille Walker était en contact) se présenta à Moor Park en septembre 1854. Il y fut reçu (« Le confort et l'élégance mêmes, note-t-il, dans une atmosphère proprement fascinante de gaieté et de bien-être ») et introduit dans le bureau du médecin. Edward et lui y parlèrent du poète et satiriste Jonathan Swift, que Sir William Temple avait eu pour secrétaire à Moor Park à la fin du siècle précédent. Le visiteur vit en Edward « un parfait connaisseur et un juge intelligent » de l'histoire littéraire du domaine.

À la faveur de son séjour d'un mois, le jeune avocat rejeta l'« écrasante tyrannie de la pensée » et retrouva le plaisir de posséder un corps. « Combien vive la joie, combien délicieuse la jouissance, qu'il nous est parfois donné d'éprouver dans la simple conscience de l'existence animale ! Qualifions-les de voluptueuses ! Pour moi, elles sont divines ! »

Dans la matinée du dimanche 7 octobre, Edward aborde Isabella à l'intérieur de la maison. « Le Dr Lane m'a demandé de venir me promener en sa compagnie, mais je n'y ai vu que politesse de sa part, confie-t-elle à son journal, et je suis allée dans la chambre des enfants, où je suis restée plus d'une heure avec mes petits chéris. » Il vient de nouveau la trouver : « Il m'a reproché de n'être pas venue et a renouvelé son invitation. » Après s'être encore attardée avec les enfants, elle finit par le rejoindre. « Il m'a emmenée vers nos endroits favoris par un sentier plus écarté et moins passant que d'ordinaire. »

Edward et Isabella traversent le bel espace vert tracé par Sir William Temple, puis s'engagent dans les sous-bois. C'est une journée tiède et ensoleillée de l'un des automnes les plus doux de mémoire d'homme. Leurs pas s'enfoncent dans le sable et les aiguilles de pin du chemin qui s'élève entre les arbres. Les branches dessinent de larges trouées de lumière. Le sentier s'infléchit vers l'est, la vallée se creuse en s'étrécissant. La rivière est maintenant plus proche sur la droite des promeneurs, cependant que, sur leur gauche, le coteau se fait plus abrupt.

Au bout de quelques centaines de mètres, à mi-chemin entre Moor Park et les ruines du monastère cistercien de Waverley, une caverne profonde s'ouvre dans le grès, son entrée croulant sous les racines et les herbes folles, son sol inondé par un ruisselet d'eau claire. L'endroit s'appelle la grotte de la mère Ludwell – ou Ludlam –, du nom d'une sorcière qui y aurait vécu jadis. C'est là que, à la fin du dix-septième siècle, Jonathan Swift courtisa Esther Johnson, son premier amour, fille de la gouvernante de Sir William Temple. Il composa une ode à la fontaine auprès de laquelle Esther et lui avaient coutume de se retrouver, la présentant comme la source d'un paysage intime et sensuel : « De rus argentés les prés entrelacés, / les halliers crêpelés et les arbres les plus hauts. »

Empruntant une des sentes ombragées qui s'élèvent au-dessus de la grotte, Isabella et Edward débouchent bientôt au sommet de la colline sur un maquis de fougères, d'ajoncs et de bruyères. D'un côté, les vestiges de l'abbaye de Waverley ; de l'autre, des champs de houblon mûrissant et la lande de Farnham. La brise transporte la senteur pure des pins sylvestres et le parfum fruité des sapins de Douglas.

« J'ai fini par demander à me reposer, écrit Isabella. Nous nous sommes assis sur un plaid et nous avons lu des *Athenaeum* tout en devisant. Il y avait quelque chose d'inhabituel dans sa façon d'être, quelque chose de plus doux dans le ton de sa voix comme dans son regard, même si j'en ignorais la cause. Je bavardais gaiement, menant la conversation – parlant de Goethe, de toilettes féminines, de ce qui était seyant et convenable. » Le badinage d'Isabella virevolte entre l'intellectuel et le frivole, les choses de l'esprit et celles du corps, désir et bienséance. En abordant Goethe, elle émet une note suggestive : le narrateur du plus fameux roman de cet auteur, *Les Souffrances du jeune Werther*, est un jeune homme obsédé par la femme de son ami ; cependant que ses *Affinités électives*, ouvrage traduit en anglais au début de cette année 1854, explore les attirances réciproques de deux couples séjournant dans une propriété à la campagne. L'*Athenaeum* du 23 septembre contenait une critique des poèmes d'amour, dont le rédacteur imaginait que des lectrices verraient en Goethe « un épouvantable séducteur ».

« Ayant repris notre promenade, poursuit Isabella, nous nous sommes de nouveau arrêtés, cette fois dans une clairière d'une beauté incomparable. Le chaud soleil dardait sur nous ses rayons, les fougères, jaunes et rousses, s'étiraient en contrebas, de beaux arbres anciens ornaient les abords et les collines bleutées miroitaient dans le lointain. Je me suis abandonnée au charme de ce cadre. Adossée à un bouquet de bruyère sèche, je riais et discourais comme je l'ai rarement fait en sa présence. » Tandis qu'elle était ainsi alanguie, le monde naturel semblait de mèche avec elle : le soleil lui chauffait la peau, arbres et collines ornaient le paysage, la bruyère se prêtait à la forme de son corps.

Alors, une chose extraordinaire se produit : les fantasmes qu'Isabella a cultivés dans son journal intime prennent vie. « Tout à coup, au moment où je plaisantais mon compagnon sur son manque de mémoire, il se pencha au-dessus de moi en s'exclamant : "Dites cela encore une fois et je vous embrasse." On conçoit que je n'ai opposé aucune résistance, car n'avais-je point maintes et maintes fois rêvé à lui et à cela ? » C'en est fini, avec ce baiser du docteur, de l'attente et de la séduction ; Isabella entre dans un état de ravissement extatique. Elle vient d'accéder à un monde où les rêves sont devenus réalité, et où la réalité a tout d'un rêve.

« C'est à peine si je me rappelle ce qui s'est ensuivi – baisers passionnés, paroles chuchotées, doux aveux concernant le passé. Ah, Seigneur ! Jamais je n'avais espéré connaître ce moment ni qu'il réponde à mon amour. C'était pourtant le cas. Il était, tout comme moi, remué, fébrile, ardent.

« Nous avons fini par nous relever et repartir, heureux, craintifs, quasi silencieux. Nous avons cheminé au petit bonheur jusqu'à un bosquet de pins, d'où nous avons découvert une vue aussi magnifique que celle que l'on a de ce côté-ci, mais en plus sauvage. »

En redescendant vers le parc, ils aperçoivent les sœurs Brown, des connaissances d'Édimbourg qui séjournent à la maison. Isabella et Edward jugent « nécessaire de les rejoindre d'un pas tranquille. Elles n'avaient rien vu ; nous n'avions rien à redouter. Nous nous sommes attachés à leur faire la conversation, parvenant de la sorte à dissiper toute espèce de soupçon. Nous sommes rentrés ensemble à la maison, mais en retard pour le dîner. »

Isabella monte dans sa chambre afin de se préparer pour le repas, et c'est « toute rouge d'excitation » qu'elle gagne la salle à manger. « Le Dr L. et moi n'avons échangé ni un regard ni une parole. » À son grand soulagement, un autre patient – « Mr S. » – s'assoit à côté d'elle à table et lui fait la conversation. Ensuite, elle et les enfants, Edward et Mary Lane accompagnent cet homme à la gare en voiture. Elle chérit son secret. « Nous étions un peu serrés à l'aller, mais un sentiment de satisfaction et de bonheur secrets rayonnait dans mon cœur. Au retour, nous avons bavardé de choses et d'autres, et la chère petite et candide Mrs Lane était installée à l'arrière, son manteau étendu sur elle, avec son joli bébé endormi. »

Dans l'après-midi, Isabella se retrouve dans la cour des écuries avec Mary Lane et Otway, et peu après ne voit plus personne en dehors de ce dernier, dont la gouvernante est de sortie. Son plus jeune fils gambade « partout dans la chambre jusqu'à la tombée du jour ». Ensuite, elle s'allonge et somnole, « passablement rompue par les réminiscences et les souvenirs ». On lui apporte une chandelle afin qu'elle se change pour le repas du soir. Elle choisit de mettre une robe de soie bleu pâle. Elle se trouve « belle allure » ainsi vêtue. « J'ai croisé son regard en entrant (au son du gong) dans la salle à manger, et je savais qu'il m'observait. »

Après le repas, « un peu de temps s'est écoulé de façon décousue ». La plupart des convives sont montés au salon du premier étage, mais Isabella reste en arrière. « J'ai arpenté l'entrée en compagnie d'Alfred, ne souhaitant pas monter, de crainte de ne pas l'y voir seul. » Pour finir, Lady Drysdale l'invite à venir dans sa bibliothèque, où Edward la trouve lorsqu'il rentre, venant des écuries. Il est « frigorifié, tout tremblant, agité, souffrant ». Alfred monte à l'étage pour écouter une des demoiselles Brown lire une histoire de fantômes. Isabella et Edward gagnent le bureau de ce dernier.

Il s'agissait d'une pièce d'angle, voisine de la salle à manger, dont les fenêtres donnaient, d'un côté, sur la rivière et, de l'autre, sur le cadran solaire de Sir William Temple. Le soir, volets fermés, un feu brûlant dans l'âtre, il y régnait une atmosphère douillette. Murs et huis étaient couverts de panneaux de bois rouge richement veiné, si lisses et continus que, fermées, les portes semblaient disparaître, leur présence uniquement trahie par de fines moulures et par le cuivre poli des boutons. À une soixantaine de centimètres derrière chacun de ces battants à demi dissimulés se dressait une autre porte, l'espace ainsi ménagé formant un étroit espace aux dimensions d'un placard. Cela isolait le bureau des bruits de la maison, et la maison des bruits du bureau.

Edward et Isabella s'installent devant le feu. « Je ne sais comment s'est écoulée la soirée », écrit-elle, comme ayant perdu tout sens de la durée et d'elle-même. « Elle fut parcourue d'exaltation et de passion, de longs baisers enlacés et d'intenses sensations, non dénuées de la crainte d'une intrusion. Cependant, la félicité prédominait. » « Edward, écrit-elle encore, se montrait d'une grande douceur, apaisant mon agitation et n'oubliant pas un instant le gentleman et l'ami bienveillant. » Il advient qu'Alfred toque à la porte, interrompant leurs transports. Il dit au docteur qu'un de ses garçons a demandé s'il monterait le voir dans son lit. Edward s'y rend « à contrecœur », selon Isabella. À son retour, il la trouve tombée en pâmoison. Il « m'a doucement baisé les paupières. J'ai essayé de relever la tête, mais en vain. » Il est pris d'inquiétude : « pour finir, redoutant que quelqu'un ne fasse irruption, il m'a conseillé de partir ». Au sortir du bureau, « j'ai lissé mes cheveux en désordre et, quelques instants plus tard, à neuf heures et demie, j'étais au salon. Heureusement, il ne s'y trouvait que peu de monde. Nul n'était fondé à s'interroger sur mon absence ou ma réapparition. »

Au salon, elle s'occupe en feuilletant un recueil d'autographes et en devisant avec une des personnes présentes. Edward et Mary arrivent ensemble, bientôt suivis de Lady Drysdale. « Je l'avais échappé belle ! Quelle bonne figure je faisais à présent ! La conversation s'est alors étendue à tout le monde. Je me suis retournée pour prêter l'oreille. Le Dr Lane signalait à Miss B. certaines des plus belles odes de Byron. Lorsqu'ils ont pris congé, je me suis levée aussi et je m'esquivais discrètement quand le Dr L. m'a serré la main avec chaleur, si fort qu'il m'a écrasé les doigts entre mes bagues, de sorte que j'en ai conservé la sensation une heure durant. » Il lui enfonça ses bagues dans la chair comme pour lui faire prendre conscience de la force de son désir, de la réalité de leur nouvelle relation. Elle était de nouveau pleine du souvenir de ce qui s'était passé, son euphorie mêlée de peur.

« Hélas ! se conclut l'entrée du 7 octobre. J'ai peu dormi cette nuit-là, m'éveillant, me relevant, rêvant – et le petit matin est arrivé lentement. »

Le lendemain, Isabella est épuisée. De sa chambre, elle entend Edward parler à sa femme. Plus tard, il se présente dans ses appartements pour lui montrer un long courrier qu'il a écrit à un patient potentiel d'Édimbourg. « C'était une lettre joliment tournée. » Elle se remet au lit. « Je me suis allongée, lasse, épuisée, inquiète. Il est venu toquer à midi et demi pour me proposer d'aller me promener avec lui ; mais j'ai décliné et me suis rendormie. » Peu après, Mary monte la voir, et elle décide de s'habiller.

Elle descend « sans hâte » retrouver Edward. Ils se rencontrent au pied des escaliers. « Nous sommes sortis faire un tour, parcourant d'abord les jardins avant de descendre au bord de l'eau, mais en n'échangeant que peu de paroles, car nous étions l'un et l'autre fatigués. J'ai évoqué le fait que je n'avais pas dormi ; il a dit qu'il souffrait et avait grand-peine à poursuivre. Nous étions tous les deux agités, désorientés, inquiets, et je lui ai demandé pourquoi il s'est comporté comme il l'a fait dimanche. » Elle émet l'idée de monter sur le coteau afin de quitter le confinement du vallon. « Je lui ai proposé de sortir du parc (l'atmosphère y étant chaude et humide) et de monter prendre l'air sur la colline. Nous l'avons gravie à pas lents, et je me suis reposée sur des fougères sèches. Je m'abstiendrai de raconter la suite. »

En se refusant à décrire les moments de grande intimité, Isabella se conformait à une convention littéraire rebattue. L'héroïne, récemment promise au mariage, du roman de Fanny Burney *Evelina* (1778) affirme : « Je ne peux relater la scène qui s'ensuivit, bien que chaque parole me reste gravée dans le cœur. » La formulation laisse entendre qu'il est des actes et des sentiments trop sacrés – ou indélicats – pour être couchés sur le papier ; elle gomme sensualité et bienséance, opérant une sorte de tour de passe-passe grâce auquel l'héroïne faussement timide peut, par ce silence même, se montrer tout à la fois passionnée et policée, protéger jalousement son intimité et celle de son galant, et ménager la délicatesse de sentiments du lecteur.

Isabella et Edward repartent bientôt « plus calmes et plus gais », et regagnent la maison « en hâte, par crainte d'être en retard ». Pendant le dîner, Isabella s'abstient une nouvelle fois de converser avec Edward. « J'ai parlé le plus possible avec Lady Drysdale, car nous étions peu nombreux à table, et me détournais de lui, le laissant s'entretenir avec Miss T. » Ensuite, elle fait « une longue et plaisante sortie en voiture » avec Edward jusqu'à l'abbaye abandonnée de Waverley, les sœurs Brown occupant la banquette arrière.

Le départ d'Isabella a lieu le surlendemain – mercredi 10 octobre 1854, jour du trente et unième anniversaire d'Edward Lane. Tous deux font un dernier tour dans le parc. Edward s'arrête pour s'entretenir avec un de ses patients, puis les rejoint, elle et son fils aîné, « près de la barrière d'enceinte ». Ils prennent la direction du bois, « empruntant le circuit habituel, suivant des sentiers dont je n'avais pas vu jusqu'alors la très grande beauté, poussant jusqu'au bois de pins pour revenir enfin par la maison de Swift et la promenade du bas ». Cette maison dite de Swift, qui fut le domicile d'Esther, son amoureuse, se trouve sur le chemin reliant Moor Park à l'abbaye de Waverley. En 1854, elle était couverte de mousses et de vigne vierge, environnée de clématites et de rosiers sur tige. Sur le devant, un écriteau annonçait : « Vente de bière au gingembre ».

« Nous avons causé avec la plus grande confiance, mais un peu plus calmement. Je l'ai prié de croire que je n'avais jamais le moindrement péché depuis mon mariage. Il m'a rassurée sur ce que je venais de faire et m'a conjurée de le pardonner moi-même. Il a dit qu'il m'avait toujours bien aimée et avait vu avec pitié la façon dont j'étais délaissée, mon mari n'étant à l'évidence pas fait pour moi et, comme il s'en rendait bien compte, d'un tempérament violent et désagréable. »

Edward rappelle à Isabella la vulnérabilité de la position dans laquelle il se trouve. « Nous avons parlé de son jeune âge, trente et un ans, de la personnalité douce et confiante de sa femme. Il déclara qu'il aimerait mieux se trancher la main droite que de lui faire de la peine. » Ils en viennent à la tristesse de la vie d'Isabella – « ma fréquente et profonde tristesse, mon désir de mourir » – quand surviennent Lady Drysdale et Mary Lane. Elles sont venues demander à Isabella si elle désire qu'on retienne un fiacre pour la conduire à la gare. L'épouse d'Edward et sa belle-mère se montrent aussi chaleureuses et confiantes que jamais : « Elles ont aimablement pris acte de mon désir de partir vers sept heures et s'en sont reparties sans un regard de froideur ni de mécontentement, et cependant nous cheminions bras dessus bras dessous dans la solitude de ces bois, en nous entretenant avec quelle gravité ! »

À sept heures ce soir-là, Isabella part pour la gare d'Ash avec Edward à bord d'une voiture couverte attelée d'un seul cheval. Ils se serrent à l'intérieur, tandis qu'Alfred se juche sur le siège à côté du conducteur. Les deux plus jeunes enfants ne sont pas là – peut-être les ont-ils devancés avec leur gouvernante.

« Jamais je n'ai vécu heure aussi heureuse que celle qui suivit, emplie d'une félicité telle que je serais volontiers morte pour n'en pas voir la fin. Je ne relaterai pas TOUT ce qui s'est passé, me bornant à dire que je me suis enfin laissée aller avec une joie muette entre ces bras dont j'avais si souvent rêvé, et que j'ai baisé ces boucles et ce visage lisse, si rayonnant de beauté, qui avaient ébloui mon regard, tant intérieur qu'extérieur, dès notre première rencontre, le 15 novembre 1850. » Edward l'embrasse, et c'est pour elle un tourbillon de boucles et de peau masculines, l'homme de chair et de sang se fondant à l'idole de ses rêves.

Entre les baisers, ils se confient. « Nous sommes revenus sur les rencontres passées en les expliquant. » Edward lui dit avoir dissimulé ses sentiments véritables, « pour des motifs de prudence », refoulement qui lui était « très douloureux ». Elle lui remémore un passage du roman français *Paul et Virginie* (1787), qu'elle a lu aux hôtes de Moor Park, et avoue avoir choisi ces pages pour lui adresser un message. Le roman de Bernardin de Saint-Pierre relate l'amour d'une fille et d'un garçon élevés ensemble sur l'île Maurice, l'un mourant de chagrin à la mort de l'autre.

Edward « a toujours su que j'avais des sentiments pour lui, poursuit-elle, mais non pas leur ampleur, reconnaissant que jamais ils ne furent exprimés de façon indiscrète. Cela m'a rassérénée. Le paradis ne saurait être plus doux que ces moments-là. Tant que continuera la vie, leur souvenir ne s'effacera point d'une mémoire chargée de beaucoup de souffrance et de bien peu de bonheur. Il se montra si doux, si courtois – et si peu égoïste ! »

Bien qu'Isabella dépeigne une scène romantique et tendre, le décor est tout ce qu'il y a de louche. Un guide de la prostitution publié à la fin du dix-huitième siècle, *Harris's List of Covent Garden Ladies : Or a Man of Pleasure's Kalender for the Year*, recommandait les voitures de place pour les rendez-vous illicites : « Le mouvement ondulatoire de la caisse, avec de-ci de-là de gentils petits cahots, contribue grandement à accroître le plaisir de l'instant critique, pour peu que tout soit disposé comme il convient. » On pouvait lire en 1838 dans la *Crim Con Gazette* que les conducteurs de fiacre étaient tellement choqués par les actes immoraux ayant cours à l'intérieur de leur véhicule qu'ils se proposaient d'y mettre un frein en supprimant tous rideaux et coussins. La conduite d'Isabella dans cette voiture était particulièrement éhontée : un enfant, son fils, se trouvait assis sur le toit pendant qu'à l'intérieur elle et Edward Lane échangeaient murmures et attouchements.

La voyant sagement assise en train de coucher de telles scènes par écrit, peut-être en pleine vue de ses enfants ou de son mari, nul n'aurait deviné les images qui se bousculaient dans sa tête et dans les pages de son journal. En les consignant dans ce carnet secret, elle revivait le frisson de la transgression, de plaisirs avivés par le risque de se faire surprendre.

6

L'avenir, affreux

Boulogne et Moor Park, 1854-1856

À la fin d'octobre 1854, quelques semaines après ses entrevues galantes avec Edward Lane, Isabella et les siens quittèrent l'Angleterre pour le port de pêche français de Boulogne-sur-Mer où ils avaient loué une maison pour l'hiver. Sitôt débarqués, les passagers du vapeur furent dirigés vers le bâtiment des douanes, où l'on visa leur passeport, puis accueillis sur le quai par la foule bruyante des commissionnaires des hôtels et pensions : « Hôtel de l'Europe ! Hôtel des Bains ! Hôtel de Londres ! » Non loin de là, sur la jetée de bois, des pêcheurs triaient les poissons et ramendaient leurs filets.

Isabella s'installa avec Henry, leurs trois fils et leurs domestiques dans une maison de trois étages sise aux 21 de la rue du Jeu-de-Paume. Cette maison faisait partie d'une rangée d'immeubles s'étirant en pente sur le côté septentrional du parc des Tintelleries, beau jardin public à flanc de colline où se promenaient chaque après-midi d'élégants expatriés anglais vêtus de soie et de satin. « Nous avons pris nos quartiers d'hiver à Boulogne dans un lieu très plaisant, écrit Isabella à George Combe, et les garçons sont élèves du principal collège de la ville. » Après le renvoi de John Thom, Alfred et Otway avaient fréquenté pendant une courte période un externat dans le Berkshire. À Boulogne, ils allèrent grossir un groupe assez nombreux de jeunes Britanniques inscrits au collège municipal, établissement d'enseignement général où leurs parents espéraient les voir apprendre le français.

Plus de sept mille Britanniques habitaient Boulogne, soit un quart de la population totale de la cité, et près de cent mille autres débarquaient chaque année du ferry de Folkestone pour y résider quelques jours. Comparée à d'autres villes du nord de la France, Boulogne était animée et même cosmopolite, et le coût de la vie était plus bas sur le continent qu'en Angleterre. La saison touristique culminait en automne, quand le ciel paraissait plus bleu de ce côté de la Manche. Boulogne comptait deux chapelles anglaises, deux clubs anglais (avec billards, tables à cartes et journaux britanniques) et deux salles de lecture et bibliothèques de prêt. Certains des Britanniques en visite étaient d'un genre peu recommandable, des gens désireux de fuir dettes ou scandale ; d'autres venaient en convalescence. En amenant sa famille ici pendant les travaux de la future maison, Henry Robinson pouvait espérer une amélioration du bien-être de sa femme, du français de ses fils et de ses finances.

Charles Dickens avait séjourné à Boulogne au cours du mois précédant l'arrivée des Robinson. Il expliqua l'attrait de l'endroit dans le numéro de novembre de sa revue *Household Words*. « Il s'agit d'une ville spacieuse et lumineuse, plaisante et gaie ; et celui qui descendra une de ses trois rues principales bien pavées aux alentours de cinq heures de l'après-midi, quand de délicats fumets flottent dans l'air et que les fenêtres des hôtels offrent un aperçu de longues tables somptueusement dressées, serviettes pliées en éventail, y verra avec raison une ville d'exception pour ce qui est du boire et du manger. » Sur l'esplanade, les touristes pouvaient contempler au télescope les falaises de craie de la côte anglaise. Par beau temps, ils se faisaient conduire jusqu'à l'eau dans des cabines de bain montées sur roues. Dickens fut également charmé par le quartier des pêcheurs, « tendu de grands filets bruns en travers d'étroites rues en pente ». Les mouettes criaient au-dessus des toits et des bouffées d'odeur de poisson envahissaient les venelles.

La rue des Robinson montait en direction de la vieille ville fortifiée, que Dickens comparait à un château de conte de fées, les maisons se serrant comme des rames de haricots dans les rues encaissées. L'endroit lui semblait fourmiller d'enfants : « De petits Anglais avec leur gouvernante lisant un roman tout en descendant des sentiers ombragés d'arbres, ou des nourrices cancanant assises sur les bancs ; de petits Français avec leur *bonne** coiffée d'une charlotte d'un blanc immaculé. » Alfred, Otway et Stanley vinrent grossir les rangs.

En ce mois de novembre, un chapelet de tempêtes frappa le littoral du nord de la France, marquant le début d'un hiver rigoureux. Henry rentra en Angleterre, où il passa la plupart des mois suivants à superviser ses affaires à Londres et la construction de la maison de Caversham. Le temps était encore plus rigoureux de son côté de la Manche : la Tamise fut prise par les glaces et, dans le Berkshire, le gel ralentit les travaux. Venu passer quelques jours à Boulogne en février 1855, Henry annonça à sa femme que leur nouvelle maison ne serait pas prête avant le mois de juin.

Isabella, qui a peut-être cru échapper à l'indigence de la vie mondaine du Berkshire, se sent horriblement isolée à Boulogne. Edward lui écrit rarement, et elle déplore dans son journal son « infortunée tournure d'esprit qui se raccroche à des ombres et à des chimères ». Dans ses lettres à George Combe, elle impute cette tristesse à une désespérance spirituelle. Sans le soutien de la foi, explique-t-elle, elle ne sait où trouver sens et réconfort – elle n'a « rien d'éclatant, de radieux, d'apaisant » à substituer à l'espoir que d'autres placent dans le paradis. On discerne un soupçon de reproche dans son propos : en épousant les principes rationnels de Combe, elle n'a abouti qu'au vide. Les gens comme lui, qui ont accompli de grandes choses, ont la possibilité de « se consoler avec le sentiment de n'avoir pas vécu en vain », mais pour elle et d'innombrables autres femmes, « qui ne font qu'exister sans bruit, qui (pour certaines) élèvent une famille, suivant en cela l'exemple inutile de celles qui les ont précédées, quelle motivation, quelle espérance peut-on trouver, qui soient suffisamment *puissantes* pour leur permettre de faire face aux épreuves, aux séparations, au grand âge et à la mort même ? » Elle ne précise pas les causes immédiates de son abattement, mais ces « épreuves » et ces « séparations » évoquent de façon voilée son éloignement d'Edward. « Mieux vaudrait, me semble-t-il, ne pas du tout avoir vécu que de se frayer un chemin entre *ignorance* et perplexité jusqu'au pays de l'annihilation. »

Elle prie son correspondant d'excuser son abattement : « Cher Mr Combe, je vous supplie de me pardonner tout cela. Vous me répondrez sans doute que je suis souffrante – et donc médiocre juge de ces choses – ou bien que d'autres esprits, mieux conformés, ne sont pas dans les mêmes dispositions. » Mais elle n'avait personne d'autre vers qui se tourner : « C'est de vous seul que j'attends lumières ou réprimande. »

Combe lui répond sans retard : « Êtes-vous en bonne santé physique ? s'enquiert-il. Un œil sous l'influence de la jaunisse voit tous les objets jaunes, et un organisme affaibli trouve toute création triste et débilitante. Cela affecte les croyants orthodoxes tout comme cela vous affecte, vous. À lire leurs écrits personnels on découvre comment, dans cet état de santé, ils désespèrent d'être sauvés et en deviennent plus malheureux que vous, car alors ils voient béer devant eux les portes de l'enfer ; au moins sont-elles closes en ce qui vous concerne. » Combe affirme que la peur de l'enfer est pire que sa crainte face au « pays de l'annihilation ». Il lui recommande de cesser de réfléchir autant : « L'intellect seul ne suffit pas à combler le vide du désir insatisfait. » Avec pragmatisme, quoique non sans componction, il lui conseille de sublimer ses énergies dans les œuvres de charité. Afin de se distraire, elle doit, dit-il, s'appliquer à quelque chose d'utile – comme les religieuses qui travaillent dans les hôpitaux. « Pour être heureux, il faut aimer de façon désintéressée et exprimer cet amour en faisant le bien. »

Combe avait peut-être en tête l'exemple de Florence Nightingale, une relation de son grand ami Sir James Clark, qui, en 1853, s'était arrachée à une existence confinée en suivant à Paris une formation d'infirmière chez les sœurs de la Charité. Miss Nightingale partageait la philosophie d'Edward Lane en matière de médecine : « Seule la nature guérit, soutenait-elle ; soigner consiste à […] placer le patient dans la meilleure situation pour que la nature agisse sur lui. » Le 10 octobre 1854 – jour où le journal d'Isabella évoque les baisers échangés dans la voiture –, Nightingale partit pour la première étape du voyage qui la mènerait en Crimée, où Angleterre, France et Turquie faisaient depuis le printemps précédent la guerre à la Russie. Les combats s'intensifiaient. Quand elle atteignit Constantinople, les troupes britanniques venaient de subir une cuisante défaite à Balaclava. Des nouvelles de son ouvrage au chevet des blessés arrivèrent en Angleterre au début de novembre.

Une proche connaissance de George Combe avait toutefois donné libre cours à ses inclinations amoureuses. En juillet 1854, Marian Evans s'était enfuie en Allemagne avec George Henry Lewes, homme marié depuis longtemps séparé de sa femme. Tous deux se trouvant être des chefs de file de la pensée laïque et progressiste en Grande-Bretagne, pareil comportement menaçait de discréditer la philosophie de leur cercle. Quand il apprit la nouvelle, Combe en fut « profondément mortifié et consterné ». Il en conçut également une certaine surprise, car un examen de la boîte crânienne de Miss Evans dans les années 1840 n'avait pas révélé un excès d'amativité (contrairement à ce à quoi elle-même s'attendait), mais d'adhésivité. En novembre, le mois où il répondit à la lettre d'Isabella, Combe écrivit à un ami commun : « J'aimerais savoir s'il y a des cas de démence dans la famille de Miss Evans ; car sa conduite, avec le cerveau qui est le sien, m'a tout l'air d'une aberration mentale de type morbide. » Elle et Lewes avaient, selon lui, « infligé par leur acte même une formidable blessure à la cause de la liberté religieuse ». Leur comportement semblait suggérer que la pensée progressiste menait tout droit à l'anarchie morale.

Pendant ce temps, George Drysdale mettait enfin la dernière main à *Physical, Sexual, and Natural Religion*, livre auquel il travaillait depuis quatre ans. Cet ouvrage venait non seulement confirmer mais aussi célébrer le lien entre libre pensée et amour libre. Ce guide de quatre cent cinquante pages sur la contraception, les maladies vénériennes et le contrôle des naissances fut imprimé en décembre 1854 par l'éditeur radical Edward Truelove. Le *People's Paper* le vanta comme une « Bible du corps », tandis que la presse traditionnelle y voyait une « Bible du lupanar ». Afin de protéger sa famille, George en tut la paternité : la page de titre présentait l'auteur comme « a Student of Medicine » (« un étudiant en médecine »). On trouvait, camouflé dans le texte, le récit de sa jeunesse torturée, racontée à la troisième personne et donnée pour une étude de cas.

Après avoir été recru de honte en ses jeunes années, George était maintenant libéré de ses inhibitions. Il professait que le désir sexuel était naturel, chez l'homme comme chez la femme, et qu'il devait être satisfait. « Chaque individu des deux sexes, écrivait-il, devrait se fixer comme objectif conscient de jouir de suffisamment d'amour pour satisfaire les besoins sexuels de sa nature, et de voir ceux qui l'entourent bénéficier des mêmes conditions. » Il affirmait que nombre de femmes tombaient malades parce qu'elles n'avaient pas assez de rapports sexuels : « Sauf à apporter aux organes féminins le stimulus naturel adéquat, la maladie féminine surgira de tout côté autour de nous. » Il affirmait que, chez la femme comme chez l'homme, « un puissant appétit sexuel est une grande vertu. [...] Si la chasteté doit continuer d'être tenue pour la vertu féminine suprême, il sera impossible d'offrir à aucune femme la véritable liberté. »

La masturbation, disait George, était une pratique aussi commune chez les femmes que chez les hommes, et tout aussi nocive. Il notait l'« effet pernicieux » de garder les passions naturelles « refoulées dans les tristes cavernes de l'esprit ». Il incitait ses lecteurs à adopter des techniques contraceptives afin de pouvoir jouir de rapports fréquents plutôt que de recourir à l'onanisme. Il préconisait, afin d'éviter une grossesse, de faire l'amour huit jours après la menstruation (en quoi il indiquait par erreur une phase de fertilité élevée) ; ou le retrait du pénis avant éjaculation (tout en rappelant que cette méthode comportait les mêmes risques pour la santé que la masturbation) ; ou le rinçage du vagin à l'eau chaude immédiatement après les rapports ; ou encore (procédé qu'il favorisait) d'obstruer préalablement le col de l'utérus à l'aide d'une éponge. Il se faisait aussi le champion du condom en boyau de mouton, « fourreau artificiel pour le pénis, constitué d'une membrane très délicate ».

Utiliser l'un ou l'autre de ces procédés revenait à ne pas respecter l'enseignement chrétien selon lequel le but premier de la sexualité était la procréation plutôt que le plaisir. George Drysdale défendait la contraception en s'appuyant sur *L'Essai sur le principe de population* (1798), ouvrage fameux du révérend Thomas Malthus expliquant que seule une maîtrise efficace de la reproduction préviendrait une désastreuse surpopulation de la planète. Les méthodes contraceptives, professait George, pouvaient éradiquer la pauvreté et les maladies vénériennes en même temps que la frustration sexuelle. Malthus avait recommandé l'abstinence, mais de nombreux libéraux de l'époque victorienne adaptèrent ses arguments pour justifier l'usage de la contraception. Parmi les nombreux néo-malthusiens qui se retrouvaient à Moor Park dans les années 1850, figuraient George Combe, le psychologue Alexander Bain et James Stuart Laurie, inspecteur scolaire qui avait recommandé John Thom aux Robinson.

George Drysdale avait composé un manifeste étonnamment sincère et allègre en faveur de la liberté sexuelle, sans égal dans la production littéraire victorienne, même si sa prémisse était la nocivité de l'onanisme. Mais ce livre ne pouvait être que d'une utilité limitée pour une femme mariée de la classe moyenne comme Isabella : elle ne pouvait procéder comme George l'avait fait en payant pour l'assouvissement de ses besoins sexuels.

Isabella se lève à huit heures le 29 janvier 1855, « pas très bien », ayant fait un rêve dérangeant dans lequel elle s'est vue enfant en train de marcher dans un jardin en compagnie de sa mère, de son père et d'un de ses frères. Ce rêve lui rappelle qu'elle est arrivée « au mitan de la vie, avec une mère âgée et en mauvaise santé, un père dans la tombe, des enfants en train de grandir » ; elle se voit comme la prochaine à partir : « Encore quelques belles saisons et je serai décrépite et mourante. » Elle craint que « le grand mystère de la vie ne [lui] reste à jamais impénétrable » et de finir « comme si [elle n'avait] jamais été – pensées, amour, rêves, tout cela changé en glaise ! » « Ô Seigneur ! Quelle dérision que le don de la vie – comme j'aurais voulu que ma tâche fût terminée et ne fût plus une charge ; elle n'a pas été pour moi une bénédiction. »

Elle impute à autrui son mauvais départ dans la vie – « mon enfance fut gâchée par la bigoterie, l'ignorance, le défaut de réflexion de ceux qui étaient chargés de mon éducation » –, mais elle reconnaît que son propre comportement a scellé son sort :

« Hélas ! À cette heure tardive, je déplore des erreurs dont je ne me remets pas ; j'ai l'âme obscurcie par le remords et l'amertume. Je fais mon possible, mais avec de maigres espoirs de réussite, pour élever mes trois fils, qui (nonobstant l'amour que je leur porte) devraient être en de meilleures mains. » Ce journal intime enfonce parfois Isabella dans un égocentrisme morbide, dans les sombres reflets qu'il lui renvoie, en sorte qu'elle ne voit que du vide devant comme derrière elle : « Le passé, un désert ; le présent, un buisson d'épines ; l'avenir, affreux ; l'éternité, un néant. »

Ses anniversaires lui apportaient souvent de poignantes pensées. « Ma jeunesse est bel et bien enfuie, avait-elle écrit à l'occasion de son trente-neuvième anniversaire. Je frémis à l'idée du grand âge, qu'il me faudra bien affronter ! » Le 28 février 1855, lendemain de ses quarante-deux ans, elle fait « le rêve très pénible d'une ultime promenade avec le Dr Lane, d'adieux douloureux, d'une *divulgation* et d'une *errance* de par le monde dans la honte et la détresse ». C'est la première fois qu'elle évoque dans son journal la crainte que leur secret ne soit éventé – elle s'imagine chassée de chez elle et battant la campagne en femme déchue. « Me suis éveillée (le 1er mars) terrorisée et misérable, ajoute-t-elle, et ai eu mal à la tête toute la journée. »

Dix ans plus tôt, un scandale sexuel avait bien failli déshonorer la branche Curwen de sa famille. Sa cousine germaine Isabella Curwen, elle aussi prénommée d'après leur riche et très belle grand-mère, avait épousé en 1830 le révérend John Wordsworth, recteur de Moresby, dans le Cumberland, et fils aîné du poète William Wordsworth. Cette jeune femme était, selon sa tante par alliance Dorothy Wordsworth,

« un trésor de pureté et de gentillesse, terriblement timide […] et toujours d'une remarquable modestie ». En 1843, après avoir donné naissance à son sixième enfant, Isabella Wordsworth tomba malade et, suivant l'avis de deux obstétriciens, se rendit à Rome. Elle demanda à son mari de lui amener leurs enfants, ce qu'il fit au cours de l'été 1845. En décembre, leur fils de quatre ans contracta une fièvre et mourut. John accusa sa femme d'avoir causé la mort du garçonnet et lui retira les autres enfants. Elle envoya une lettre désespérée à ses parents au Cumberland, leur révélant que son mari avait partagé à Rome une maison avec une Italienne de seize ans. John avait fait à cette fille la promesse, écrite, de l'épouser à la mort de sa femme malade et de faire d'elle et de leurs futurs enfants les légataires de ses biens.

Consterné par la « brutalité » avec laquelle sa fille était traitée, Henry Curwen écrivit à son gendre pour l'enjoindre de rendre les enfants à leur mère et de rentrer immédiatement en Angleterre, faute de quoi il révélerait son inconduite à son évêque. Il écrivit également à William Wordsworth – « le pauvre vieux poète », comme il l'appelait – pour lui faire part du comportement infamant de son fils. L'un comme l'autre, Henry Curwen et William Wordsworth modifièrent leur testament de sorte à léguer directement leur bien à leurs petits-enfants plutôt qu'à John, le dévoyé. Curwen prit également des dispositions pour racheter à la jeune Italienne la promesse de mariage que ce dernier lui avait faite. Dans les faits, il offrit un pot-de-vin à cette femme qui risquait de déshonorer la famille, tout en exerçant un chantage sur son gendre pour le forcer à rentrer dans le droit chemin. Celui-ci se plia à la plupart des exigences de son beau-père, et rien ne transpira du scandale.

Isabella Wordsworth resta en Italie, cependant que ses enfants étaient répartis dans différents établissement scolaires. Elle mourut à Bagni di Lucca en 1848. John Wordsworth se remaria trois fois. Ses errements sont restés un secret ; les biographes de son père le décrivent comme un médiocre appliqué.

Ne pas ébruiter l'adultère – pour le bien des enfants, du conjoint, des parents et du reste de la parentèle – était la norme au sein de la gentry. Dans ces milieux, où la réputation avait tant d'importance, la famille d'une femme trompée et celle de son mari s'employaient avec acharnement à étouffer tout écart de conduite. Les critères variaient quand la transgression était le fait de l'épouse, mais le principe restait le même : tant que cela ne sortait pas de la famille, il était possible de s'en remettre. Seul un signe manifeste du péché – une trace écrite, engagement ou confession – pouvait se révéler impossible à dissimuler.

Isabella continuait de correspondre avec John Thom et Edward Lane. Bien qu'ayant enduré une longue période de silence de la part de ce dernier, elle confie à son journal qu'un « gentil petit billet mélancolique » a, au mois d'avril, « plus ou moins réparé » ce délaissement. Elle lui a répondu par une « longue lettre affectueuse mais un peu triste ». Elle imagine qu'ils se disent, par le biais de messages tacites, combien ils se manquent.

Elle écrit à Combe qu'elle suit son conseil en présidant elle-même à l'éducation de ses enfants. « J'ai trouvé à plus m'absorber en surveillant activement les progrès et la conduite de mes garçons que lorsqu'ils étaient scolarisés en Angleterre, et je m'en sens bien mieux. Ils ont plusieurs maîtres pendant les heures où ils ne sont pas au collège, pour lesquels je les aide à se préparer. » Au nombre de ces nouveaux maîtres, un jeune précepteur français nommé Eugène Le Petit. En dépit de son physique quelconque, Isabella le trouve séduisant. Elle lui demande de lui donner des cours particuliers.

Dans la matinée du 9 avril, M. Le Petit corrige quelques exercices de version qu'il a donnés à Isabella. Il « ne m'a pas quittée avant midi, écrit-elle. Il y avait quelque chose de très doux et de presque enjoué dans son attitude, et il m'a dit que les enfants se sont amusés hier après-midi. Il portait plus beau que d'ordinaire, et je m'aperçois qu'avec ma propension à m'attacher je commence à faire plus grand cas de sa présence et de son approbation qu'il ne convient à ma tranquillité d'esprit. » Elle tente de se rappeler à la raison : « Cœur inconséquent, montrant toujours de la sorte intérêt et considération à ceux qui ne se soucient pas de toi au-delà des limites de leur intérêt. »

Deux mois plus tard, peu avant la date du retour des Robinson en Angleterre, Le Petit fait cours aux garçons, puis aide Isabella à faire une traduction. Il reste jusque tard pour terminer l'exercice. « Le temps passa très vite », note-t-elle le 9 juin, tant ils avaient de choses à se dire à propos de religion, de musique et du dernier ouvrage de Frederick Gretton, traducteur du latin. Le Petit « était très gai et avenant, et m'a avoué que nous allions beaucoup lui manquer ». Et elle ajoute : « Je me disais que ce serait probablement plus mon cas que le sien. L'extrême raideur de son maintien me surprend un peu : d'autres (mieux faits que lui) ont trouvé de l'attrait à ma compagnie ; or, alors que je lui ai témoigné tant de bonté jamais démentie, alors qu'il en conçoit manifestement de la gratitude, il est étonnant qu'un sentiment plus chaleureux ne prenne pas chez lui de temps en temps le dessus. » À l'insu de Henry, elle a offert à Le Petit, entre autres cadeaux, un piano d'une valeur de trente livres. Elle finit par se dire que la froideur du précepteur est une bonne chose : « Les tempéraments diffèrent grandement et, après tout, il est heureux en tout point qu'il soit empreint de modération. »

Isabella et les garçons regagnèrent l'Angleterre en juin pour emménager à Balmore House, la vaste maison de campagne toute blanche que Henry avait fait bâtir à Caversham. Ce nom de « Balmore » avait un parfum de grandeur par association avec Balmoral, localité de l'Aberdeenshire où le château que la reine Victoria et le prince consort avaient commandé en 1853 était encore en chantier. La maison, construite dans le style italien, était pourvue d'une serre, d'un jardin d'hiver très ouvragé, de balcons et terrasses en fer forgé, d'un garage à voitures et d'écuries. Elle avait des fondations en béton posées sur une roche crayeuse, et possédait des cloisons intérieures doubles et un conduit de ventilation. Le rez-de-chaussée abritait trois salles de réception, un bureau et un boudoir (pièce réservée au seul usage d'Isabella) ; les étages comptaient huit chambres à coucher, deux dressings et une salle de bains ; au sous-sol, le réfectoire des domestiques et une cuisine.

Dès qu'Isabella arriva à Balmore House, Henry se rendit à Moor Park afin de prendre des dispositions auprès d'Edward Lane en vue d'un séjour de sa femme dans l'établissement en tant que patiente. Peut-être faisait-elle une récidive de la « maladie utérine » diagnostiquée à Blackheath en 1849, ou bien le prétendait-elle dans le but de revoir Edward. Henry versa au médecin dix livres et dix shillings en règlement de deux semaines d'hydrothérapie.

Isabella et Alfred, son aîné, arrivent à Moor Park le jeudi 21 juin, à temps pour le repas du soir, et sont chaleureusement accueillis par Lady Drysdale et Mary Lane. Edward rentre plus tard. Il « a eu l'air content de me voir », note Isabella. Elle a néanmoins l'impression qu'il est mal à l'aise en sa compagnie, comme reprenant sans enthousiasme les choses où il les ont laissées l'automne précédent. « Je suis allée avec lui voir le soleil se coucher, arrivant à temps au sommet de la colline. J'avais si souvent rêvé de contempler le crépuscule avec lui, mais il était souffrant, distant, abattu et triste, incapable d'y prendre plaisir ; revenus dans le jardin, nous nous sommes assis sous la tonnelle et avons renoué avec l'amour de naguère, mais sans beaucoup de flamme. » De retour à la maison, ils conversent tranquillement jusqu'à dix heures dans le bureau d'Edward.

« J'attache du prix à sa beauté et j'apprécie ses talents, écrit-elle sur une page non datée. Cependant, ne possédant moi-même aucun de ces dons, je dois me résoudre à être délaissée, négligée, sinon repoussée. J'agirais de même avec une personne laide ou peu attirante qui pourrait avoir des sentiments pour moi. Il est dans la nature humaine de se comporter de la sorte. »

Comme toujours, elle ne se contrôlait plus lorsqu'elle dormait : « À la faveur de songes bienheureux, la nuit m'a unie à l'idole de mon âme. Je me trouvais avec lui comme autrefois, et encore plus tendrement réunis, car il répondait dans une large mesure à mon amour. Lui ayant tout sacrifié, j'aurais pu mourir. J'ai rêvé de la sorte pendant des heures et, au réveil, je suis restée allongée dans une délicieuse demi-conscience, éprouvant pour un peu tout ce dont je désirais jouir, avec, flottant dans la tête, les derniers vers de l'*Epipsychidion* de Shelley – le vrai et le faux – mes espoirs, mes désirs et ce bonheur passé à demi accompli, le tout fondu en un seul doux tableau. Ah ! Que n'est-il accompli tout à fait ? »

Le poème fameux de Shelley s'achève sur la fusion du poète et de sa maîtresse – « Notre souffle se mêlera, nos poitrines s'uniront, / Et nos veines battront à l'unisson » –, mais l'énigmatique évocation par Isabella de son bonheur « à demi accompli » paraît indiquer un inachèvement de son union physique avec Edward Lane, peut-être quelque chose en deçà de l'orgasme ou du passage à l'acte. Si ses notes d'octobre 1854 laissent entendre qu'Edward et elles ont eu des rapports charnels – dans la clairière, le bureau, la voiture –, elles peuvent tout aussi bien décrire des baisers et des caresses pleins de fougue. « Toute la journée, écrit-elle, ce rêve m'a hantée. "Jamais je n'ai aimé personne comme je vous ai aimé, corps et âme", lui ai-je dit dans mon rêve, et cette même idée me flotte depuis dans la tête. »

Le samedi 24, Isabella et Edward poussent jusqu'à la caverne de la mère Ludlam et s'assoient pour parler sur un banc près de la fontaine. « Il m'a enfin emmenée seule dans le vallon où nous goûtâmes pour la première fois le bonheur d'aimer », mais le paysage avait « changé et lui aussi ». Ils n'échangent « que des banalités ».

Le lendemain les trouve assis à l'intérieur : « Il a fini par apporter un recueil de chansons d'autrefois et il s'est installé tout contre moi pour le feuilleter. » Ils sortent faire un tour et, sous leur « tonnelle privée », lisent une chanson du très progressiste et licencieux poète français Pierre-Jean de Béranger. Edward « a parlé de sa santé, de ses espoirs, mais il était froid et triste. Ne restait que l'autel de l'idole que je vénérais naguère ». Ils se promènent jusqu'à la tombée du jour, puis vont regarder quelques gravures dans le bureau d'Edward. Là, enfin, la flamme de jadis se ranime. Après « une longue étreinte passionnée », Isabella monte se coucher fort tard. Elle est « tout exaltée ». « Ai rêvé de lui toute la nuit, troublée, songeuse, rayonnante. »

Plus loin, dans une entrée non datée, Edward semble de nouveau lointain. Il « fumait le cigare et nous avons parlé de la destinée de l'homme dans le futur et du monde pré-adamique ». Il s'agit d'un débat de l'époque sur le moyen de concilier les affirmations de la géologie et le christianisme : s'il fut un monde sans êtres humains, comme l'indiquent les découvertes géologiques, il y a lieu de penser que l'espèce s'éteindra un jour. Mais tout en lui parlant d'un passé vide et d'un avenir vide, Isabella s'aperçoit qu'Edward est en train de l'effacer de son passé et de son avenir. « Les circonstances dans lesquelles nous discutions étaient teintées de romanesque, mais nullement sa façon d'être. Jamais il n'avait été plus distant. Il oubliait les moments et les endroits où j'avais été avec lui. Il s'exprimait avec froideur, en raillant, presque égoïstement ; et la soirée, dont la douceur aurait presque pu me rendre folle, dont une seule image aurait pu nourrir mes rêves pendant des mois, se trouva glacée d'un coup et, je crois, à jamais, chacune de mes pensées persistantes n'ayant plus du tout l'heur de l'intéresser. Je cheminais à son côté, fatiguée, accablée, mais il n'en savait rien. »

Isabella quitte Moor Park au début de juillet. Elle y retourne deux mois plus tard pour emmener les trois fils Lane au bord de la mer avec ses garçons. Atty, qui souffre d'une maladie de la poitrine, est « terriblement délicat », et Edward et Mary sont trop pris par leurs hôtes pour l'y emmener eux-mêmes. Isabella ramène les enfants Lane à leurs parents le

10 octobre, jour du trente-troisième anniversaire d'Edward, et passe quelques jours dans l'établissement. Mary vient de donner naissance à un quatrième garçon, Walter Temple, sans doute prénommé d'après Sir William Temple.

Profitant d'un moment où elle trouve Edward seul dans la soirée du 10 octobre, Isabella s'excuse de lui avoir envoyé une lettre imprudente. « Je lui ai demandé mille pardons et lui ai dit combien je regrettais ; j'avais dû écrire cela dans un moment de mauvaise humeur, lui ai-je dit. » Edward se montre indulgent. « Il m'a répondu que c'était oublié, et nous nous sommes séparés sur un de ces longs baisers caressants qui m'ébranlent jusqu'au tréfonds de l'âme et me font rêver et soupirer pendant des heures. »

Le 14 octobre, quatrième jour de sa visite, Edward et elles devisèrent au salon jusqu'à onze heures du soir. Une patiente âgée était assise derrière eux sur le sofa, « trop dure d'oreille » pour entendre leur conversation, mais nullement disposée à se retirer. La dame finit néanmoins par monter se coucher. Edward, écrit Isabella, « a semblé, après quelques paroles échangées, retrouver son sentiment ancien, il s'est mis à me caresser, à me tenter, et pour finir, après quelque temporisation, nous sommes passés dans la pièce voisine pour connaître un quart d'heure de délicieuse ivresse ». L'affaire – qui se déroule dans le bureau du médecin – est si intense, si enchanteresse et déstabilisante qu'Isabella se trouve bien près de faire un malaise. « J'étais presque frappée d'impuissance par les effets de sa présence, je ne pouvais me résoudre à le voir partir, et j'ai pleuré quand il m'a enjointe d'obvier aux conséquences. J'ai fini par lui faire des adieux passionnés. Je me suis retrouvée seule, recrue d'amour et accablée de tristesse, bien loin de dormir cette nuit-là ; je me suis agitée et consumée jusqu'au matin, trop lasse et trop faible pour me lever. »

L'abjecte soumission d'Isabella à Edward ce soir-là, sa pâmoison entre ses bras et l'abattement mélancolique qui s'ensuit, font supposer que quelque chose de nouveau s'est produit entre eux – peut-être ont-ils consommé pour la première fois. En demandant à Isabella d'« obvier aux conséquences », Edward pensait sans doute à des mesures visant à prévenir une grossesse. La précaution la plus pratiquée, décrite parmi d'autres dans le manuel de George Drysdale, était la douche vaginale pratiquée à l'aide d'une poire.

Le lendemain, comme subitement dessillé sur les dangers de sa position, Edward annonce à Isabella que leur relation sexuelle est terminée. « Le docteur est entré dans ma chambre et il est resté un long moment assis à parler froidement de la vie, de la réputation, des risques, de prudence, et de mon conjoint. » Elle tente d'en appeler au romantisme d'Edward : « J'ai coupé une mèche de ses beaux cheveux, je lui ai dit combien je l'avais toujours aimé, je lui ai parlé de ses yeux, qui trahissaient son amour, de son visage avenant et de sa bouche ; mais il est resté de marbre ; l'entrevue s'est terminée sans même un baiser. » Ce fut une scène humiliante, au cours de laquelle elle a courtisé Edward comme un homme courtiserait une femme, et cela sans parvenir à le conquérir. Blessée dans son amour-propre, elle en conclut qu'il tenait plus à son confort et à sa respectabilité qu'il ne tenait à elle. « J'ai compris que, même si j'avais peut-être été l'objet d'une passion momentanée, je n'étais pas entièrement aimée, et que le souci de sa réputation et de sa tranquillité était le ressort premier de sa conduite. » Son propos révèle tout ce qu'elle avait attendu de lui : pas une simple liaison, mais la totalité de son amour.

En novembre 1855, les Robinson lèvent de nouveau le camp pour Boulogne, laissant Balmore House aux décorateurs pour la durée de l'hiver. « Elle est loin d'être terminée, n'étant ni peinte ni tapissée, explique Isabella dans une lettre à Combe, si bien qu'il nous faut la quitter pour permettre l'achèvement des travaux ; nous aurions d'ailleurs dû partir beaucoup plus tôt, mais Mr Robinson tenait à faire faire quelques plantations indispensables, ce qui nous a retardés jusqu'à ce jour. »

Alfred, âgé de quatorze ans, venait d'être placé en pension à Queenwood School, dans le Hampshire, collège novateur spécialisé dans l'enseignement pratique des sciences. « Nous avons toutes les raisons d'en être contents pour lui, dit Isabella à Combe, qui leur avait recommandé l'établissement. Il s'intéresse beaucoup à la chimie ainsi qu'à plusieurs autres matières scientifiques, et il apprend le chant et la gymnastique, en plus d'être autorisé à se distraire à l'atelier avec des outils de menuisier pendant les heures de loisir. » Le principal, dit-elle, « parle en bien de la conduite générale de notre garçon ; bien qu'il ne soit nullement avancé pour ce qui est des connaissances livresques ». Otway et Stanley reprennent, eux, l'école à Boulogne.

Les Robinson se trouvent ensemble en France pour le Noël de 1855, au cours d'un nouvel hiver fortement neigeux et pluvieux. Si Isabella pense toujours autant à Edward, ses rêveries à son sujet ne constituent plus un refuge. Il a laissé planer pendant des années une certaine ambiguïté à propos de leur relation, mais il apparaît désormais clairement qu'il fera toujours passer sa femme et sa famille avant. Le charme est rompu.

Isabella reprend son flirt avec Eugène Le Petit. Cette fois, elle reçoit plus d'encouragements de la part du jeune précepteur, et leur proximité attire l'attention de Henry. Le 30 décembre, il aborde le sujet : « Après le souper, Henry a entamé une discussion très déplaisante ; m'a accusée d'avoir avec la famille Le P. des liens dont il ne pouvait établir la teneur ; a dit savoir que j'écris, poste et reçois des lettres dont il ignore tout. [...] Sa suspicion et son ressentiment étaient tels que j'en fus affolée et complètement bouleversée. » Elle admet dans son journal que le reproche est « mérité, force m'est de le reconnaître », mais elle soutient que son méfait est « excusable du fait de la nature mesquine et dure de [son] conjoint ». Elle fait son possible pour désamorcer les soupçons de son mari et s'efforce de faire face à ses accusations. Ils continuent de discuter jusque après minuit, heure à laquelle elle souffre de « maux de tête et troubles nerveux ». Henry paraît « désolé des conséquences de cette discussion orageuse » et se répand en « paroles conciliantes ».

Isabella décrit brièvement son mari comme un être vulnérable, inquiet, tenaillé par le regret, capable de compassion. Elle conclut cette page sur une note de certitude défensive : « Il était trop tard. Amour, respect, complaisance, amitié, tout était envolé ; de mon côté il ne restait que de la peur, de la lassitude, du dégoût et un sentiment de contrainte. Seuls mes enfants me font tenir ; une fois qu'ils auront quitté le toit familial, je le quitterai. »

Son désir de s'échapper s'était renforcé avec les années. Elle et Henry étaient « depuis longtemps dans les plus mauvais termes », comme elle le confiera plus tard à Combe dans une lettre, et elle le suppliait souvent de lui rendre sa liberté, « de faire que [leurs] fréquentes séparations deviennent une séparation permanente », de lui permettre d'aller vivre ailleurs avec ses enfants. Mais il « ne voulait pas en entendre parler, car il aurait alors perdu mon revenu ». Quant aux biens matériels et à son intérêt personnel, Henry était « dénué de probité au plus haut point » ; il n'était « pas ce qu'on pourrait appeler sain d'esprit ». Elle se sentait pieds et poings liés, coincée entre son attachement à ses fils et son désir de liberté.

Elle en était venue à penser que l'institution du mariage était arbitraire et inique. Au début de 1856, dans une lettre à Combe, elle parle du lien conjugal comme d'une « superstition ». Le mariage était à l'époque un grand sujet de débat. Une commission royale avait été nommée en 1850 pour préparer une loi sur le divorce, et des réformistes comme Caroline Norton faisaient campagne en vue d'améliorer la condition des femmes mariées. En 1855, Mrs Norton dénonça les injustices du mariage dans une « Lettre à la reine ». « En Angleterre, la femme mariée *n'a aucune existence légale*, rappelait-elle à la souveraine : son essence est incorporée à celle de son mari. » Une épouse ne pouvait ni entreprendre une action en justice, ni conserver ses gains par-devers elle, ni dépenser son argent comme elle l'entendait. Elle « n'a pas la pleine propriété de ses effets et bijoux ; son mari peut, s'il le souhaite, les lui prendre et les vendre ». L'identité d'une épouse était subsumée sous celle de son mari, même quand le couple était en réalité « à peu près aussi uni que ces paires d'animaux que l'on voit aux prises dans les sculptures, l'un se débattant furieusement, l'autre animé par la volonté de détruire ». Caroline Norton parlait d'expérience : quand elle avait quitté, en 1836, un mari infidèle, brutal, débauché, celui-ci l'avait privée de ses enfants et lui avait confisqué l'argent que lui rapportaient ses écrits. « J'existe et je subis, précisait-elle ; mais la loi nie mon existence. »

George Drysdale tenait le mariage pour « un des principaux instruments de la dégradation des femmes » et pour un frein malsain à la pratique sexuelle. « Une forte proportion des mariages que nous voyons autour de nous ne sont pas du tout le fruit de l'amour, mais de motifs d'intérêt, tels les biens matériels, la position sociale et autres avantages [...]. De tels mariages sont en réalité des cas de *prostitution légalisée.* »

Ce printemps-là, Isabella tomba gravement malade. Il se peut qu'elle ait contracté la diphtérie, maladie qui sévit à Boulogne entre 1855 et 1857. Cette épidémie, la plus longue et la plus sévère attestée dans les annales, fit 366 victimes dont 341 enfants. *The Lancet*, publication spécialisée, révéla que les Anglais séjournant à Boulogne furent particulièrement touchés lorsque la maladie se déclara au milieu des années 1850, au point qu'en Angleterre elle prit le nom de « croup de Boulogne ». Les symptômes en étaient une importante intumescence des voies respiratoires et une fièvre élevée.

Un jour du mois de mai, venant voir Isabella dans sa chambre de malade, Henry la trouve agitée et divagante, en proie au délire. Il l'entend marmonner des noms d'hommes. Ses soupçons de nouveau éveillés, il va prendre sur son bureau le journal intime qu'elle a apporté d'Angleterre. Elle le lui avait toujours dissimulé, déclarera-t-il plus tard. Dans son état d'égarement dû à la fièvre, peut-être a-t-elle oublié de le mettre sous clé ; peut-être voulait-elle inconsciemment qu'il tombe sur ses secrets et fasse voler leur vie en éclats. Il ouvre le carnet et commence à le lire.

Il découvre l'entichement de sa femme pour John Thom et pour Eugène Le Petit, la volupté qu'elle a connue dans les bras d'Edward Lane. Il apprend que sa compagnie ne lui inspire que mépris, dégoût et peur, et qu'elle le quittera dès qu'Otway et Stanley seront grands.

La scène rappelle celle où, dans *La Locataire de Wildfell Hall* d'Anne Brontë, Arthur Huntingdon découvre le journal intime de sa femme. Le débauché et infidèle Huntingdon arrache le volume des mains d'Helen. « Je le HAIS ! y lit-il. Ce mot me fixe dans le blanc des yeux comme un coupable aveu, mais il est sincère : je le hais, je le hais ! » Huntingdon réagit avec une joie mauvaise à cette preuve du chagrin et de la haine de son épouse. Ayant appris dans son journal intime qu'elle projette de s'enfuir avec leur fils et de gagner sa vie comme artiste, il lui confisque ses bijoux, brûle ses pinceaux et ses chevalets. « C'est une bonne chose que vous n'ayez su garder votre secret – ha, ha, jubile-t-il. C'est une bonne chose que les femmes ne puissent se retenir de caqueter – quand elles n'ont pas une amie à qui parler, il leur faut murmurer leurs secrets aux poissons, les écrire dans le sable ou que sais-je encore. »

Henry Robinson est frappé d'horreur par ces révélations, mais son effroi se change bien vite en colère froide. Dès qu'Isabella est en état de comprendre ce qu'on lui dit, il lui annonce être en possession de ses carnets intimes et de sa correspondance. Il l'informe qu'il lui enlève Otway et Stanley et rentre en Angleterre avec eux. Il prend le bateau pour Folkestone en compagnie de ses fils, laissant Alfred en France avec sa mère. À Balmore House, il trouve dans le secrétaire d'Isabella d'autres carnets et papiers, essais, lettres, billets et poèmes. Il fait main basse sur le tout.

Livre II

La toile s'affaissa

Se défaisant, la toile s'affaissa,
En mille éclats le miroir se brisa,
« Ah, le malheur est sur moi ! » s'écria
La Dame d'Escalot.

Alfred Tennyson,
La Dame d'Escalot (1842)[1]

1. Traduction française : Claude Dandréa, Paris, Orphée/La Différence, 1992. (*N.d.T.*)

7

Une conduite dégradante

Westminster Hall, le 14 juin 1858

L'avocat de Henry fut le premier à s'adresser à la cour.

« Les Robinson se sont mariés en 1844, commença Montagu Chambers, Mrs Robinson étant veuve d'un Mr Dansey et disposant en propre et pour son seul usage d'une rente de quatre cents à cinq cents livres l'an. Après leur mariage, les Robinson ont résidé à Blackheath, Édimbourg, Boulogne et à proximité de Reading. En 1850, alors qu'ils habitaient Édimbourg, ils se sont liés avec Mr Lane, qui à l'époque étudiait le droit et qui a par la suite épousé une fille de Lady Drysdale. Mr Lane a fondé un établissement hydrothérapique à Moor Park, propriété sans doute plus connue de Vos Seigneuries pour avoir jadis été le lieu de résidence de Sir William Temple. »

Les trois magistrats de la toute récente cour des Divorces et Affaires matrimoniales siégeaient sur une estrade sous un dais de tentures rouges. Sir Cresswell Cresswell, célibataire de soixante-quatre ans, à la silhouette grêle et maniant un face-à-main, était le juge titulaire du tribunal. Sir Alexander Cockburn, petit homme de cinquante-cinq ans, les yeux bleus pochés, le regard aigu, était président du tribunal de première instance, ce qui faisait de lui le troisième magistrat du pays dans l'ordre de préséance. Lui aussi célibataire, il avait toutefois eu deux enfants (alors âgés de douze et dix-neuf ans) d'une femme non mariée, ce qui n'était pas un secret pour ses pairs. Quoique d'apparence très digne, Cockburn était un mondain renommé qui bien souvent arrivait au tribunal in extremis pour l'ouverture de l'audience à onze heures. Sir William Wightman était le moins haut placé des trois, mais le plus expérimenté en matière de droit comme de mariage : à soixante-douze ans, il était en effet magistrat depuis vingt-sept ans et marié depuis trente-neuf ans. Les juges avaient décidé d'entendre l'affaire Robinson sans jury : ils prononceraient eux-mêmes le verdict. Ils portaient perruque en crin et robe rouge bordée d'hermine, attributs bien peu confortables lorsqu'il faisait chaud.

Le soleil pénétrait dans la salle par une tourelle vitrée et un cercle de verrières de forme ronde distribuées sur le pourtour du dôme, baignant les bancs et longues tables en contrebas. Dans la vague de chaleur qui accablait Londres en ce mois de juin, une « forte puanteur » d'égout montait des berges grasses de la Tamise pour s'insinuer à l'intérieur des chambres du Parlement et de leurs voisines, les salles de tribunal de Westminster Hall. La température atteignit les trente degrés à midi et près de trente-cinq à quinze heures.

Mr Chambers – doté de broussailleux sourcils noirs, l'air aussi bonhomme que matois, cet ancien soldat de la Garde royale âgé de cinquante-huit ans était membre du Parlement – poursuivit : « Ingénieur civil de son état, Mr Robinson était, par nécessité, souvent absent de chez lui. Il avait commencé à faire bâtir une maison à proximité de Reading. Quand elle y eut emménagé, la famille se remit à fréquenter les Lane, leur rendant souvent visite à Moor Park. Toutefois, Mrs Robinson y allait plus fréquemment seule, et nous prouverons que l'intimité régnant entre les défendeurs attira l'attention de certains patients et domestiques de l'établissement. Mr Robinson demeura malgré tout parfaitement convaincu de la fidélité de son épouse jusqu'au jour où, en 1857, alors que Mrs Robinson était souffrante, il découvrit par accident une extraordinaire relation écrite lui révélant d'un coup l'indignité et l'infidélité de Mrs Robinson. »

Chambers et les autres avocats de la Couronne portaient une robe de soie noire, une chemise blanche, une collerette blanche et une perruque blanche et raide qui recouvrait leurs favoris. Ils étaient placés en face de l'estrade des juges, et leurs adjoints, revêtus d'une robe de drap noir, se trouvaient assis derrière eux. Une foule de spectateurs garnissait le reste de la salle et la galerie courant autour du dôme, les hommes en jaquette, gilet et cravate, chapeau à la main ; les femmes en ample jupe bouffante à col de dentelle, les cheveux séparés sous une capote évasée. Henry se trouvait peut-être parmi le public, mais il est peu probable qu'Isabella ou Edward aient été présents ; sans doute étaient-ils informés du déroulement de l'affaire par leurs avocats respectifs. Aucun des principaux protagonistes n'était autorisé à déposer en tant que témoin.

« Mrs Robinson avait été souffrante, continuait Chambers, et son mari mit la main sur plusieurs journaux tenus par la susdite, dans lesquels il lut le récit exorbitant de la conduite dégradante de son épouse. Il semble, s'il faut en croire ce journal intime, qu'après avoir rencontré Mr Lane à Édimbourg,

Mrs Robinson n'ait d'abord pas fait grand cas de lui, puis qu'elle se soit prise en peu de temps d'une grande admiration envers lui. Elle fournit même une description détaillée de son apparence et de son costume. Le récit d'entrevues subséquentes à Moor Park en 1854 a conduit à déduire de façon probante qu'un adultère a été commis. »

Quelques-uns des faits rapportés dans le résumé de Chambers étaient inexacts. Edward Lane était déjà marié lorsque les Robinson firent sa connaissance en 1850, et il suivait alors des études de médecine, ayant obtenu sa certification d'avocat trois ans plus tôt. Selon son journal, Isabella éprouva immédiatement de l'attirance ; ce n'est que plus tard, qu'elle usera, par dépit, de termes sévères à son endroit. Henry ouvrit le journal de sa femme en 1856, et non en 1857. Des erreurs se glissaient souvent dans le récapitulatif des faits préalables à un procès. Henry avait présenté son histoire à son homme de loi, qui en avait ensuite instruit les avocats ; toutefois, l'erreur sur la date à laquelle il avait lu le journal pouvait être délibérée : un mari était censé agir promptement lorsqu'il découvrait l'infidélité de sa femme, et un retard dans le recours à la justice pouvait jouer contre lui. « Le premier point que le tribunal prend en considération dans une affaire d'adultère, précise un guide du divorce publié en 1860, est la date de la plainte par rapport à celle du délit, et la date où le plaignant a eu connaissance de celui-ci. » Un décalage aurait pu donner à penser que Henry avait fermé les yeux sur l'infidélité d'Isabella ou qu'il était de connivence avec elle pour mettre fin à leur union. Dans les deux cas, cela empêcherait le divorce.

« Je me propose, déclara Chambers, d'avancer comme preuves certains carnets intimes tenus par Mrs Robinson. Ils établiront sa culpabilité. En revanche, force m'est de nourrir quelque doute quant au fait que Vos Seigneuries puissent y voir une preuve suffisante à l'encontre de Mr Lane. »

Sur quoi William Forsyth, avocat d'Edward Lane, se leva pour élever une objection regardant l'utilisation des journaux intimes comme preuves à l'encontre de l'un ou l'autre des défendeurs. « Si Mrs Robinson est déclarée coupable d'adultère, ce ne peut être que conjointement avec Mr Lane, soutint cet Écossais de quarante-cinq ans au long visage, mais ses déclarations ou ses aveux, si le journal est retenu, ne peuvent constituer un élément de preuve contre mon client ; c'est pourquoi il ne devrait pas en être fait usage. »

Cette question du journal comme preuve allait contrarier la cour pendant toute la durée du procès. La règle voulait qu'il puisse être utilisé contre Mrs Robinson (en qualité d'aveux), mais non contre le Dr Lane (comme élément incriminant).

Après avoir conféré, les juges annoncèrent qu'ils considéraient le journal comme recevable, contre elle sinon contre lui. Cresswell expliqua : « Si plusieurs individus se trouvent inculpés de cambriolage ou d'association de malfaiteurs, et que l'un d'eux fasse des aveux mettant en cause les autres, contre lesquels il n'existe aucune autre preuve, il est exact que ses déclarations ne seraient pas retenues contre eux, mais ne pourrait-on pour autant le mettre, lui, en accusation ?

— Non », répondit Forsyth.

Quand il était agacé, Cresswell se mettait à tripoter son face-à-main. Au moment de lâcher une remarque cinglante, il adoptait souvent une expression de politesse attentive. « Je serais heureux de savoir sur quoi l'éminent conseil fonde cette affirmation. »

Forsyth n'insista pas, et le Dr Robert Phillimore, avocat d'Isabella, renonça aussitôt à son projet de contester la présentation du journal intime. Il se leva pour dire qu'il avait été sur le point d'y objecter dans l'intérêt de Mrs Robinson. « Mais après l'expression d'opinion que je viens d'entendre de la part de la cour, je ne donne pas suite. » L'essentiel de la stratégie des avocats de la défense – annihiler la principale preuve à l'encontre de leurs clients en éliminant le journal intime – venait de tourner court.

Chambers demanda que soient présentés les journaux d'Isabella. Il pria le greffier d'en lire des passages, non sans avoir mis en garde les oreilles innocentes contre leur teneur. « Ce journal contient le nom de deux jeunes hommes que Mrs Robinson entreprit, semble-t-il, de dépraver, déclara-t-il, présentant habilement l'épouse de son client comme une suborneuse et vieillissante séductrice. Mon impression est que ses efforts ne furent pas couronnés de succès, même si j'admets que le contraire est fort possible. Elle leur prêta froideur et réserve, ainsi que le désir de lui échapper ; en conséquence je me garderai, si je puis l'éviter, de prononcer leur nom, d'autant qu'il s'agit d'hommes encore jeunes. »

Chambers indiqua ensuite au greffier les passages relatifs à l'affaire contenus dans les trois volumes du journal couvrant les années 1850, 1854 et 1855. Assis derrière une longue table installée au pied de l'estrade, le greffier lut à haute voix un court extrait concernant la première rencontre, en 1850, d'Isabella Robinson et Edward Lane, puis un autre contenant un poème qu'elle avait composé sous le titre de « Discorde spirituelle », et un autre encore où il était question de la « prépondérance de l'amativité » qu'elle relevait dans sa propre personnalité.

Puis il en vint aux pages sur lesquelles s'appuyait l'action engagée par Henry. La première entrée, datée du 7 octobre 1854, était celle où Isabella et Edward échangeaient dans les fougères leurs premiers baisers : « Ah, Seigneur ! Jamais je n'avais espéré connaître ce moment ni qu'il réponde à mon amour. C'était pourtant bien le cas. » Le greffier passa ensuite au 10 octobre et lut un extrait décrivant la « félicité » qu'elle avait éprouvée au côté d'Edward dans la voiture qui les conduisait de Moor Park à la gare d'Ash. « Je me suis enfin laissée aller avec une joie muette entre ces bras dont j'avais si souvent rêvé. » Les derniers mots de ce passage, sur l'absence d'égoïsme d'Edward, furent laissés de côté. Comme il était lu à la demande des avocats de Henry, peut-être ce dernier avait-il choisi d'omettre cette dernière observation, qui laissait entendre que sa technique amoureuse était moins satisfaisante que celle d'Edward Lane. Il devait y avoir une limite à l'humiliation qu'il était disposé à endurer dans sa volonté de se débarrasser de son épouse.

La dernière entrée dont le greffier lut un extrait ce jour-là était celle du 14 octobre (ce passage avait en fait été rédigé en octobre 1855, bien que ce détail ne fût pas précisé au tribunal). Y était relatée la façon dont Edward avait séduit Isabella dans la maison de Moor Park. Le docteur « [...] s'est mis à me caresser, à me tenter, et pour finir, après quelque temporisation, nous sommes passés dans la pièce voisine pour connaître un quart d'heure de délicieuse ivresse ». Cette page comprenait le conseil d'Edward d'« obvier aux conséquences », mots qui avaient ému Isabella jusqu'aux larmes.

L'*Observer*, journal paraissant le dimanche, se refusa à publier ces extraits, non seulement en raison de leur caractère obscène, mais aussi parce qu'ils étaient rédigés de manière suffisamment réaliste pour mettre le lecteur en émoi. « Il serait tout à fait mal venu d'imprimer cela dans un journal familial, expliqua le rédacteur en chef. Ils contiennent des déclarations on ne peut plus claires quant au crime prêté à la malheureuse en question, et ils sont de plus tournés avec un talent descriptif qui en rend la lecture très dangereuse. En pareilles circonstances, nous avons jugé plus sage de les omettre dans leur intégralité. » L'idée que certains types d'écrits étaient dangereux – particulièrement pour les jeunes femmes – était très répandue. Les coupables étaient le plus souvent des romans français ; mais le journal d'Isabella Robinson démontrait qu'une Anglaise de la classe moyenne était capable d'attenter à la décence avec sa plume.

Le tribunal des Divorces examinait l'adultère du point de vue de la partie lésée, offrant ainsi au public massé dans la salle et aux lecteurs de la presse le regard du cocu sur les liaisons illicites de sa femme. Le journal d'Isabella compliquait cependant cette perspective : apprendre les circonstances de sa découverte par Henry était certes propre à placer la cour dans la position du mari horrifié ; toutefois, en entendre des extraits revenait à adopter le point de vue de l'épouse, à se représenter l'adultère comme le considère une femme infidèle.

La lecture terminée, Chambers reprend la parole. « J'ai grand-peine à imaginer quelle sera la défense présentée par la partie adverse. J'ai cru comprendre qu'elle consistera à prétendre que les écrits de cette dame n'étaient que de simples hallucinations qui ne se rapportent nullement à des faits réels. » Et d'affirmer que ses témoins confirmeront la véracité du journal : « On verra que les témoignages sous serment que nous allons produire devant Vos seigneuries corroboreront maints détails importants du journal et montreront qu'il n'est pas improbable que ce qui y est décrit se soit produit. »

Henry Robinson avait réuni sept témoins en sa faveur : son père, son beau-frère, une nurse de ses enfants, ainsi qu'un patient et trois employés de Moor Park. Ces personnes attendaient d'être appelées sous la grande voûte de Westminster Hall, tribunal datant du quatorzième siècle qui servait désormais d'antichambre extravagante aux salles de construction plus récente qui le flanquaient à l'ouest. Les témoins se tenaient sous la haute charpente en carène renversée, la plus belle d'Angleterre, dans laquelle chaque poutre de chêne se termine par la sculpture d'un ange tenant un bouclier.

Chambers appela James Jay à la barre. Mr Jay, quarante-neuf ans, magistrat et conseiller municipal, marié à Sarah, la sœur de Henry Robinson, entra dans le prétoire par la porte voûtée la plus éloignée, située sur le côté droit de Westminster Hall. Il couvrit la distance le séparant des juges et gravit les degrés du box, ceinturé d'une main courante, qui flanquait l'estrade. Après avoir prêté serment, il déclara avoir assisté à Hereford, en février 1844, au mariage de Henry et d'Isabella en l'église médiévale St Peter, au bout de la rue qu'il habitait avec sa femme. Il confirma que lorsque Henry l'avait épousée, Isabella était veuve et mère d'un enfant. Les époux avaient vécu plusieurs années à Blackheath et, à chacune de ses visites, ils lui avaient paru en bons termes. Henry était, selon lui, un bon et affectueux mari.

On montra à James Jay les trois volumes du journal se rapportant à l'affaire et on lui demanda s'il reconnaissait l'écriture d'Isabella. Il répondit par l'affirmative.

Forsyth lui demanda s'il connaissait l'âge de Mrs Robinson. Il répondit que non, mais qu'elle lui paraissait avoir la cinquantaine. Ici se termina sa déposition.

Le témoin suivant était le père de Henry, qui avait emménagé à Londres avec sa femme et ses fils à la fin des années 1830. Un huissier accompagna James Robinson, âgé de soixante-douze ans, jusqu'à l'estrade, où il prêta serment. Il se borna à dire que les époux lui avaient semblé vivre en bonne intelligence.

Ce fut ensuite le tour d'Eliza Power, la nurse d'origine irlandaise allant maintenant sur la cinquantaine, qui s'était occupée des enfants Robinson pendant huit ans. Elle confirma que Henry était aimable avec sa femme et qu'à l'époque où la famille habitait Édimbourg ses obligations professionnelles l'obligeaient parfois à s'absenter.

La loi exigeait qu'un époux demandant le divorce pour cause d'adultère établisse avoir pris soin de sa femme et l'avoir traitée correctement. Les trois premiers témoins de Henry avaient témoigné dans ce sens.

Le déposant suivant fut Frances Brown, habitante d'Édimbourg âgée d'environ quarante-quatre ans. Un huissier la conduisit jusqu'au box. Elle en monta les marches et rabattit la main courante devant elle.

En réponse aux questions de Chambers, Miss Brown expliqua avoir fait la connaissance des Robinson vers la fin de l'année 1850 à Édimbourg, où elle et sa sœur les rencontraient fréquemment en société. En 1854, les deux sœurs étaient allées faire une cure chez le Dr Lane dans le Surrey.

« J'ai séjourné chez le Dr et Mrs Lane à Moor Park en octobre 1854 et je m'y trouvais quand Mrs Robinson est venue y passer environ trois jours ce même mois. »

Chambers voulut savoir si le Dr Lane et Mrs Robinson étaient intimes.

« Ils l'étaient dès l'époque où j'ai fait leur connaissance, répondit Miss Brown, mais je n'ai pas remarqué qu'ils l'aient été plus qu'en de précédentes occasions. »

Chambers l'interrogea à propos de la scène, décrite dans le journal, où Edward et Isabella, de retour le 7 octobre 1854 d'un épisode galant, s'étaient arrêtés pour parler aux deux sœurs. Miss Brown confirma tous les épisodes où elle avait joué un rôle. « Un dimanche après-midi, assez tard, ma sœur et moi avons rencontré le Dr Lane et Mrs Robinson qui rentraient de promenade. Ils arrivaient apparemment de la lande. Les abords de Moor Park sont peu boisés. Ils nous ont rejointes et nous avons échangé quelques mots. »

Chambers lui demanda si elle se souvenait d'avoir raconté ce soir-là, comme il était dit dans le journal, une histoire de fantômes à l'un des fils de Mrs Robinson. Elle acquiesça. Il lui demanda ensuite si elle se rappelait le départ de Mrs Robinson, départ qui, s'il fallait en croire le journal, avait été suivi d'ébats amoureux à l'intérieur de la voiture.

« Mrs Robinson est repartie de Moor Park la nuit en voiture, dit Miss Brown, et le Dr Lane l'a accompagnée à la gare. »

Soumise à un contre-interrogatoire, elle concéda que le Dr Lane « se montrait très attentif avec toutes ses patientes » de l'institut hydrothérapique. Avait-elle jamais pensé qu'une relation d'un genre déplacé avait cours entre le médecin et Mrs Robinson ? Non, jamais, répondit-elle. Combien de femmes mariées séjournaient-elles à Moor Park en ce mois d'octobre, s'enquit ensuite l'avocat de la défense, et le Dr Lane sortait-il se promener avec l'une ou l'autre ?

« Je me souviens de sept d'entre elles, déclara Miss Brown, certaines mariées, d'autres non. Le Dr Lane avait coutume d'aller se promener dans le parc avec différentes dames. »

Elle répondit à une série de questions sur les terres entourant la propriété, précisant qu'il y avait beaucoup d'arbres à proximité et que la lande se trouvait à peut-être un kilomètre et demi de la maison. À la question de savoir si Mrs Robinson était avec Alfred, son aîné, lorsqu'elle était partie pour la gare en compagnie du Dr Lane, Miss Brown dit que c'était probablement le cas.

Le greffier appela ensuite Levi Warren, garçon d'écurie employé par Edward Lane en 1854. Warren confirma que Mrs Robinson venait habituellement à Moor Park avec son fils, « Master Alfred », et que le docteur et elle sortaient souvent se promener ensemble. Puis il lâcha quelque chose qui fit l'effet d'une bombe :

« Je les ai aussi vus assis dans le pavillon d'été, lui la tenant par la taille. » Il précisa que ledit pavillon se trouvait sur une île de la rivière qui traversait le domaine, et qu'il les y avait aperçus seuls plus d'une fois.

Warren était le premier témoin à parler d'un comportement inconvenant entre Edward et Isabella. En termes juridiques, la scène qu'il venait de décrire était un « acte de proximité », ce qui ne permettait pas de prendre un couple *in flagrante*, mais suggérait fortement une relation illicite. Les actes de proximité pouvaient comprendre la correspondance secrète d'une femme avec un homme, le fait pour une femme de se rendre chez un homme non marié et qu'ils ferment les persiennes, ou de recevoir clandestinement un homme chez elle, ou bien encore, comme dans le cas présent, de se trouver dans un pavillon d'été avec un bras masculin passé autour de la taille.

Lors du contre-interrogatoire, le garçon d'écurie montra toutefois qu'il était de parti pris. Il ressortit qu'il connaissait de longue date Henry Robinson, en faveur de qui il témoignait. Il avait travaillé pour lui en 1851, et c'était grâce à sa recommandation qu'il avait obtenu cet emploi à Moor Park. Quand il avait ultérieurement quitté le service du Dr Lane (il trouvait la place « pénible » ; « elle ne [lui] plaisait pas »), Henry l'avait de nouveau aidé, le recommandant auprès d'un autre employeur.

Les avocats de la défense, conduits par Phillimore et Forsyth, établirent que Henry avait interrogé Warren sur les événements de Moor Park avec le concours d'un détective privé, l'ancien inspecteur de police Charles Frederick Field. Charley Field était un individu enjoué et astucieux, rondouillard et sans scrupules. Dickens s'en était inspiré pour le personnage de l'inspecteur Bucket dans *Bleak House* (1853). Depuis son départ de la police, Field était fréquemment recruté par des hommes cherchant à rassembler des preuves de l'infidélité de leur femme. Les avocats demandèrent à Warren s'il était exact qu'après son entrevue avec l'ex-inspecteur Field, il avait confié au maître d'hôtel de Moor Park n'avoir en fait jamais vu le Dr Lane tenir Mrs Robinson par la taille. Ils laissèrent entendre que Warren avait menti à la cour, ayant été stipendié par l'agent de Henry pour faire un faux témoignage.

Warren nia. Il dit avoir en effet parlé au maître d'hôtel de son entrevue avec Mr Field et Mr Robinson, mais ne lui avait nullement fait part d'une quelconque intention de mentir sur ce qu'il avait vu.

Les affaires de divorce reposaient souvent sur la déposition de gens de maison ou d'employés d'hôtel, car ceux-ci étaient les témoins les plus probables d'actes d'intimité illicite entre des membres des classes moyenne et supérieure ; mais les juges se méfiaient du témoignage de gens qui pouvaient être corrompus ou rancuniers. « Il convient de recevoir avec circonspection et discernement les déclarations de domestiques congédiés, préconisait un manuel juridique ; sans cela, notre situation deviendrait odieuse, nos tables et nos lits seraient environnés de chausse-trapes, et nos aises se changeraient en instruments d'alarme et de terreur. »

Deux autres employés de Moor Park furent cités. John Thomas Jenkins déclara que, selon lui, le Dr Lane témoignait beaucoup plus d'attention à Mrs Robinson qu'à n'importe quelle autre dame.

Les vit-il jamais échanger de quelconques privautés ? interrogea un avocat de la défense.

Non, jamais, concéda John Jenkins.

Sarah Burmingham, sœur du jardinier de Moor Park qui correspondait avec Darwin, livra un témoignage de même nature sur la proximité entre le Dr Lane et Mrs Robinson. Elle ajouta que cette dernière lui avait parlé du docteur comme d'un « très bel homme » et d'une personne « fascinante ».

La cour apprit encore – les articles de presse ne précisent pas par quel domestique – que le Dr Lane avait été vu sortant des appartements de Mrs Robinson ; que celle-ci avait été vue dans le bureau du médecin ; et qu'ils s'entretenaient à voix basse à la table du dîner.

Chambers déclara avoir fini d'exposer les arguments du demandeur.

Il revenait maintenant aux avocats d'Edward et d'Isabella de présenter ceux de la défense. Mais lorsque le Dr Phillimore, avocat de cette dernière, commença d'en exposer les grandes lignes, Cockburn l'interrompit. De sa voix claire et mélodieuse, le président de la cour déclara que tout cela n'était pas fait pour les oreilles féminines. Il proposa que la séance soit suspendue un court instant et qu'à la reprise, toutes les dames aient quitté la salle. Ses deux collègues le suivirent. Sans doute les journalistes se virent-ils décourager ou interdire, pour les mêmes raisons, de rapporter la suite de l'audience, puisque les journaux n'en dirent rien.

La majorité des demandeurs auprès du tribunal des Divorces, qui avait ouvert en janvier, étaient des hommes accusant leur femme d'adultère. La nouvelle législation en la matière stipulait que, pour obtenir le divorce, un mari devait se borner à établir l'infidélité de son épouse, alors qu'une femme devait prouver que son conjoint était non seulement infidèle mais également coupable d'abandon du domicile conjugal, de cruauté, de bigamie, d'inceste, de viol, de sodomie ou de bestialité. Ces deux poids, deux mesures se fondaient sur le danger social que représentait la femme adultère. Parce qu'elle prenait le risque de porter l'enfant d'un autre, l'épouse infidèle menaçait les certitudes en matière de paternité, de lien de parenté, de succession, fondements de la société bourgeoise. L'archétype anglais de la femme adultère était la reine Guenièvre, créature dont l'infidélité causa la chute du royaume de son époux. « L'ombre d'une autre s'attache à moi, déclare-t-elle dans *Les Idylles du roi* (1859) de Tennyson, Et me transforme en une souillure. »

L'adultère la plus fameuse de la littérature contemporaine était Mme Bovary, l'épouse provinciale recrue d'ennui du roman de Flaubert, paru en 1857.

Emma Bovary est agitée, sensuelle, mélancolique, imprégnée de fiction romanesque – un de ses livres préférés est *Paul et Virginie*, roman qu'Isabella cite à Edward en octobre 1854. Elle s'entiche d'un jeune clerc de notaire, qu'elle couvre de cadeaux. Dans l'épisode le plus scandaleux – supprimé pour la parution en feuilleton, mais replacé par Flaubert dans le roman publié –, ils commettent l'adultère dans une voiture.

Bien qu'indisponible en anglais pendant de nombreuses années, ce roman suscita aussitôt force commentaires dans la presse britannique. En 1857, un article de la *Saturday Review* décrit Emma Bovary comme un des personnages « les plus foncièrement répugnants » de la littérature. L'auteur clamait que les femmes de cette sorte menaçaient de détruire la société de l'intérieur. Il rassurait ensuite ses lecteurs : nul danger que « nos romanciers » attentent à la décence comme Flaubert avait pu le faire. Il les mettait toutefois en garde : les bonnes mœurs anglaises comportaient leurs propres risques. La réticence nationale concernant la sexualité pouvait finir par enflammer le désir : « Une littérature légère tout entière basée sur l'amour, et absolument et systématiquement muette sur un de ses principaux aspects, pourrait avoir tendance à stimuler des passions qu'elle est bien trop convenable pour jamais aborder. »

Une quinzaine de jours avant le début du procès Robinson, une toile représentant une femme adultère avait été présentée lors de l'exposition estivale de la Royal Academy, située à un kilomètre et quelques à l'ouest du tribunal des Divorces. Le panneau central du triptyque d'Augustus Leopold Egg montrait une famille de la classe moyenne dans son salon, le mari venant tout juste d'apprendre que sa femme l'a trahi.

Comme Henry Robinson, il a découvert la transgression de son épouse par le biais d'un écrit. Il est affaissé dans un fauteuil, les yeux dans le vague, une lettre à la main. Sous son talon, un portrait de l'amant de sa femme. Cette dernière est allongée de tout son long sur le très beau tapis, le visage caché entre les mains tant elle est recrue de honte. Leurs enfants, deux fillettes, sont momentanément distraites du château de cartes qu'elles construisaient dans un angle de la pièce, fragile édifice posé sur un livre d'Honoré de Balzac. Une moitié de pomme est tombée par terre à côté de l'épouse, emblème du fruit avec lequel Ève tenta Adam. L'autre moitié, dans laquelle un couteau est fiché, se trouve sur la table, près du mari.

Les panneaux disposés de part et d'autre de cette scène centrale dépeignent ce qu'il en découle pour la famille. La mère et les enfants ont été séparés par ce moment fatal de la révélation. À gauche, les fillettes, vivant ensemble dans un triste dénuement ; à droite, la mère, pelotonnée avec un nouveau-né sous le pont de Waterloo, endroit notoirement fréquenté par les prostituées et les personnes suicidaires, à un kilomètre et demi au nord du tribunal des Divorces. Sur la brique des piles du pont, deux affiches de théâtre annoncent des farces ayant un mariage malheureux pour sujet. La plus récente, *Victims* de Tom Taylor, donnée au Haymarket en juillet 1857, mettait en scène une femme pétrie de prétention intellectuelle qui méprisait son mari homme d'affaires et flirtait avec un jeune et pâle poète.

Le tableau d'Egg plongeait le spectateur dans le terrible drame d'un mariage en train de s'effondrer. En lieu de titre, le triptyque était accompagné de quelques lignes d'un journal intime fictif, ce qui renforçait le réalisme, l'immédiateté et le côté inachevé de l'histoire. « 4 août. Viens d'apprendre que B. est mort depuis plus de deux semaines, si bien que ses pauvres enfants ont désormais perdu leurs deux parents. Quant à elle, elle aurait été vue du côté du Strand vendredi dernier, manifestement sans feu ni lieu. Quelle chute que la sienne ! » Comme la plupart des représentations de l'adultère – et à la différence du journal d'Isabella Robinson –, la peinture ne donnait pas à voir l'électrisante transgression, mais la triste déchéance de la femme.

Le message était pourtant équivoque : d'un côté, il s'agissait d'une œuvre morale sur les conséquences affreuses de l'adultère ; d'un autre côté, cette œuvre pétrie de pathos présentait la femme et ses enfants en figures tragiques. Le *Times* note que cette toile « n'est pas facile à lire ». L'*Athenaeum* la juge « impure » : « Il doit exister une limite aux horreurs que l'on peut exposer en public à des yeux innocents, et nous estimons que Mr Egg a posé au moins un pied au-delà de cette démarcation. » En faisant s'exprimer les deux parties de l'histoire des Robinson, le nouveau tribunal était en train de franchir cette même périlleuse frontière.

8

J'ai tout perdu

1856-1858

En mai 1856, Isabella ne s'exprime presque plus sur sa propre histoire. Le journal s'interrompt au moment où il est saisi. Toutefois, dans une série de lettres adressées à George Combe au cours de l'année 1858, elle, Edward et Lady Drysdale donnent un aperçu des deux ans qui s'écoulent entre la découverte faite par Henry et la demande de divorce. Au fil de ces correspondances, George Combe revêt le rôle d'une sorte de juge, d'arbitre moral de l'affaire. Les lettres qu'il envoie et reçoit, aujourd'hui conservées dans les archives de la bibliothèque nationale d'Écosse, oscillent entre les domaines privé et public, entre l'univers du journal intime et celui du tribunal. Elles révèlent comment et pourquoi l'affaire a été portée devant la justice, en dépit des conséquences potentiellement terribles pour toutes les personnes concernées.

En juin 1856, Isabella, remise de sa maladie, rentre de France avec son fils aîné. Comme Henry refuse de la laisser réintégrer le domicile conjugal, elle et Alfred, maintenant âgé de quinze ans, séjournent brièvement à Albion Street, petite rangée de maisons cossues au nord de Hyde Park, puis emménagent à une trentaine de kilomètres vers le sud dans un cottage du bourg de Reigate, dans le Surrey. Dans « la tristesse et la solitude » de leurs deux pièces en location, écrit Isabella, elle s'abîme dans un « chagrin profond et permanent ». Elle a été exclue du monde et séparée de ses Otway et Stanley bien-aimés. Ils lui ont, dit-elle, été « arrachés » au moment où elle était anéantie par la maladie. Henry a gardé par-devers lui tout le mobilier et autres biens qui venaient de son côté à elle, ainsi que ses journaux intimes, poèmes, essais et correspondance, dont les lettres d'Edward Lane.

« J'ai tout perdu, écrit-elle, mais je me suis montrée négligente et maladroite, et je mérite donc de souffrir. » Durant de nombreux mois, elle se trouve « dans un état proche de la folie, envisageant sérieusement l'autodestruction ». Seul l'espoir d'être un jour réunie avec ses enfants l'a sauvée, dit-elle, du suicide.

Dans le courant de l'automne, elle se rend à Moor Park et apprend à Edward ce qui s'est passé à Boulogne, l'avertissant que Henry est résolu à se venger. Ayant mis la main sur tout ce qui lui était cher, il entend maintenant provoquer sa déchéance publique et la destruction de la famille qu'elle admire. Et il veut de l'argent.

Henry hait et envie Edward Lane, explique-t-elle à Combe. « Il a résolu de le ruiner si faire se peut. Il a déclaré haut et fort qu'il ferait fermer Moor Park. » Henry croit également, selon elle, qu'en la salissant il parviendra à conserver la plus grande part de ses biens, l'entretenant en « pauvre pensionnée suspendue à sa générosité ». Il lui a fait savoir sa décision de ne lui allouer que cent livres par an pour son entretien.

Henry a consulté des avocats. Son intention première était de poursuivre Edward en dommages et intérêts au motif de son « commerce criminel » avec Isabella, qui appartient selon la loi à son époux. Mais ses hommes de loi lui ont conseillé de ne pas engager les poursuites sur-le-champ. Sans doute ont-ils fait valoir qu'il a peu de chances de remporter un procès avec le journal intime pour seul élément de preuve, attendu que la loi exige alors deux témoins pour établir la réalité d'un adultère. En décembre 1856, il engage l'ex-inspecteur Charley Field dans le but de recueillir d'autres preuves.

Edward, qui souffre d'attaques répétées de dyspepsie, dirige toujours son établissement de Moor Park. Quand il découvre que le détective de Henry a questionné son personnel, il écrit à Isabella. Il envoie sa lettre par l'entremise d'un avocat du nom de Gregg, un ancien patient, et elle lui répond par le même truchement. Ce système garde leur correspondance secrète car elle est dissimulée dans des enveloppes adressées à ou libellées par un tiers, leur évitant ainsi, par exemple, la curiosité du personnel ou les questions d'une épouse ou d'une belle-mère. Edward espère dissimuler cette affaire à Mary et Lady Drysdale. Il convient d'un rendez-vous avec Isabella afin de parler de leur situation.

Ils prêtent à Henry le projet d'obtenir une séparation de corps. Isabella assure Edward que si son mari entame une procédure en séparation, elle endossera l'accusation d'adultère. De la sorte, elle évitera à Edward une implication dans l'affaire, si bien que son rôle dans l'histoire pourrait ne pas s'ébruiter. Elle écrira plus tard que la dernière parole qu'il lui dit fut que « quoi qu'il advînt, il saurait avoir souffert injustement ». En tant qu'auteur du journal compromettant, elle s'attribuait toute la faute.

Ils ne soupçonnent ni l'un ni l'autre que Henry a l'intention de chercher à obtenir le divorce, ce qui, sous le système alors en vigueur, est extrêmement compliqué et coûteux. Pour mettre fin à son mariage, un mari trompé doit se voir octroyer la séparation de corps par la cour ecclésiastique de Doctors' Commons, les dommages et intérêts par la cour supérieure de justice, puis obtenir un décret à titre privé du Parlement. Le coût peut atteindre plusieurs milliers de livres. Seulement trois cent vingt-cinq divorces comparables ont été accordés entre 1670 et 1857, soit en moyenne moins de deux par an.

Depuis le début des années 1850, le Parlement débattait d'une modification du droit afin de rendre la procédure plus juste, moins coûteuse, plus cohérente et transparente. Cela supposait un transfert de pouvoir du tribunal ecclésiastique sis à Doctors' Commons – décrit par Dickens comme un « petit groupe familial douillet, léthargique, vieillot, poussiéreux, somnolent » – à un nouveau tribunal, laïque celui-là. Les avocats de Henry l'avisent de ce que, s'il obtient la séparation de corps sous l'actuel système ecclésiastique, il y aura de fortes chances qu'un tribunal laïque institué par le Parlement lui accorde le divorce.

En avril, Henry sollicite une séparation de corps, et sa demande est notifiée à Isabella à la fin du mois.

George et Cecy Combe séjournent à Moor Park en juillet 1857 quand, apprenant la démarche de Henry, Edward Lane finit par révéler à sa femme et à sa belle-mère le désastre qui menace de s'abattre sur eux. Tous trois cachent ce tourment à leurs hôtes. Combe note tout au plus dans son journal que les deux femmes sont souffrantes. « Mrs Lane reste alitée après un coup de soleil reçu le 14 juillet au jardin zoologique », écrit-il le 25 juillet. « Lady Drysdale est tombée malade, le pouls à 120, avec un gros dérangement du système digestif. » Leurs maux « nous attristent ».

Il s'agit de la deuxième visite des Combe à Moor Park. George souffre de problèmes digestifs, Cecy de dépression nerveuse et d'anxiété. Ce séjour d'un mois leur est plaisant. Alentour, on moissonne les blés et les seigles, écrit Combe ; mûres et citronniers sont en fleurs. Les patients cueillent d'énormes fruits aux figuiers en espaliers du jardin clos et, à la nuit tombée, ramassent des vers luisants dans les sentiers. « Cecy et moi sommes allés nous promener dans le vallon, note-t-il encore le 25 juillet, et nous avons bien apprécié les zéphyrs parfumés et le paysage splendide. Nous nous sommes reposés sur le gazon bien sec, et elle a chanté de vieilles mélodies anglaises qui sont pour moi un ravissement. »

Les dépêches qui proviennent de temps en temps du monde extérieur dérangent la paix dont jouit le couple. Le 9 juillet, George remarque que les journaux sont pleins du procès de Madeleine Smith, fille d'un architecte de Glasgow accusée d'avoir empoisonné son amant, qui avait refusé de lui restituer de compromettantes lettres d'amour. Dans ces lettres, Miss Smith paraissait se féliciter de sa transgression sexuelle, note le juge, « y faisant allusion, en particulier dans un passage, en des termes que je ne rapporterai pas ici car jamais peut-être de telles choses n'avaient été relatées par écrit comme s'étant produites entre un homme et une femme ». Si sa conduite était choquante, bien pis le plaisir qu'elle prenait à l'évoquer. « La base du cerveau devait être volumineuse dans son ensemble, écrit Combe, et la région coronale déficiente. » Il s'agit là des caractéristiques mêmes – organe développé de l'amativité et organe réduit de la vénération – qu'il a relevées chez Isabella.

Le 3 août, jour du départ des Combe, Mary et sa mère semblent remises. Les Lane, Lady Drysdale et tous les occupants de la maison se rassemblent pour dire au revoir à leurs éminents amis. Une patiente, veuve de soixante ans résidant dans l'Aberdeenshire, prie Combe de lui donner une mèche de cheveux. Cecy est égayée par cette requête, surtout devant la difficulté rencontrée par George pour satisfaire son admiratrice. « Ce ne fut pas une mince affaire, écrira-t-il, car j'ai le cheveu si rare et si court. » Sur cette note enjouée, l'affectueux vieux couple prend congé des résidants de Moor Park et se rend en voiture à la gare de chemin de fer.

La famille d'Edward est jusqu'ici parvenue à dissimuler sa situation très critique, mais Henry Robinson œuvre contre elle. Quelques jours après le départ des Combe, il va voir Robert Chambers à Édimbourg pour lui soumettre le journal d'Isabella, prétendant être tombé dessus en allant, à sa demande, prendre quelque chose dans son secrétaire. « 9 août, note Chambers dans son journal. Mr H.O. Robinson est passé dans la soirée et m'a lu des extraits du journal de son épouse révélant l'évolution de la coupable affection qu'elle nourrit pour —— ——. Révélation singulière qui m'a fait veiller trois heures, avec un intérêt soutenu. » Même dans son propre journal, Chambers laisse en blanc le nom d'Edward Lane, conscient de ce que ces notes privées pourraient être elles aussi rendues publiques. Bien que Henry lui ait demandé de tenir l'affaire secrète pour le moment, il s'en ouvre à certaines de ses connaissances d'Édimbourg.

Plus tard dans le mois, le Parlement promulgue, comme l'espérait Henry, une loi instaurant une cour laïque des divorces, avec des procédures qui mettent à sa portée une dissolution pleine et entière de son mariage. En rendant le divorce plus accessible, le gouvernement de Lord Palmerston vise à réduire dans le pays le nombre des « unions irrégulières » en donnant aux femmes la possibilité d'échapper en toute légitimité à un époux violent et aux hommes celle de se défaire d'une épouse infidèle. L'ouverture de ce tribunal est programmée pour 1858.

D'ici là, Henry engage son affaire à Doctors' Commons et place Otway et Stanley à l'internat de Tonbridge School, dans le Kent. Il s'inscrit dans le registre en tant que révérend Henry Oliver Robinson, peut-être dans l'espoir de travestir son identité en vue du jour où sa demande de séparation de corps sera entendue en justice. Tonbridge, qui compte environ cent soixante élèves, est un collège de garçons traditionnel. Son principal est, selon un contemporain, « un maître strict, la badine toujours à portée de main ». Otway est sélectionné dans l'équipe de football à treize, qui pratique une version singulièrement féroce de ce jeu. « Quiconque détient le ballon peut être pris au collet, chargé, culbuté ou soumis à un croche-pied », prescrit la règle n° 13.

Le 3 décembre 1857, la cour ecclésiastique de Doctors' Commons, antique local voisinant avec la cathédrale Saint-Paul, se penche sur la requête de Henry Robinson sollicitant un divorce *a mensa et thoro* (de la table et du lit), ou séparation de corps. Les éléments à l'appui, présentés à huis clos, sont des extraits du journal intime de son épouse et le témoignage de deux membres du personnel de Moor

Park. Cette demande est l'une des dernières, peut-être la toute dernière, à être présentées sous l'ancien système. Ainsi qu'elle l'a promis à Edward, Isabella n'oppose pas de démenti. Son avocat se lève pour déclarer qu'il ne fait pas opposition de la part de sa cliente. La cour accorde la séparation à Henry, et le *Times* du lendemain consacre quelques lignes à l'affaire, ne faisant état ni des circonstances de l'adultère ni de l'identité de la présumée coupable.

Selon les clauses du contrat de mariage, Isabella conserve son revenu personnel après la séparation, même si les intérêts qu'elle perçoit sur son capital ont baissé. Une crise économique survenue à la fin de 1857 a en effet amoindri le rendement de nombreux investissements. Elle reçoit désormais environ trois cent quatre-vingt-dix livres l'an, ce qui, déduction faite des cent cinquante livres dépensées pour Alfred, lui laisse, dit-elle, « à peine de quoi vivre comme une dame de qualité » – trois cents livres par an était considéré comme le minimum requis pour subvenir aux besoins d'un ménage de la classe moyenne doté d'une domestique. Tant qu'elle vivait avec Henry, Isabella comptait parmi les personnes les plus aisées de sa classe sociale ; à présent, elle est bien près de ne plus en faire partie. Et Henry a bon espoir de réduire encore son revenu.

Ce même mois, Henry habite à Balmore House en compagnie d'Otway et de Stanley, rentrés pour les congés scolaires, et de l'une de ses deux filles illégitimes, qu'il projette de faire débuter dans la bonne société de Reading. Le 12 décembre, neuf jours après avoir obtenu la séparation de corps, il écrit à Robert Chambers pour l'autoriser à divulguer le détail du journal auprès de leurs amis communs d'Édimbourg. L'avocat raconte l'histoire des frasques « exaltées et révoltantes » d'Isabella à George Combe, lequel à son tour en fait part à son ami Sir James Clark.

Clark, qui avait soigné Keats à Rome pendant les derniers accès de sa maladie, comptait parmi les médecins favoris de la reine Victoria. C'était grâce à lui que Combe avait pu lire le crâne des enfants royaux. Ce dernier lui présente de profuses excuses pour l'avoir présenté aux habitants de Moor Park, ajoutant que, bien qu'il ne doute pas qu'Isabella soit la grande responsable dans cette affaire, le docteur va « payer un bien triste tribut ». Il note également que, d'après ce qu'on dit, Henry Robinson « n'a pas lui non plus respecté le pacte conjugal ».

Edward se trouve à Londres pour Noël, dans sa maison de six étages de Devonshire Place, quartier de Marylebone. Il a avec lui sa femme, sa belle-mère, ses enfants et ses trois beaux-frères. George Drysdale exerce maintenant comme médecin, ayant obtenu son diplôme à Édimbourg en 1855. Quant à Charles, il suit des études de médecine, ayant abandonné cette année-là sa carrière d'ingénieur.

Le 28 décembre 1857, Edward apprend que circule la rumeur de son écart de conduite. Il s'adresse le lendemain à Combe pour apporter un « démenti catégorique, net et péremptoire » quant à sa liaison présumée avec Isabella, ajoutant qu'il ne s'explique pas ces entrées du journal où il est question de lui – Isabella doit être « à demi folle », écrit-il. Si elle ne s'est pas opposée à la séparation de corps, dit-il à Combe, c'est qu'« elle [lui] a causé un tort incalculable et a résolu, quoi qu'il puisse en coûter, de ne pas l'aggraver encore en mêlant publiquement [son] nom à pareil scandale ». Deux jours plus tard, le 1er janvier 1858, Lady Drysdale écrit à son tour aux Combe : « Vous me croirez quand je vous dirai solennellement que Lane est en tout point innocent

– et même que, les fréquentes fois où Mary et moi agitions la nécessité d'inviter cette malheureuse femme [...], car elle avait un bien triste ménage, Lane répugnait à céder à nos instances, la trouvant assommante. »

Edward se rend à Édimbourg le samedi 2 janvier afin de se défendre en personne. Il prend le train de neuf heures et quart du matin et arrive dans la capitale écossaise aux environs de dix heures du soir. Le lendemain matin, il s'entretient durant deux heures et demie avec George Combe à son domicile de Melville Street. Il proteste farouchement de son innocence. Ces fameux passages du journal ne sont que chimères ; la foi défaillante d'Isabella l'a fait « s'écarter complètement du sens commun comme des convenances les plus élémentaires ». Dans les pages de ce journal, « réalité et fiction sont imprudemment mêlées » et « les rênes trop souvent lâchées à une imagination aussi lascive que morbide ». Et Edward d'affirmer qu'il n'a jamais fait la moindre avance à Isabella à l'époque d'Édimbourg. Du reste, lors de leurs sorties en voiture jusqu'à la côte, il emportait toujours un livre afin de se ménager la possibilité d'échapper à sa conversation « superficielle ». « Je n'ai jamais écrit à Mrs R. une ligne qui ne se pourrait lire à voix haute sur la grand-place. » Edward confie encore à Combe qu'il brûle de poursuivre Henry en diffamation, mais que son avocat lui a déconseillé de faire quoi que ce soit de nature à donner du retentissement à cette histoire, car sa réputation « pâtirait autant d'un succès que d'un échec ».

L'indignation d'Edward était sincère. La façon dont Isabella avait vécu leur relation ne ressemblait probablement que fort peu à sa façon à lui de l'envisager. Les termes sentimentaux en lesquels elle relatait leurs sorties, la passion et le désir qu'elle lui prêtait, pouvaient en effet lui paraître relever du fantasme et devoir plus au romanesque qu'à la réalité. Le ton enflammé de certains passages du journal pouvait même donner à penser qu'ils avaient eu des rapports sexuels, alors qu'il n'en était rien. Et puis elle avait fait preuve de négligence : en tenant un journal qu'elle laissait traîner, elle l'avait précipité de façon inconsidérée, lui et les siens, dans la tourmente. Le seul recours d'Edward consistait à opposer sa parole au contenu de ce journal, à affirmer qu'Isabella avait tout inventé. Il s'en prit à son amie de naguère. Elle était « une personne insensée, une fabulatrice exaltée, écrit-il, une abominable folle » se répandant en « élucubrations ineptes ».

Edward enrageait du contraste entre sa situation et celle de Henry Robinson. Comme il le dit à Combe, Henry ressortait du journal comme « le couronnement de la méchanceté, de la mesquinerie, de la malhonnêteté et de la cruauté humaines » ; son comportement avait laissé Isabella « désireuse d'échapper, presque à tout prix, à une union qui lui avait rendu la vie quasi intolérable ». Et pourtant ce mari odieux, connu pour avoir une maîtresse et des enfants illégitimes, était parfaitement innocent aux yeux de la loi.

George Combe se laisse gagner à la cause d'Edward. « J'ai été profondément ému par la détresse de ce pauvre Lane, rapporte-t-il à Sir James Clark. Lane est un homme brisé. Quant à Lady Drysdale et Mrs Lane, elles sont tenaillées par la peur que tout cela ne s'ébruite. » Ayant si chaudement recommandé Moor Park à ses amis, Combe se sent personnellement responsable de l'honneur du médecin. Il s'applique à prendre ses distances avec Isabella. Elle « professait un grand intérêt pour la nouvelle philosophie, dit-il à Clark, mais Mrs Combe et moi ne l'avons jamais appréciée ». Quoiqu'elle fût « une femme intelligente », sa « région coronale déficiente conférait à ses manifestations intellectuelles un ton terne et sans relief qui lui ôtait tout intérêt à nos yeux ».

Les amis de Combe ne laissent pas d'être étonnés par cette histoire. Isabella Robinson est, selon Sir James Clark, « une femme hors du commun, la première [...] à avoir jamais tenu la chronique de sa propre infamie ». Marmaduke Blake Sampson, responsable des pages financières du *Times* et ardent défenseur de la phrénologie, estime que, même s'il n'est pas coupable d'adultère, Edward Lane est en partie responsable : « En participant aux sorties matinales de cette femme et en laissant leurs enfants se fréquenter, il [...] faisait plus grand cas d'elle qu'il n'est loisible à un homme sérieux occupant la position qui est la sienne. Il a touché la poix et s'en est trouvé souillé. S'il reconnaissait les conséquences naturelles de son manque de discernement, de réserve et de prudence, j'aurais plus confiance dans les déclarations qu'il pourrait faire que je n'en puis éprouver quand il se pose en victime. »

Deux jours après la visite d'Edward à Édimbourg, Henry Robinson envoie à Combe sa propre version de l'affaire. Il affirme, non sans fourberie, avoir voulu éviter de lui infliger cette douloureuse histoire, mais il vient d'apprendre par Robert Chambers qu'elle lui est déjà parvenue aux oreilles – à présent « ma plume est libérée, et j'obéis à l'élan naturel d'informer de ce triste épisode une personne aussi bienveillante que respectée ». Il assure Combe de son souci de corriger toute présentation déformée qu'Isabella aurait pu propager. Il dépeint la consternation, le chagrin, la surprise et l'horreur éprouvés en parcourant le journal de sa femme et en faisant la « terrible découverte » qu'elle projetait une « intrigue amoureuse » avec Eugène Le Petit, « bien qu'il fût permis d'espérer qu'elle n'avait pas atteint une dimension criminelle ». Il dit avoir été encore plus épouvanté en découvrant que sa femme était dès 1850 « l'esclave d'une passion pour le Dr E. L. », qui, en 1854, a évolué en « promiscuité criminelle ». Il propose enfin à Combe de lui montrer le document incriminant Edward, à la condition qu'il en use de manière « strictement confidentielle et privée ».

Combe décline : « Pour ce qui est de votre proposition de me soumettre, *à titre confidentiel*, la preuve de sa criminalité, cela ne ferait que compliquer nos difficultés ; car je ne pourrais demander d'explications au Dr Lane, et il nous faudrait alors le condamner sans avoir entendu ce qu'il a à dire pour sa défense. »

Henry et Isabella ont violé la frontière entre domaines privé et public, elle en parlant d'Edward dans son journal intime, lui en lisant et en disséminant ces écrits secrets. Combe réagit promptement en s'efforçant de restaurer la distinction entre informations confidentielles et informations accessibles à tous. Il fait scrupuleusement la part entre déclarations publiques et allégations murmurées à voix basse, matière à procès-verbal et rumeurs. En refusant de lire le journal, il rend plus aisée sa croyance en l'innocence d'Edward.

Celui-ci le remercie de sa protection : « Vous avez agi à mon endroit non seulement en ami bienveillant mais aussi en homme d'honneur, résolu à ce que, à tout le moins, dans la mesure de votre pouvoir, je ne sois pas poignardé dans le noir. » Henry, par contraste, se comporte de façon « sournoise », « fourbe et malveillante ».

Edward conserve l'espoir de contenir le scandale. « Je m'adresse à vous, écrit-il à Combe, comme un fils à son père », approche qui évoque la franchise mais aussi la confidentialité du cercle familial. Il rappelle à Combe « le caractère particulier de [sa] position, qui fait qu'éviter toute publicité est d'une si grande importance ». Lady Drysdale va dans le même sens : « Puis-je [...] vous prier instamment, vous et Mrs Combe, de tenir ce courrier pour *strictement confidentiel*, car je suis chaque jour plus certaine que le *silence* est notre seule sauvegarde. »

Un scandale impliquant une autre Mrs Robinson avait éclaté en 1857, et avec lui une controverse portant sur la publication de potins à caractère privé. En mars, la romancière Elizabeth Gaskell fit paraître une biographie de Charlotte Brontë, disparue en 1855, dans laquelle elle décrivait une liaison entre Branwell, le frère de Charlotte, et Lydia Robinson, femme mariée, « mûre et immorale » qui l'avait employé dans les années 1840 comme précepteur de ses fils. « Ce cas présente l'inverse des caractéristiques habituelles, écrivait Mrs Gaskell : l'homme devint la victime, sa vie fut brisée, il en fut dépossédé par la souffrance et une culpabilité née de la culpabilité ; sa famille fut frappée du plus cuisant opprobre. » En mai 1857, la femme en question, à présent Lady Scott, menaça les éditeurs de Mrs Gaskell d'une action en justice, avec pour résultat que le livre fut retiré de la vente et remanié.

Quand le tribunal des Divorces et Affaires matrimoniales ouvrit, au début de l'année 1858, Henry Robinson fut la onzième personne à déposer une demande en divorce *a vinculo matrimonii* – des liens du mariage. Cette forme de divorce avait le même effet que la mort d'un conjoint : si Henry gagnait son procès, il serait libre, tel un veuf, de reprendre femme.

Les audiences du nouveau tribunal étaient ouvertes au public. La cour souhaitait qu'on la vît protéger et punir, définir ce qui était permis au sein du mariage, tout en exposant de façon éclatante la honte promise à ceux qui se rendaient coupables de transgression. Parmi les éléments clés de la loi sur le divorce figuraient une disposition concernant la protection des biens des femmes mariées, qui permettait aux épouses trompées de conserver leurs revenus, ainsi qu'un assouplissement des critères requis pour prouver un adultère. Surtout, la procédure avait été simplifiée. Avant 1858, Henry Robinson et d'autres comme lui n'auraient pas eu les moyens financiers d'un divorce.

Ayant déjà convaincu le tribunal ecclésiastique de l'infidélité d'Isabella, Henry avait de bonnes raisons de penser que la nouvelle instance lui accorderait ce qu'il demandait. Là où la cour de Doctors' Commons avait exigé deux témoins, celle-ci n'en demandait qu'un. Un guide de 1860 explique la chose ainsi : « Requérir expressément la déposition de deux témoins sur des faits qui ne sont que rarement autres que secrets revient, dans la plupart des cas, à entraîner déboutement et déni de justice. » L'avocat de Henry n'était pas non plus tenu d'établir l'adultère au-delà d'une quasi-certitude ; attendu que le procès relevait du droit traditionnel ou *common law* plutôt que du droit pénal, il lui suffisait de persuader les juges que ses arguments étaient plus vraisemblables que ceux d'Isabella.

Les avocats de Henry l'avisèrent que, bien que ses arguments contre Edward Lane fussent minces en comparaison, un homme demandant le divorce était désormais tenu de citer comme codéfendeur l'amant présumé de son épouse. Cela pouvait jouer à son avantage, financièrement parlant : s'il gagnait, Edward pouvait être condamné à lui régler les dépens ainsi que des dommages et intérêts. En février 1858, Henry assigna Edward et Isabella.

Devant la cour ecclésiastique, Isabella avait protégé Edward en ne contestant pas la demande de Henry ; il était en revanche impossible de tenir le médecin en dehors de la procédure laïque. Désormais, pour protéger Edward, elle allait devoir nier l'adultère.

Les défenseurs d'Edward et d'Isabella se rencontrèrent afin de mettre en forme leurs arguments. Le 22 avril, par le truchement de son avocat, Isabella nia l'adultère, et Edward agit de même le lendemain. Afin que son avocat puisse s'en servir pour sa défense, il fit transcrire le journal intime par des copistes pour un coût de cent cinquante livres.

Au cours des cinq premiers mois de 1858, cent quatre-vingts demandes furent soumises aux juges du tribunal des Divorces. Il fallut attendre le lundi 10 mai pour que la cour accorde son premier divorce, à la suite de quoi la cadence s'accéléra : le lendemain à midi, elle avait prononcé huit divorces. « Je ne puis qu'exprimer ma satisfaction devant la façon dont fonctionne la nouvelle loi, déclara Lord Campbell, le grand chancelier, qui avait aidé à en rédiger les termes. Désormais, toutes les classes se trouvent sur le même pied. »

Plusieurs des tout premiers demandeurs furent des avocats. En tant que juristes, ils furent prompts à mesurer les possibilités de la nouvelle loi ; et il s'agissait, tout comme Henry Robinson, d'hommes modernes appartenant à la classe moyenne, plus soucieux de vengeance que de réputation, plus désireux de recouvrer leur liberté que de préserver l'honneur de leur famille. Les dépositions relevaient inévitablement du sordide. Le 12 mai, un avocat du nom de Tourle accusait sa femme d'avoir séduit le fils du voisin. Ses témoins étaient son neveu, qui avait trouvé Mrs Tourle et le jeune homme en question dans le salon de cette dernière, tous deux « empourprés et gênés » ; et sa domestique, qui affirma avoir vu dans la salle à manger, un après-midi de novembre 1856, le bras du garçon passé à la taille de la dame ; un cocher de fiacre, qui déclara avoir vu le couple échanger des baisers dans les bois au cours de l'été 1857 ; et le personnel d'un hôtel d'Albermarle Street à Londres, qui certifia qu'ils y avaient partagé une chambre. Sur la base de ces déclarations décrivant un couple loin du flagrant délit, le divorce fut accordé.

Tout en expédiant ainsi les affaires, les juges définissaient les actes de cruauté, preuves de l'adultère, limites de la domination d'un homme sur sa femme et ses enfants. Ce faisant, ils accablaient le public d'histoires de malheur domestique. « Toute personne à qui l'on parle de telle ou telle union malheureuse, lisait-on à la fin de mai dans un éditorial du *Daily News*, rapproche aussitôt ce cas d'un autre cas, ce qui amène à en évoquer un troisième ; en sorte que l'imagination se retrouve hantée par des images de foyers désastreux. » Jusqu'à la reine Victoria, qui parut soudain s'inquiéter pour l'institution : « Je pense que l'on se marie bien de trop, écrivait-elle en mai à sa fille Vicky, jeune mariée. C'est en définitive une telle loterie, et pour une pauvre femme un bonheur très incertain. » Charles Dickens, dont les romans avaient beaucoup fait pour glorifier le foyer de la moyenne bourgeoisie victorienne, venait lui-même de verser dans une crise domestique. Le vendredi 11 juin, trois jours avant que s'ouvre l'affaire Robinson, il publia une déclaration annonçant que sa femme Catherine et lui avaient signé un acte de séparation. En effectuant ainsi un arrangement privé, il s'évitait au moins le battage du prétoire. Il réfuta par voie de presse des rumeurs selon lesquelles il avait commis l'adultère tantôt avec une jeune actrice, tantôt avec la sœur de sa femme. Le « souffle de ces calomnies », déclara-t-il, avait assailli ses lecteurs « tel un air fétide ».

9

Brûlez ce livre et soyez heureux !

Westminster Hall, le 15 juin 1858

Quand arriva le mardi 15 juin, la nouvelle du procès Robinson s'était déjà largement répandue. Lorsque la cour se réunit ce matin-là à 11 heures, plusieurs éminents juristes se pressaient pour assister à l'audience dans une salle où régnait une atmosphère étouffante. Parmi eux, Henry Brougham, ancien grand chancelier d'Angleterre, fameux pour avoir, dans les années 1820, défendu avec succès la reine Caroline, accusée d'adultère par George IV, qui cherchait à divorcer d'elle. Peut-être Lord Brougham avait-il connaissance de l'ascendance d'Isabella, bien qu'elle ne fût jamais mentionnée au cours du procès ; trente et quelques années plus tôt, il avait en effet siégé à la Chambre des communes au côté du grand-père de cette dernière, John Christian Curwen, comme lui grand propriétaire terrien du nord-ouest de l'Angleterre. Les premiers articles sur l'affaire *Robinson contre Robinson et Lane* parurent ce même jour dans la presse.

À la tête du tribunal des Divorces depuis le mois de janvier, Sir Cresswell était, des trois juges, le plus au fait des subtilités de la nouvelle loi ; mais c'est Sir Alexander Cockburn qui allait dominer les débats. Cet homme aimait occuper le premier plan ; or le procès Robinson faisait déjà plus sensation que tous ceux déjà jugés par cette cour. De plus, Cockburn s'intéressait tout spécialement aux allégations de démence. Il s'était fait un nom au barreau en 1843 lorsqu'il avait obtenu un acquittement en plaidant la folie. Il avait convoqué neuf médecins au tribunal de l'Old Bailey pour qu'ils attestent que Daniel M'Naghten, son client, se trouvait dans un état de « violent et redoutable égarement » au moment où il avait tenté d'assassiner Robert Peel, le Premier ministre. Le verdict avait révolutionné les idées en matière d'aliénation mentale et de responsabilité pénale, et plaider la folie était devenu chose courante dans les affaires de crime de sang. Un avocat pouvait désormais soutenir que son client, en apparence sain d'esprit, avait agi lors d'un accès de démence – ou, comme l'avanceraient les avocats lors du procès d'Isabella, avait fait de faux aveux sous l'empire de la déraison.

Forsyth, défenseur d'Edward Lane, parla en premier. D'ordinaire, c'était l'avocat du défendeur plutôt que celui du codéfendeur qui s'adressait d'abord aux juges, mais Isabella avait accepté que cela se déroule ainsi ; cela signifiait que les avocats d'Edward seraient en mesure de soumettre ses témoins à contre-interrogatoire, et non l'inverse. Leur espoir était que les accusations pesant contre Edward s'effondreraient rapidement, et avec elles celles à l'encontre d'Isabella.

« Mon éminent confrère, commença Forsyth, a reconnu ne pas disposer de suffisamment d'éléments de preuve pour convaincre le codéfendeur. Cependant, les conséquences de la suspicion sont si graves aux yeux du Dr Lane que je ne me sens pas fondé à laisser passer l'occasion de m'adresser à Vos Seigneuries et de citer des témoins. L'honneur, la réputation, le bonheur domestique et les moyens d'existence du Dr Lane sont en jeu dans cette affaire. »

La cour, notait-il, avait jugé le journal intime recevable contre Isabella, mais non contre Edward. « En ce qui concerne mon client, ce journal doit être considéré comme inexistant, comme s'il n'avait jamais été écrit. Nous rejetterons en conséquence toute évocation et prise en compte de cette pièce. »

Abstraction ainsi faite du journal, poursuivit-il, « pouvait-on imaginer arguments plus minces sur lesquels fonder une semblable accusation ? Voici le Dr Lane, homme jeune ayant femme et enfants, accusé d'adultère avec une dame de cinquante ans au motif qu'on l'a vu se promenant avec elle dans le parc, lui parler à voix basse à la table du dîner, lui tenir compagnie dans son bureau, pièce où défile toute la maisonnée, vu, enfin, sortir une fois des appartements de la dame en question. »

Il rappela à la cour que le médecin fréquentait de manière identique toutes les patientes de Moor Park. « Le Dr Lane s'était vu demander par la mère de Mrs Lane de se montrer prévenant envers Mrs Robinson – de faire des sorties en voiture avec elle, de l'emmener monter à cheval et de se promener avec elle dans le parc. Nous citerons plusieurs patientes de l'établissement qui témoigneront n'avoir jamais rien observé les conduisant à supposer que la moindre ombre de suspicion pût peser contre les parties. J'affirme sans crainte que, exception faite de la déposition du témoin Warren, il n'y a absolument rien en la matière qui soit de nature à susciter des soupçons. La partie adverse ne s'est pas risquée à produire une seule lettre du Dr Lane à Mrs Robinson, bien que ceux-ci en aient échangé un grand nombre. Il a été rapporté que le Dr Lane a un jour été vu ressortant des appartements de Mrs Robinson ; or il se trouve que mon client a coutume de rendre visite à toutes ses patientes. Peut-être Mrs Robinson était-elle souffrante ; rien de plus naturel en pareil cas que le Dr Lane ait poussé jusqu'à sa chambre. » Et d'assurer à la cour : « Nous ferons litière des plus infimes bribes ou parcelles de soupçon pesant contre le Dr Lane. »

Le premier témoin de Forsyth était Auguste Giet, ancien maître d'hôtel de Moor Park, dont une des tâches consistait à administrer l'office, situé près du bureau du médecin.

Giet déclara que Levi Warren, le garçon d'écurie qui avait déposé le jour précédent, avait fait en 1856 le voyage de Moor Park à Londres. À son retour, le jeune homme lui avait confié avoir eu une entrevue avec l'ex-inspecteur Field et Henry Robinson, à qui il avait dit « n'avoir jamais vu le Dr Lane enlacer la taille de Mrs Robinson ». Et d'ajouter : « Il m'a assuré, moi aussi, ne les avoir jamais vus dans cette position. »

Forsyth présenta deux lettres que Warren avait écrites à Giet. Il demanda à ce dernier de confirmer qu'elles étaient bien de la main de Warren. Giet le confirma. L'avocat montra ensuite aux juges une de ces lettres, dans laquelle Warren demandait au maître d'hôtel de ne pas ébruiter ce qu'il lui avait soufflé.

Puis Forsyth voulut savoir si Giet se souvenait de Mrs Robinson à Moor Park. Giet répondit par l'affirmative, précisant toutefois qu'il ne l'avait jamais vue se promener avec le Dr Lane.

En ce qui concernait l'emplacement du bureau dans lequel Isabella et Edward avaient prétendument commis l'adultère, Giet confirma que les domestiques l'empruntaient communément en guise de raccourci entre l'office et la salle à manger.

Forsyth invita le maître d'hôtel à regagner sa place. Même en l'absence de ce témoignage, on aurait aisément pu disqualifier les déclarations d'un garçon d'écurie mécontent de son employeur ; à présent, les juges pouvaient les ignorer en bloc.

Forsyth appela Caroline Suckling, âgée de cinquante-trois ans, épouse du capitaine William Suckling, qui était un parent éloigné de Lord Nelson. Les Suckling faisaient des séjours réguliers à Moor Park. George Combe y avait fait leur connaissance en 1856, se prenant d'antipathie pour Florence Horatia Nelson Suckling, leur fille de huit ans. Il la décrivit dans son journal comme « une enfant et héritière unique et gâtée, au sujet de laquelle [il avait] conseillé sa mère ».

Mrs Suckling déclara avoir séjourné à Moor Park au mois de septembre 1854 et conserver un souvenir précis de la présence de Mrs Robinson.

« Je n'ai jamais remarqué la moindre communication particulière entre le docteur et cette dame. J'ai vu Mrs Robinson discuter avec lui, conversations auxquelles je me joignais souvent ; mais il n'y avait de la part du Dr Lane aucune différence de traitement entre Mrs Robinson et n'importe quelle autre dame. »

Forsyth interrogea Mrs Suckling à propos de Mary Lane.

« Le docteur et Mrs Lane étaient dans les meilleurs termes, répondit-elle. Elle devait avoir dans les vingt-cinq ans et était amie avec Mrs Robinson. »

En réponse à d'autres questions sur la nature de la relation des intéressés, elle dit les avoir vus une fois déambuler sur la terrasse située devant la maison.

« Mais le docteur avait coutume de se promener tour à tour avec chacune des patientes et chacun de ces messieurs sur la terrasse et dans le parc. »

Mrs Suckling quitta la barre, et Forsyth y appela Lady Drysdale. Edward, en sa qualité de codéfendeur, n'était pas habilité à témoigner devant la cour, non plus que Mary, puisqu'elle était son épouse. Lady Drysdale pouvait en revanche déposer en faveur de son gendre.

En réponse aux questions de Forsyth, Elizabeth Drysdale déclara habiter avec sa fille et Edward Lane depuis leur mariage. Elle dit que les Lane avaient été très liés et de longue date à la famille Robinson. Forsyth l'interrogea sur le comportement du Dr Lane à l'endroit de Mrs Robinson.

« Il a toujours eu avec elle exactement la même attitude qu'avec les autres dames de la maison, répondit Lady Drysdale. Il m'est souvent arrivé de demander au Dr Lane de se montrer très attentionné avec Mrs Robinson. »

Pourquoi cela ? s'enquit Forsyth.

« Parce que je pensais que son ménage était malheureux. »

Il lui demanda si elle avait à l'époque connaissance des promenades du médecin avec Mrs Robinson.

« Mrs Lane et moi étions toujours au courant quand il sortait avec elle en voiture ou bien à pied. Il avait l'habitude d'arpenter le parc avec différentes dames séjournant dans l'établissement. »

Avait-elle jamais observé des familiarités déplacées entre le Dr Lane et Mrs Robinson ?

Lady Drysdale répondit par la négative.

Ici prirent fin les questions de Forsyth.

Jesse Addams, qui assistait Montagu Chambers, avocat de Henry Robinson, se leva pour soumettre Lady Drysdale à un contre-interrogatoire.

Il représentait Henry au mois de décembre lorsque ce dernier avait obtenu du tribunal ecclésiastique la séparation de corps. De même, Isabella recourait aujourd'hui à son avocat du procès précédent, le Dr Phillimore, tandis qu'un dénommé James Deane figurait parmi les défenseurs d'Edward Lane. Ayant pratiqué à Doctors' Commons, ces hommes étaient docteurs en droit civil, et leur qualité d'avocats de la Couronne les qualifiait pour exercer au nouveau tribunal.

Addams demanda à Lady Drysdale de décrire le tempérament de Mary Lane.

« Ma fille est une personne d'un naturel très doux.

— Quel âge avait-elle à l'époque de la liaison présumée ?

— Autour de vingt-sept ans.

— Et elle était très peu méfiante ?

— Elle ne se méfiait pas de son mari. Elle n'avait aucune raison de le faire. »

L'avocat lui demanda l'âge de Mrs Robinson.

« L'âge de la plupart des patientes tourne autour de cinquante ans, peut-être cinquante-cinq ans. Je dirais que Mrs Robinson avait cinquante-cinq ans, mais j'ai peur de dire trop. »

Là-dessus, quelques personnes rirent dans le public.

Isabella avait en fait quarante et un ans à l'époque des faits présumés. Même si elle ignorait ce point, Lady Drysdale savait certainement que sa fille avait trente et un ans et non pas vingt-sept à l'époque de la supposée infidélité de son mari.

Un des juges lui demanda comment les Robinson et les Lane étaient devenus à ce point proches.

« Mrs Robinson se montrait particulièrement gentille avec les enfants du Dr Lane, mes petits-enfants, et c'est ce qui les a rapprochés. »

Lady Drysdale fut invitée à se retirer. Le *Morning Post* qualifierait d'« on ne peut plus saisissant et touchant » son exposé de la confiance réciproque qui avait existé entre son gendre, sa fille et elle-même.

Le témoin suivant cité par Forsyth fut Mr Reed, géomètre de son état, qui avait dressé un plan de la propriété de Moor Park. Montrant à l'aide de ce plan l'emplacement du pavillon d'été, il certifia qu'une personne placée là où Levi Warren avait dit s'être tenu n'aurait absolument pas pu voir ce pavillon, et moins encore distinguer le bras du Dr Lane passé à la taille de Mrs Robinson.

Le dernier témoin à décharge fut le Dr Mark Richardson, ancien chirurgien dans l'armée du Bengale, présent à Moor Park à l'époque où Mrs Robinson y avait séjourné en 1856. Comme tous les anciens patients de l'établissement avant lui, il affirma sous serment que le Dr Lane s'était comporté avec elle exactement de la même manière qu'avec les autres dames alors sur place.

Pour le résumé, Forsyth laissa la parole à son assistant, John Duke Coleridge, petit neveu du poète. Coleridge réitéra devant la cour qu'il n'existait pas d'élément de preuve à l'encontre d'Edward Lane.

Il revint ensuite à Phillimore d'exposer les arguments d'Isabella. Cela paraissait une gageure, d'autant qu'il n'avait pas du tout plaidé à décharge lorsqu'il la représentait à Doctors' Commons. Mais les règles avaient changé, notamment celle exigeant que le plaignant identifie publiquement l'amant présumé de sa femme.

« Il s'agit d'une des plus remarquables affaires dont j'aie eu connaissance, commença-t-il. Il semble admis que la charge à l'encontre du Dr Lane ne repose sur rien d'autre qu'un journal intime qui ne peut être retenu contre lui ; il est, par voie de conséquence, possible que le Dr Lane bénéficie d'un non-lieu par le fait qu'aucun adultère n'aura été prouvé contre lui ; cela, alors même que le mariage de Mrs Robinson sera dissous au motif que son infidélité avec le susnommé aura été prouvée. Est-il besoin de dire quelle position de jurisprudence représenterait pareil état de choses ? » Comme il le fit remarquer, juger Mrs Robinson coupable et le Dr Lane innocent rendrait le moment de leur intimité à la fois réel et irréel, en ferait à la fois une réalité et une fiction. On en viendrait peut-être à prouver qu'elle avait eu un commerce sexuel avec lui, cependant qu'il serait disculpé de tout commerce sexuel avec elle.

Robert Phillimore, la mâchoire volontaire, sûr de lui, avait plus de quinze années d'expérience tant en droit canon qu'en droit civil. Il avait acquis dans les cours ecclésiastiques une profonde connaissance des précédents en matière de législation sur le mariage ; et il était tout aussi familier du fonctionnement et des personnalités du système laïque. Ancien membre du Parlement, fils et frère d'éminents juristes, en excellents termes avec l'ancien chancelier (et futur Premier ministre) William Gladstone, il avait de nombreuses relations et était très apprécié. Sans doute ignorait-il que Gladstone rédigeait dans les années 1850 un journal secret dans lequel il tenait la chronique de son « travail de sauvetage » auprès des prostituées et de ses subséquents épisodes d'autoflagellation repentante.

Cockburn ne partageait pas la vision de Phillimore selon laquelle l'affaire Robinson était devenue absurde. Supposons qu'une épouse ait avoué un adultère, dit le juge, mais qu'elle ait dissimulé l'identité de son amant en lui substituant le nom d'un tiers. La cour ne pourrait certes condamner celui qu'elle a faussement accusé, mais pourrait la condamner, elle.

« Vous n'obligeriez tout de même pas un homme à conserver une telle épouse ?

— De la requête même de Mr Robinson dépendra son succès ou son échec, répondit Phillimore. Il n'accuse pas sa femme d'adultère avec une “personne inconnue” ni avec aucun des autres individus qu'elle évoque avec tant d'inconséquences dans ce monstrueux journal. Il l'accuse expressément d'infidélité avec le Dr Lane. De sorte que, si cet adultère avec le Dr Lane ne peut être prouvé, l'accusation s'effondre complètement. La réputation de cette dame est suspendue à l'innocence ou à la culpabilité du Dr Lane. »

Phillimore en vint à son second stratagème : mettre en cause la véracité du journal. « Voici une affaire dans laquelle n'est non plus prouvé aucun acte d'aucune sorte qui conduise à un adultère. Il faut donc s'en remettre à ce qu'il est convenu d'appeler les aveux de l'épouse, or ces aveux se présentent, force est de l'admettre, sous une forme parfaitement inédite – nous devons les déduire de certains énoncés contenus dans le journal de la dame. Or il est bien connu que les journaux intimes sont mensongers. Quiconque s'intéresse à la littérature sait que Horace Walpole, par exemple, consigna délibérément des choses fausses dans le sien. » Les carnets de Walpole, écrits au milieu du dix-huitième siècle sur la cour de George II et de George III, avaient été publiés dans les années 1840.

« Des choses fausses et peu à son honneur ? interrogea Cresswell.

— Tout au contraire, lui répondit Phillimore. Il cherchait généralement à travestir favorablement ses actes. Mais les exemples ne manquent pas de personnes ayant une propension morbide à dire d'elles-mêmes autant de mal que de bien. Ainsi, je pourrais évoquer les *Confessions* de Rousseau, dans lesquelles figurent bien des choses fort honteuses pour leur auteur. » Ces éléments « honteux » de l'autobiographie de Jean-Jacques Rousseau, publiée quatre ans après sa mort en 1782, incluaient le fait d'avoir engendré plusieurs enfants illégitimes et de se livrer à la masturbation.

« Certes, dit Cockburn, mais rien ne nous oblige à les tenir pour fausses.

— Je pourrais également citer cette ligne du journal de Pepys, persévéra Phillimore : "Ai gagné cinq cents livres cette année en trichant. Dieu me pardonne."

— Je crains qu'on ne puisse tenir cela pour faux », réitéra Cockburn, provoquant des rires dans la salle. Le journal de Samuel Pepys était réputé pour sa franchise. L'édition de 1848 avait omis de nombreux passages qui étaient, comme l'expliquait l'éditeur, « de nature tellement indélicate que quiconque doté d'un esprit équilibré ne saurait regretter leur absence ». On avait caviardé Pepys non pour cause de mensonge mais en raison d'un excès d'honnêteté.

Afin d'établir que le journal dénaturait les faits, Phillimore attira l'attention de la cour sur les fréquentes évocations des rêves saisissants d'Isabella. « Je n'ai pu m'en détacher de toute la journée, ni faire la part de ce qui était vrai et de ce qui était faux », avait-elle ainsi écrit, concluant par : « Seigneur Dieu ! Ne sommes-nous pas la marionnette de notre imagination ? » L'avocat invita la cour à faire sien le scepticisme d'Isabella quant à ses propres perceptions. Il avança qu'elle puisait son inspiration dans une région d'anarchie érotique et imaginative, et s'abandonnait aux mirages et aux hallucinations. Selon *Chapters on Mental Physiology* (1852) de Henry Holland, les rêves étaient proches cousins de l'aliénation mentale ; à l'instar de celle-ci, ils se manifestaient comme « la perte, partielle ou totale, de la capacité à distinguer entre des images non réelles créées à l'intérieur de la conscience et les véritables perceptions sensorielles, conférant de ce fait aux premières l'apparence et l'influence de réalités ».

Phillimore défendit l'idée qu'Isabella et Edward n'avaient rien transgressé, mais que le journal avait franchi une limite et s'était mué en fiction. « Force m'est d'affirmer qu'il n'existe pas le plus petit début de preuve irréfutable venant corroborer ce journal. Les passages invoqués par la partie adverse ne sont pas la narration d'événements réels, mais un simple tissu d'illusions. »

Et de soutenir que nul ne pouvait lire le journal sans en retirer l'impression qu'il était « le produit d'une extravagance, d'une fièvre et d'une irritabilité confinant, pour dire le moins, au domaine de la démence. Jamais document ne porta à ce point la marque d'un esprit versatile, extravagant, excitable, romanesque, irritable, insensé et dérangé, que ce journal de Mrs Robinson. »

Si Phillimore, qui tenait lui-même un journal, s'était appliqué à fournir des exemples de confessions mensongères, cela provenait peut-être de ce que ses lectures se bornaient aux journaux de personnages célèbres. Il abordait néanmoins en cela un sentiment de malaise naissant et à peine formulé vis-à-vis des journaux intimes dans l'Angleterre au milieu du dix-neuvième siècle. De tous ces textes biographiques qui passionnaient les lecteurs de l'époque victorienne – biographies, autobiographies, mémoires, journaux de santé, relations de voyage, commentaires politiques –, le journal intime était le plus subjectif et le plus cru, le plus révélateur des problèmes de l'écriture et de la lecture sur soi.

Si cela faisait des siècles que des gens rédigeaient les annales de leur vie domestique et spirituelle, cette pratique se développa de façon spectaculaire au début du dix-neuvième siècle. Jusque-là, la plupart des chroniques ainsi tenues étaient des livres de ménage, propres au cercle familial plutôt qu'à l'individu, et les pensées secrètes se confiaient par lettre à des amis sûrs. La mode du journal intime fut alimentée par un engouement pour la poésie romantique, qui prisait l'introspection, et par les premières publications de carnets personnels, tels ceux de John Evelyn, rédigés au dix-septième siècle et parus pour la première fois en 1818, ou ceux de Pepys en 1825. Le nombre de journaux intimes publiés chaque année double dans les années 1820 pour atteindre, dix ans plus tard, un pic qui se maintint jusqu'au milieu du siècle. Dans la plupart des cas, leurs auteurs n'avaient pas imaginé être un jour lus par des inconnus. Un journal tenu au dix-huitième siècle par Samuel Curwen, ancêtre d'Isabella, dont la branche familiale avait émigré du Cumberland vers les États-Unis, fut publié en 1842. Sa préface citait le vœu de Curwen : « Puissent [ces pages] se révéler un divertissement pour mes amis, à qui je les remets en leur demandant de les soustraire à l'examen de toutes autres personnes, car, écrites avec nonchalance, elles ne sont destinées qu'à l'œil de la franchise et de l'amitié. » Cette promesse de sincérité attirait le lecteur, tandis que l'éditeur affirmait que la publication du journal de Curwen n'était « en rien une violation de sa recommandation », mais bien « un hommage rendu à sa mémoire ».

Les journaux intimes fictifs étaient également devenus fréquents dans les années 1850. Le roman épistolaire du dix-huitième siècle, dans lequel une histoire était racontée au fil d'une correspondance, avait peu à peu fait place au roman sous forme de journal, dans lequel l'héroïne s'adressait des missives. Les débuts de cette évolution remontent à l'immensément populaire *Pamela* (1740) de Samuel Richardson, dans lequel les lettres de la narratrice à ses parents sont remplacées, à mesure qu'elle est de plus en plus isolée, par une forme qui s'apparente plus au journal intime. Dans *Mémoires de miss Sidney Bidulph extraits de son Journal* (1761), de Frances Sheridan, l'héroïne adresse une succession de lettres à une confidente, mais les termes dont elle use pour décrire son entreprise évoquent le ton confidentiel plus marqué du diariste : « À toi seule, mon deuxième moi-même [...] à toi je suis vouée par une promesse solennelle et une confiance mutuelle à révéler les plus profonds secrets de mon âme, et avec toi ils sont autant en sûreté qu'en mon propre sein. »

Quelques-uns des premiers romans journaux du dix-neuvième siècle étaient prétendument authentiques. *The Diary of an Ennuyée*, publié anonymement en 1826, fut présenté par l'éditeur comme un journal intime retrouvé parmi les affaires d'une jeune femme morte de la tuberculose. Il apparut peu de temps plus tard qu'il s'agissait d'un texte de fiction signé par Anna Brownell Jameson. Dans la préface d'une édition ultérieure, Mrs Jameson présenta des excuses pour avoir prétendu qu'il s'agissait d'un véritable journal : « L'intention n'était pas de créer une illusion en donnant à la fiction l'apparence de la vérité, mais en fait de dissimuler la vérité en la recouvrant d'un voile de fiction. » Également reçu dans un premier temps pour authentique, *Fragments du journal de lady Willoughby concernant sa vie privée et les terribles événements du règne de Charles Ier* fut publié en 1844 avec des fioritures dans le goût du siècle précédent : impression en caractères anciens, papier vergé crème, tranches dorées découpées d'un motif de diamants. Hannah Mary Rathbone, l'auteur, fit paraître en 1848 *Some Further Portions* [quelques fragments supplémentaires]... de ce même travail d'imagination, avec une préface dans laquelle elle reconnaissait avoir « personnifié » une figure historique. Le succès de ce pastiche inspirera une kyrielle d'imitations tout au long des années 1850, des romans revêtant la forme du journal intime, récemment mis au jour, d'une femme effacée des mémoires, la plupart ne se faisant que mollement passer pour authentiques. Vrais ou apocryphes, les journaux ainsi publiés exploitaient l'idée que le journal intime était la forme de narration littéraire la plus pure, notion que, dans le même temps, ils battaient en brèche.

L'une comme l'autre, Emily Brontë dans *Les Hauts de Hurlevent* (1847) et sa sœur Anne dans *La Locataire de Wildfell Hall* se servirent de journaux intimes pour bâtir l'intrigue de leurs romans respectifs. Dinah Mulock, fidèle de Moor Park, écrivit en 1852 un roman prenant la forme du journal secret d'une gouvernante. En 1856, Wilkie Collins publia deux histoires elles aussi en forme de journal tenu par une femme. L'*Athenaeum* observe à l'époque : « Le journal intime paraît avoir supplanté la correspondance comme moyen de raconter sa propre histoire. » L'attrait du genre tenait précisément à sa vraisemblance, à son apparence de véracité. La lectrice d'un journal pouvait s'adonner au plaisir osé de parcourir des pages qui ne lui étaient pas destinées ; ou accepter le rôle de l'amie de confiance que la narratrice appelait de ses vœux. Que ce fût en indiscrète ou en confidente, ou encore les deux à la fois, elle en retirait une vive sensation de proximité.

Dans les années 1820, afin de tirer profit de l'engouement pour l'écriture et la lecture de journaux intimes, le papetier John Letts fit imprimer en grand format les premiers volumes adaptés à cet usage. À partir de 1850, la maison Letts vendait chaque année plusieurs milliers de ces articles, dans des dizaines de formats différents. Isabella n'en utilisait pas d'autres. Ils étaient disponibles recouverts en toile ou en box rouge de Russie, matériau exhalant une légère senteur d'écorce de bouleau, et pouvaient recevoir une couverture protectrice ainsi qu'un fermoir. « Utilisez votre journal en toute aisance et confiance, conseillait la maison Letts à la diariste novice, ne dissimulez rien à ces pages ni ne souffrez que les parcoure un œil autre que le vôtre. » Le vocable *diarist* est attesté pour la première fois en 1818 et le verbe *diarise* en 1842 (ces deux mots équivalaient aux termes plus établis *journaliser* ou *journalist* pour désigner une personne tenant un journal, et *journalising* ou *journalism* pour désigner cette activité même).

Les femmes, en particulier, l'adoptèrent avec passion. En 1849, le magazine *Punch* fit la satire de cette tendance dans une chronique intitulée « Le journal de mon épouse », qui prétendait présenter une suite d'extraits du journal intime d'une dame, qu'un mari outré avait lus, recopiés et secrètement envoyés au rédacteur en chef de la publication. Les préoccupations de ladite épouse étaient banales et intéressées : elle complotait de cacher le porto de son mari et de l'enjôler pour qu'il lui achète de jolis châles et de belles boîtes à ouvrage. Il « m'a *contredite* à propos du raifort, se plaignait-elle, alors que je *savais* que j'avais raison ». Les journaux intimes étaient souvent tenus pour des réceptacles de la sottise féminine. « La jeune dame a la possibilité de se procurer un volume soigneusement relié au format qui lui sied pour consigner sur un papier de qualité douze mois de réflexions oiseuses », faisait observer l'*Examiner* en 1856 dans un article sur la production de la maison Letts.

Pourtant, des journaux intimes féminins étaient publiés. À l'époque où Isabella commença le sien, le plus récemment sorti en librairie était celui de la romancière Fanny Burney, paru en trois volumes après sa mort en 1840. Suivant son exemple, une diariste ambitieuse pouvait envisager la rédaction d'un journal comme une forme d'apprentissage, d'exercice préalable à la composition d'un roman ; elle pouvait même se demander si ce journal ne trouverait pas un jour un public. Celui de Fanny Burney met en relief l'ingénieuse ingénuité des meilleurs journaux : ils pouvaient viser une honnêteté sans réserve (« Un journal où coucher *chacune* de mes pensées et ouvrir mon cœur tout entier ! ») tout en aspirant à une exaltation spectaculaire (« Hélas, hélas ! mon pauvre journal ! Comme tu es terne, ennuyeux, inintéressant ! Ah, que ne donnerais-je pour je ne sais quelle aventure qui vaudrait d'être racontée, pour quelque chose qui te surprendrait, t'étonnerait ! ») Il se pouvait qu'afin d'assouvir cette soif d'aventures, la diariste soit tentée de vivre de façon plus fascinante ou d'imaginer que tel était le cas. Fanny Burney avait remanié ses carnets avant leur publication, puis elle avait détruit les originaux.

Diaries (du latin *dies*) et *journals* (du français *jour*) étaient par définition un lieu d'épanchements quotidiens, mais leur apparente immédiateté pouvait être trompeuse. Isabella remplissait souvent le sien un ou plusieurs jours après les événements qu'elle décrivait. Un journal pouvait n'offrir qu'une approximation du temps véritable, de même qu'il pouvait ne faire que suivre et effleurer les sentiments qu'il cherchait à définir avec précision. Il agissait sur celle qui le tenait, tendant à en intensifier les émotions et à en altérer les perceptions. Jane Carlyle, épouse de l'historien John Carlyle, décrivit ce processus dans le sien à la date du 21 octobre 1855 : « Ton journal, qui ne parle que de sentiments, accuse tout ce qui est artificiel et morbide en toi ; cela, je l'ai vécu. » L'acte de tenir un journal faisait honneur à maintes valeurs de la société victorienne – la confiance en soi, l'autonomie, la capacité de garder des secrets. Poussées trop loin, ces vertus pouvaient toutefois se changer en vices. L'autonomie pouvait se faire déconnexion radicale d'avec la société, ses codes, ses règles et ses contraintes ; le secret pouvait se muer en dissimulation, le contrôle de soi en solipsisme, l'introspection en monomanie.

Dans *Le Journal de Mr Nightingale*, farce en un acte dont l'action se déroule dans un institut d'hydrothérapie, Charles Dickens et son ami Mark Lemon explorèrent l'idée qu'un journal intime pouvait flatter et encourager les fantasmes de son auteur. Dickens eut l'idée d'écrire cette pièce après avoir accompagné sa femme en 1851 à l'établissement hydrothérapique renommé de Malvern (Catherine « souffrait gravement d'une sorte de trouble nerveux », écrivit-il). Le spectacle fut donné à Picadilly au mois de mai, en présence de la reine et du prince consort, avec Dickens, Lemon, Wilkie Collins et le peintre Augustus Egg parmi la distribution.

Mr Nightingale dissimule dans son journal un véritable secret – il paie sa femme pour qu'elle fasse semblant d'être morte –, mais la majorité de ce qu'il y consigne a trait à ses inquiétudes concernant son propre corps. La pièce parodie la mode des « journaux de santé » portés à l'autodiagnostic.

« Dyspeptique, dit une des entrées. Ai l'impression d'avoir un chaton qui joue à l'intérieur de moi. » En se focalisant sur son corps, Mr Nightingale l'a criblé de maladies imaginaires, acquérant une sensibilité morbide au moindre tiraillement ou frisson, de même que le fait de tenir un journal amenait Isabella à interpréter chaque détail du comportement d'autrui à la lumière de ses propres préoccupations. « Vous *êtes* malade, si seulement vous saviez, dit-il à une employée du centre de cure. Si vous aviez une connaissance aussi intime de votre intérieur que moi du mien, les cheveux se dresseraient sur votre tête. »

Mr Nightingale décrit son journal comme son « seul réconfort », mais il est devenu un symptôme et même une cause de sa maladie. Lorsqu'il est dérobé et lu par d'autres personnes, il le trahit ; au lieu de l'aider à voir en lui-même, il permet à d'autres de lire en lui ; au lieu de le laver de son péché, il le livre à ceux qui vont le châtier. La passivité de ce journal est une illusion. À la fin de la pièce, Mr Nightingale reçoit ce conseil : « Brûlez ce livre et soyez heureux ! »

10

Une sensibilité morbide

Westminster Hall, le 15 juin 1858

À midi, les juges vont se restaurer – d'ordinaire, une côtelette accompagnée d'un verre de xérès –, puis ils regagnent le prétoire pour toute la durée de l'après-midi.

Ayant soulevé la possibilité que des passages du journal soient imaginaires, le Dr Phillimore doit maintenant expliquer à la cour ce qui a conduit Isabella à inventer des scènes aussi dégradantes. Il dit aux juges que ce journal est le produit d'une maladie utérine.

« Je serai en mesure de démontrer que l'une des caractéristiques de cette maladie est de donner lieu à des égarements sexuels d'un type très extravagant », amenant une femme à « se croire coupable des plus horribles et, assurément, des plus impossibles crimes ». La maladie provient tantôt d'une pression sur le cerveau, tantôt d'un dysfonctionnement de l'utérus même. Afin d'établir cela, Phillimore se propose d'appeler à la barre plusieurs témoins appartenant à la gent médicale.

Le premier est Joseph Kidd. Ce quaker irlandais, de haute taille, les traits fins, les yeux bleus, a été reçu membre du Royal College of Surgeons en 1847 et a obtenu son diplôme de médecin à Aberdeen en 1853. Il n'est fait nulle mention devant la cour de la branche peu conventionnelle qu'il a embrassée ; il est homéopathe, comme John Drysdale. Il a regagné l'Irlande en 1847, pendant la Grande Famine, pour tenter de soulager les souffrances de ses compatriotes à l'aide de sa médecine douce. La première fois qu'Isabella l'a consulté à Blackheath, le Dr Kidd avait vingt-cinq ans. Il était son type : jeune, beau garçon, intelligent, idéaliste, ouvert aux idées nouvelles.

Kidd déclare avoir eu Mrs Robinson pour patiente entre 1849 et 1856, surtout en 1849 et les trois ou quatre années suivantes. En 1849, il l'a traitée pour des troubles de la matrice, fondant son diagnostic sur les maux de tête, la dépression et la menstruation irrégulière dont elle souffrait depuis la naissance de Stanley, symptômes qu'il tenait pour les manifestations d'une maladie utérine postnatale.

Il lui est demandé de décrire le tempérament de Mrs Robinson.

« Sa tendance générale était une exaltation morbide, répond-il, faisant par là allusion à la forte pulsion sexuelle d'Isabella. Je lui voyais un état naturel morbide et dépressif. Son esprit alternait entre excitation et abattement. »

Ces symptômes pouvaient-ils découler de sa maladie utérine ? s'enquiert Phillimore.

« Je n'ai pas fait le lien à l'époque, déclare Kidd ; mais je pense, à la lumière du contenu de son journal, qu'ils peuvent lui être imputés. »

Phillimore lui demande s'il irait jusqu'à conclure que Mrs Robinson souffre de nymphomanie ou d'érotomanie depuis 1852.

Le médecin dit ne pouvoir se prononcer, puisqu'il ne l'a pas eue comme patiente régulière durant la période concernée.

L'avocat appelle ensuite à témoigner trois autres médecins. Leur rôle est de confirmer qu'une maladie utérine, état diagnostiqué par Kidd, peut causer érotomanie ou nymphomanie, désordres dont l'avocat d'Isabella prétend qu'elle est atteinte.

Le premier de ces spécialistes est James Henry Bennet, âgé de quarante et un ans, l'air angélique, avec des yeux brillants et une abondante chevelure noire. Le Dr Bennet, du Royal Free Hospital de Londres, appartient à la nouvelle école en matière de gynécologie. Il fait autorité dans le domaine de l'inflammation de l'utérus et il est un pionnier de l'examen vaginal à l'aide d'un spéculum, pratique devant laquelle reculent la majorité de ses confrères. Le spéculum est à l'époque sujet à controverse, en partie par crainte que son emploi n'excite les patientes.

Le deuxième est Sir Charles Locock, âgé de cinquante-neuf ans, homme frêle, grisonnant, l'air flegmatique et résolu. Obstétricien de la reine depuis 1840, le Dr Locock s'est vu accorder la dignité de baronnet en 1857 après l'avoir accouchée de son neuvième enfant. Il est l'auteur de presque tous les articles sur les affections féminines du manuel classique *The Cyclopaedia of Practical Medicine*, et il s'intéresse tout particulièrement à l'hypersexualité. Comme Bennet, il est un partisan du spéculum. Ce n'est pas la première fois que la justice le sollicite, puisque le tribunal ecclésiastique de Doctors' Commons lui demanda en 1854 d'examiner Euphemia Ruskin, qui, mariée depuis six ans au célèbre critique d'art John Ruskin, avait demandé l'annulation de leur mariage au motif qu'il n'avait pas été consommé. Locock confirma que Mrs Ruskin était vierge.

Le dernier médecin cité par l'avocat d'Isabella est Benignus Forbes Winslow. Âgé de quarante-sept ans, le crâne luisant, sûr de lui, cet aliéniste et directeur d'asile, fondateur et rédacteur en chef du *Journal of Psychological Medicine and Mental Pathology*, est un pionnier connu et combatif de la psychiatrie. le Dr Forbes Winslow a été cité en tant qu'expert par Alexander Cockburn lors du procès de M'Naghten, et ses publications comprenaient une défense du concept de nonresponsabilité criminelle.

Les juges ordonnent que les femmes quittent la salle pour la durée de l'exposé médical, et la plupart des journaux ne se feront pas l'écho des témoignages qui s'ensuivent – Le *Times* les déclarera « assurément impropres à être rapportés dans le détail ». Même la relation la plus complète, dans un résumé légal publié en 1860, n'en donnera que les grandes lignes : Bennet, Locock et Forbes Winslow attestent que la maladie utérine peut entraîner un « état psychologique morbide face aux questions sexuelles », amenant les femmes à s'accuser « sans le moindre fondement des actes de lubricité les plus flagrants ». Ils déclarent qu'il est commun chez de telles femmes de nourrir « de puissantes et extravagantes illusions » en matière sexuelle tout en demeurant parfaitement saines d'esprit sur tous les autres sujets. Après avoir entendu les médecins, Cockburn renvoie l'affaire au lendemain.

Si la presse ne rapporta que parcimonieusement les déclarations des médecins, la littérature médicale de l'époque détaillait abondamment les maladies qu'ils avaient décrites.

La gynécologie était une nouvelle spécialité, et ce diagnostic de « maladie utérine » englobait toutes sortes de maux, tant psychiques que physiques, propres à la femme. Parce que le système génital féminin était censé exercer une puissante influence sur sa santé mentale, les problèmes gynécologiques impliquaient une maladie mentale et *vice versa* – il se disait qu'à peu près dix pour cent des femmes souffrant de maladie utérine finissaient à l'asile. Toute variation dans la vie sexuelle ou reproductrice d'une femme était considérée comme l'occasion de dérèglements émotionnels comme la manie sexuelle prêtée à Isabella. Après avoir donné la vie, écrivait le Dr Bennet, une femme perdait habituellement toute appétence sexuelle ; on observait toutefois « des cas exceptionnels où, bien loin de l'apathie faisant suite à l'inflammation utérine, les sentiments sexuels [étaient] exacerbés. J'ai même vu cette exacerbation poussée au point de constituer une forme de nymphomanie. En pareil cas, on relève souvent un agrandissement du clitoris et sa séquelle, une irritation localisée. » Le facteur déclencheur de cette nymphomanie hystérique pouvait être aussi la ménopause : l'éminent gynécologue E.J. Tilt (qui travaillait avec Bennet) identifiait le « changement de vie », ou « époque du pas de côté », comme sa cause la plus fréquente. Forbes Winslow nota lui aussi que certaines femmes développaient une manie érotique lorsqu'elles cessaient d'avoir leurs règles. Mais il se pouvait également qu'une femme portée sur l'amour physique se trouve déséquilibrée par une diminution soudaine de la fréquence de ses rapports sexuels, diminution résultant, par exemple, d'un veuvage ou des absences prolongées de son mari pour raisons professionnelles. Tilt soutenait que l'« ovarite subaiguë » (qui représentait un tiers des maladies utérines) était habituellement causée par une privation sexuelle. Quand Euphemia Ruskin demanda l'annulation de leur union au motif qu'elle n'avait pas été consommée, John Ruskin envisagea de justifier sa répugnance à avoir des rapports avec sa femme en attirant l'attention de la cour sur la « légère affection nerveuse au cerveau » de cette dernière. Son avocat l'en dissuada, lui représentant que les juges verraient probablement dans ce prétendu dérangement d'Euphemia un effet de sa frustration sexuelle plutôt que l'explication du peu d'attirance éprouvé par son mari.

La manie sexuelle connaissait deux formes chez la femme, l'érotomanie et la nymphomanie, maladies distinctes selon *Mental Maladies : a Treatise on Insanity* du très écouté J.E.D. Esquirol : la première correspondait à des troubles du cerveau, alors que la seconde trouvait son origine dans les organes de la reproduction. Les érotomanes, écrivait Esquirol, étaient « pétulantes, méditatives, très déprimées, agitées, irritables et passionnées ». Il donnait en exemple une femme mariée de trente-deux ans devenue obsédée par un jeune homme d'un rang plus élevé que son mari. Elle souffrait de « sensibilité morbide », de douleurs nerveuses et d'humeur changeante. « Elle est tantôt joyeuse et débordante de gaieté, tantôt mélancolique et en larmes, tantôt en colère et s'abîmant en soliloques. […] Elle dort peu, et son sommeil est parcouru de rêves, voire de cauchemars. » Dans ses rêves, elle copulait avec des incubes et des succubes, des démons mâles et femelles.

Les nymphomanes étaient moins enclines que les érotomanes aux obsessions et revirements d'humeur, et plus affectées d'une fringale sexuelle sans discernement. Le médecin américain Horatio Storer cita en 1856 le cas d'une patiente nymphomane de vingt-quatre ans dont le mari, plus âgé, présentait des problèmes d'érection. Elle était accablée de désir chaque fois qu'elle se trouvait en présence d'un homme. Dans les faits, toute femme éprouvant une puissante attirance pour un autre homme que son époux pouvait se voir qualifier de maniaque sexuelle.

Érotomanie et nymphomanie étaient difficiles à distinguer. « Les deux peuvent coexister, notait Daniel H. Tuke en 1857. Il arrive que des patientes passent complètement les bornes de la bienséance sans que l'on ait de preuve que le siège de la maladie première soit les organes génitaux. Les cas ne sont pas rares dans lesquels il est difficile de déterminer si l'origine des troubles se trouve là ou bien dans la tête. » De toute façon, il convenait aux avocats d'Isabella de rester vagues sur la question de savoir duquel de ces deux maux elle était affectée. Il fallait pour eux qu'elle souffre de leurs symptômes respectifs : l'illusion romanesque de celle qui harcèle, imaginant que son amour est partagé, et le désir luxurieux de la maniaque sexuelle. Afin de répondre à toutes les possibilités, les témoins de la défense comprenaient un spécialiste du cerveau, Forbes Winslow, et deux spécialistes de l'appareil génital, Locock et Bennet.

L'augmentation des diagnostics de manie sexuelle chez les femmes correspondait à l'époque à une forte anxiété relative au désir féminin insatisfait. Il était apparu récemment que la Grande-Bretagne comptait un nombre excessif de femmes célibataires. Selon le recensement de 1851, les femmes y étaient d'un demi-million plus nombreuses que les hommes, principalement parce que ceux-ci mouraient plus jeunes et émigraient plus. Il y avait cent quatre femmes pour cent hommes. Celles d'un certain âge avaient de fortes chances de vivre seules ; quarante-deux pour cent de celles qui avaient entre quarante et soixante ans étaient veuves ou célibataires. Ces « femmes surnuméraires » ou « nonnes involontaires » révélées par le recensement étaient devenues un objet de préoccupation tant sociologique que médicale. Bien que le Dr William Acton eût proclamé en 1857 que « la majorité des femmes n'[étaient] (heureusement pour elles) guère perturbées par de quelconques émois sexuels », de nombreux médecins craignaient que des femmes seules ne soient précipitées dans la démence par des désirs insatisfaits.

Les traitements de la monomanie sexuelle étaient divers. Certains praticiens, tenants de la phrénologie, prenaient pour cible le cervelet. L'aliéniste écossais Sir Alexander Morison prétendait avoir guéri une gouvernante de vingt-deux ans en lui posant des sangsues sur le crâne, préalablement rasé, puis en lui douchant l'arrière de la tête à l'eau froide. Bennet recommandait injections vaginales, bains de siège, immersion de tout le corps et douches. Storer préconisait toilettes à l'éponge, lavements à l'eau froide, douches au borax, continence sexuelle, abstinence de toute activité littéraire, usage de matelas et oreillers garnis de crin, privation de viande et d'alcool fort. Locock prônait l'application d'électricité sur le pelvis de la patiente ou de sangsues à l'aine, sur la vulve, l'utérus ou les pieds. Un chirurgien londonien soulagea au moins une femme de ses élans sexuels par l'ablation de son clitoris « hypertrophié », opération dont *The Lancet* se fit l'écho en 1853.

Le symptôme premier de la nymphomanie – sous-entendu mais probablement pas nommé ce mardi-là dans le prétoire – était la masturbation. Le médecin français M.D.T. Bienville, qui popularisa le terme de nymphomanie dans un traité publié en anglais en 1775, identifia les « pollutions clandestines » comme clé de la maladie. « La nymphomanie, comme l'expliqua Tilt, est le désir presque irrépressible de soulager par la friction l'irritation des parties génitales. » Cela expliquait pourquoi Isabella avait décrit des scènes érotiques dans son journal – il s'agissait de textes pornographiques personnalisés – et pourquoi elle avait eu l'imprudence de le faire : la pratique de l'« abus de soi » ou « pollution » avait entamé sa santé mentale. Dans certains cas, comme le notait Tilt, une femme pouvait se stimuler par le seul langage. Il citait un médecin français qui faisait observer que « des scènes fictives peuvent exciter les organes génitaux plus efficacement que la présence d'hommes », et qui avait « très souvent vu les parties génitales s'enflammer de cette façon sans la moindre action extérieure ni le moindre contact ». Ces activités solitaires qu'étaient la lecture et l'écriture, auxquelles s'adonnaient la plupart des femmes de la classe moyenne, étaient propres à dissimuler et inciter à un surcroît de plaisirs charnels.

Cela était tout particulièrement vrai des journaux intimes. Tout ce qui distinguait la masturbation en tant que pratique sexuelle distinguait également la tenue d'un journal en tant qu'activité littéraire. Si la masturbation était une communion sexuelle avec le moi, tenir un journal était une communion émotionnelle du même ordre. Les deux exigeaient du sujet qu'il se divise par l'imagination, qu'il devienne sujet et objet d'une même histoire. Les deux étaient des activités privées et exclusives. Les spécialistes témoignant au tribunal des Divorces émirent l'idée qu'Isabella s'était engluée dans une ronde de désir et d'excitation, consignée dans son journal intime et suscitée par lui : couchées sur le papier, ses pensées luxurieuses revêtaient une apparence de réalité qui assouvissait ses élans érotiques. Non seulement ce journal était l'écho de sa vie secrète, mais il l'encourageait. Il était à la fois symptôme et cause de sa maladie. Dans leur tentative de charger Isabella pour sauver Edward, les avocats avaient avancé l'idée d'un acte sexuel auquel elle était parvenue à se livrer sans la participation d'aucun homme.

La défense d'Isabella fut beaucoup plus dégradante que ne l'aurait été un aveu d'adultère. Le cheminement par lequel elle en vint à se prétendre maniaque sexuelle se dégage de la correspondance qu'elle échangea avec George Combe en février 1858.

Le 14 février, juste avant que Henry dépose sa demande de divorce, elle envoie une lettre à Lady Drysdale, sa première communication avec un membre de la famille d'Edward. « Ma chère Lady Drysdale, écrit-elle de son cottage de Reigate, je regrette profondément qu'on ait attaché une telle importance aux énoncés aussi spontanés que relâchés de mon journal, qui m'était aussi sacré que mes pensées, et je le déplore d'autant plus qu'ils ont été utilisés pour accuser si injustement une autre personne. Je ne peux que déclarer solennellement que cette personne est absolument innocente de la plus infime participation dans la moindre pensée, parole ou action qui s'y trouve exprimée ! ». Les mentions d'Edward étaient l'« expression insouciante et purement imaginaire des pensées d'une dame, imprudemment confiées à un journal et nullement destinées à une exposition au grand jour ».

Lady Drysdale fait suivre ce courrier à Combe, désormais résolu à faire tout son possible pour soutenir Edward. Il n'est pas convaincu que les dénégations d'Isabella puissent aider leur cause. Le ton est « trop léger et désinvolte », écrit-il à Lady Drysdale. Quiconque lirait cette lettre serait porté à se dire :

« Ah, elle comprend qu'elle a fait du tort à Lane en trahissant leur secret, et elle pense maintenant pouvoir le sauver en niant en bloc. » Pour protéger le médecin, il faut, selon Combe, « réduire à néant la crédibilité du journal en tant que recueil de faits réels ».

Une semaine plus tard, le 21 février, Isabella écrit à Combe. Elle lui dit savoir que Henry est entré en contact avec lui (quelqu'un la tenait apparemment au courant de la manière dont l'histoire se répandait à Édimbourg). Elle le supplie : « Aidez-moi, si c'est en votre pouvoir, à disculper un ami commun, qui se trouve compromis, et sa famille avec lui, par mon comportement imprudent et irréfléchi ; ami auquel une sympathie et un intérêt généreux pour mon infortunée situation dans le monde a valu d'être précipité dans ce malheur. » Elle dit avoir considéré son journal « comme [son] inaliénable propriété et [son] unique confident », et être épouvantée qu'il soit utilisé pour nuire à ceux qui lui ont témoigné de la bonté. Elle assure Combe qu'elle est habitée de « l'ardent désir de réparer autant que faire se pourra les torts et les tracas causés à une famille par [ses] écrits intimes inconsidérés, nés d'une imagination trop vive et qu'une absence presque totale de prudence et de réserve [lui] a fait conserver ».

Combe saisit cette occasion de venir en aide à Edward. Dans sa réponse datée du 23 février, il commence par rappeler à Isabella ce qui se joue : « *Si* votre journal contient bien les descriptions dont il est fait état aujourd'hui, et qu'elles soient *vraies*, c'est la ruine de la carrière professionnelle du Dr Lane ; car, eu égard à cette souillure, plus aucune femme de bonne réputation ne pourra se risquer sous son toit. Sa malheureuse épouse se trouvera privée de son affection, et Lady Drysdale, en son grand âge, verra les objets les plus chers à son cœur déshonorés et ruinés. »

Il lui fait part de sa perplexité devant les passages du journal qu'on lui a décrits. Il ne peut croire qu'ils correspondent à des faits, et ne parvient pas à imaginer qu'elle ait pu être insouciante au point de tenir la chronique de ses péchés. « Vous vous saviez mortelle et susceptible de périr dans un accident de chemin de fer ou noyée lors d'une tempête, de succomber dans l'instant à un spasme cardiaque ou à une crise d'apoplexie, ou bien encore, comme cela s'est effectivement produit, à connaître un épisode de fièvre et de délire. Dans l'un ou l'autre cas, l'histoire de votre honte et la destruction de votre ami ne pouvaient pas ne pas voir le jour. En conséquence, je vous déclare sans ambages que toute ma connaissance de la nature humaine ne m'est d'aucun secours pour expliquer que vous ayez pu coucher par écrit de telles descriptions *si elles sont véridiques*. »

Il suggère à Isabella d'atténuer la portée de ces écrits en les présentant comme « la soupape de sécurité d'un cerveau excité », « les plus folles spéculations sur tous sujets sacrés et profanes, et les aspirations les plus ferventes et passionnées ». Il lui dit cependant que Robert Chambers, qui a lu le journal, fait peu de cas de l'idée que les passages compromettants seraient le fruit de son imagination. La difficulté tient, selon Combe, au réalisme du journal : « Tels qu'on me les a décrites, vos joyeusetés ne reposent pas sur des fantasmes et spéculations, mais sur des faits bien réels, avec noms de lieu, dates et tous les accessoires de la réalité. » Pour illustrer le problème, il invente une entrée de journal à sa manière. « Supposons que j'écrive dans mon journal : “Aujourd'hui, 21 février 1854, je suis allé voir Mrs Robinson à Moray Place. Installés sur son sofa, nous avons abordé de nombreux sujets philosophiques et religieux. Voulant savoir l'heure, j'ai constaté que ma montre avait disparu. Attendu que, n'ayant qu'une demi-heure devant moi, je l'avais consultée en arrivant, nul autre qu'elle ne pouvait me l'avoir prise. Je l'ai accusée du larcin, sur quoi elle m'a rendu ma montre, disant l'avoir chipée pour plaisanter." À supposer que ce texte tombe sous les yeux de mon épouse ou de mes exécuteurs testamentaires, leur serait-il possible de croire qu'en l'écrivant, je ne faisais que laisser courir la plume au gré de ma fantaisie ? » Il récapitule : comment présenter les passages en question de sorte à « permettre à des esprits possédant une sagacité et une expérience normales d'y voir *une pure invention* ? ».

En lui faisant observer à quel point le journal paraît incroyable, Combe lui laisse entendre, de façon détournée, comment elle pouvait se disculper : puisque tenir un journal est une activité confinant à la folie, on pouvait également imputer à la folie le contenu dudit journal. Si les descriptions y sont si précises, cela tient peut-être à ce qu'elles sont le fruit d'hallucinations plutôt que de rêves.

Combe lui dit encore être heureux de cette occasion de lui « exposer l'affaire avec si peu de détours et l'espoir fervent qu'elle sera] en mesure de lever le mystère d'une manière qui [les] innocentera, [elle] et le Dr Lane ». Ce même jour, il envoie à Edward une lettre dans laquelle il formule plus directement la solution vers laquelle il a orienté Isabella : elle « écrit comme une femme très intelligente », mais « la seule explication est l'aliénation mentale ». Dans une lettre à Henry Robinson, Combe a également observé : « Cela ressemble à de l'aliénation mentale. » Et à Sir James Clark : « Cette femme n'était pas folle au sens habituel », mais « elle a dû être sujette à l'excitation de la propension sexuelle et, ne lui trouvant pas d'exutoire *de facto*, car elle n'était pas attirante, elle s'y sera livrée en imaginations impures et, afin d'en accroître le plaisir, les aura mises par écrit comme des faits avérés ».

Le 26 février 1858, soit trois jours plus tard, Isabella répond à Combe. « Je tiens à vous parler aussi clairement et de manière aussi satisfaisante que possible, mais je crains de devoir m'étendre longuement, l'écriture étant, somme toute, un moyen difficile et détourné de s'exprimer. » Cette lettre compte près de deux mille mots, dont près de la moitié sont consacrés à une dénonciation véhémente de Henry, comme mari et comme individu. Elle évoque son insensibilité, son âme prosaïque, sa mesquinerie, sa façon sournoise de s'approprier l'argent de sa femme, l'immoralité de sa vie privée. Elle relate la triste histoire de leur mariage. Elle se reproche sa naïveté et son caractère impulsif – « Quand je regarde en arrière, je ne vois qu'une succession d'erreurs en ce qui concerne la prudence et l'expérience du monde » – et dit avoir fini par accepter son sort. « J'ai été triste durant si longtemps que le chagrin me trouve patiente et résignée ; et peut-être ai-je même retenu de profitables leçons. »

Cependant, sa contrition le cède sans cesse à la colère et à l'amour-propre. La lettre est pleine d'une rage provoquée par le mal que lui ont fait tous ceux qui ont lu son journal. Cette lecture non consentie fut « une *injustice*, une *perfidie*, une *effraction* ». « Que des hommes, de parfaits inconnus, nullement autorisés à le faire, se soient crus en droit d'y mettre le nez, de dépouiller et de censurer mes écrits intimes, d'y choisir des passages, avec leurs pattes fouineuses, impudentes, ignobles, cela je ne puis le comprendre. Je n'aurais jamais agi de même, pas plus que je n'aurais eu la bassesse d'espionner leurs prières, les balbutiements de leur sommeil ou les accents de leur délire ; je me serais tenue pour insultée par la simple invite à lire des pages destinées au seul regard de leur rédacteur. »

En évoquant de la sorte les mains indiscrètes et gauches des hommes qui ont lu ses écrits, les oreilles avides l'épiant à son chevet de malade, Isabella dépeignait la lecture illégitime de son journal comme une agression quasi sexuelle. Les espaces secrets de son journal étaient alignés sur les espaces secrets de son corps. *Doit et avoir*, roman de Gustave Freytag publié en anglais en 1857, jouait du même parallèle. Avant de se rendre au bal, l'héroïne glisse son journal intime – « petit et mince carnet recouvert de soie rouge » – sous son corset. « Il n'était permis à aucun étranger d'ouvrir ce précieux livre – nul ne devait voir ni toucher ce sanctuaire. » Quand, glissant la main dans ses dessous, un personnage indélicat le lui subtilise, son galant prouve qu'il est homme d'honneur en le récupérant et le lui restituant sans l'avoir lu.

Isabella voue une haine brûlante à Henry. « Aurais-je pu rêver que celui qui s'appelait mon mari, celui qui, du haut de son piédestal de prudence rompue à l'usage du monde, avait souri de mes accès poétiques, aurait la cruauté d'entrer dans ma chambre de malade (en fait pour y prendre de l'*argent*) et de me déposséder de mes papiers – ces pauvres petits trésors d'une nature déçue – pour les conserver par-devers lui, cela en dépit des *lois immuables* de la *vraie* justice. » Selon le droit anglais, les papiers personnels d'une femme étaient la propriété de son mari. « Les droits d'auteur de mes œuvres sont à lui ; mon âme et mon cerveau ne m'appartiennent pas ! » se récriait la réformatrice Caroline Norton. Isabella fait observer que son frère Frederick, « auquel nul ne peut reprocher d'être poète ni passionné », convient avec elle que Henry a eu un comportement barbare en lui confisquant ses écrits alors qu'elle était souffrante, puis en les utilisant contre elle. « Cette indignité ne peut être infligée qu'à une *femme*, écrit-elle. Un *homme* tiendrait tête et ferait reculer en tremblant les lâches qui ont osé violer son intimité. »

Dans l'esseulement de ce mariage, « quelle était ma ressource ? demande-t-elle. Quelle était ma consolation ? La solitude et ma plume. Là, je vivais dans un monde à moi, un monde où presque personne ne pénétrait jamais. Il me semblait que, au moins dans mon cabinet, j'étais souveraine et que tout ce que j'écrivais était *mien*. »

Tout en reléguant son journal au rang de production littéraire fantasque, elle ne peut s'empêcher de parer ses écrits d'un éclairage romantique : « J'ai bien souvent trempé ma plume dans l'encre magique de la poésie ; le vrai et le réel, le mystère et le songe se mêlaient trop souvent ; je possédais le don fatal – plus malédiction que bénédiction – de donner "à des objets immatériels un lieu et un nom". » Son apparence de sang-froid cache, dit-elle, un monde intérieur livré à une imagination éperdue. « Si j'ai pu paraître calme, c'est qu'une vie poétique bouillonnante était sévèrement confinée dans les limites de la solitude, où elle se donnait libre cours avec une ardeur parfois redoublée, car elle était un point essentiel de ma personnalité et ne trouvait pas d'aliment audehors. »

Quant à savoir pourquoi elle a conservé les volumes de son journal : « Je peux seulement répondre que je n'ai presque pas de circonspection – je pensais que si je mourais, nul ne pâtirait de ce qui serait alors des papiers sans valeur ; et que tant que je vivrais, *personne ne me les prendrait* ; de plus, je m'étais toujours promis de les mettre en ordre, de les passer au crible, d'en détruire une partie. »

Elle dit ne savoir que faire de plus pour aider Edward. « Je dois avouer, écrit-elle, que j'ai été plutôt surprise que vous me pressiez de vous fournir des explications concernant mon journal, comme si je pouvais encore agir pour effacer l'impression qu'il a produite et le tort qu'il a causé. Je ne vois pas *comment* cela se pourrait. »

Cette lettre n'est pas plus faite pour discréditer son journal que les deux précédentes. Bien qu'elle oscille entre colère et remords, Isabella donne l'impression d'une personne parfaitement rationnelle. Elle a ignoré les instructions voilées de Combe de se déclarer privée de toute sa raison. Elle apprend toutefois quelques jours plus tard que Henry a engagé une procédure de divorce devant la nouvelle cour. Elle relit la lettre de Combe. Le dimanche 28 février, lendemain de son quarante-cinquième anniversaire, elle lui écrit pour la dernière fois.

« J'ai réexaminé votre lettre et la réponse que je vous ai faite, et il m'est apparu que cette dernière vous aura peut-être semblé vague et peu concluante. Souffrez que j'ajoute quelques remarques précises et définitives sur le sujet. » Les passages compromettants de son journal ont été écrits, dit-elle, alors qu'elle était « momentanément sujette à [ses] fantasmes et chimères ». « Je consignais sans discontinuer comme des faits ce qui était les rêves échevelés d'un esprit épuisé par de longues années de tyrannie et condamné à rechercher dans l'invention la seule consolation de son lot quotidien. » Dans ces pages, elle a donné « libre cours aux suggestions de [son] imagination […] ; toutes celles se rapportant à l'ami dont il est notamment question sont purement et simplement fictives et imaginaires ».

Elle exprime contrition et chagrin ; ses regrets sont « plus profonds que ne saurait l'imaginer un autre qu'elle-même ». Elle n'a ni ne peut « avoir autre chose à ajouter ». Ses écrits n'ont apporté que de la souffrance à Edward et sa famille ; son meilleur parti est désormais la dénonciation de sa santé mentale, puis le silence.

Elle a enfin envoyé à George Combe la réponse dont il avait besoin. Elle s'en remet à son jugement, comme elle l'a fait lorsqu'elle était tourmentée par les contradictions de sa nature. Il transmet la bonne nouvelle à Edward. La dernière lettre d'Isabella, écrit-il, est d'« un ton posé et sérieux indiquant une conscience du tort qu'elle vous a causé. Elle y déclare solennellement que chacun des passages de son journal vous concernant est de pure fiction ». Ce journal a été « l'invention d'un cerveau soit aliéné soit au bord de l'aliénation ». Dans une lettre à Lady Drysdale, Combe explique qu'Isabella a omis de donner une « explication rationnelle » mais qu'elle a au moins fourni « une explication *insane* ».

George Combe croyait, ou s'efforçait de croire, qu'Isabella avait été rendue folle par le désir insatisfait. Ses ouvrages avaient contribué à asseoir l'idée qu'une partie du cerveau pouvait être dérangée tandis que les autres demeuraient saines. Un individu pouvait même posséder une conscience « double » ou « divisée », dans laquelle un moi pouvait ignorer les actions de son pendant (Forbes Winslow citait Combe à ce sujet dans *Obscure Diseases of the Brain and Mind*). Au cours des semaines qui suivirent, Combe montra les lettres d'Isabella à ses amis d'Édimbourg et consulta des médecins et des avocats pour trouver le moyen de démontrer qu'elle était folle. À cette fin, il écrivit à son neveu le Dr James Cox, membre du Conseil chargé de l'aliénation mentale en Écosse ; à son ami William Ivory, avocat dont le père, Lord Ivory, statuait sur des demandes de divorce en Écosse ; et au professeur John Hughes Bennett, qui avait publié en 1851 un essai sur les causes psychologiques de l'engouement pour le mesmérisme à Édimbourg.

Il se peut que, compte tenu du parcours agité de George, la famille Drysdale ait été portée à croire qu'Isabella possédait une propension cachée à la folie. Edward adopta volontiers l'idée qu'elle était folle. Dans sa réponse à Combe, il la décrivait comme une femme « fantasque, vaine, égotiste, rendue à demi folle par une vie malheureuse, et poussée par de délirantes hallucinations à consigner pour des faits tous les fantasmes et désirs d'une imagination des plus malades et dépravées ».

Les frères Drysdale et lui, tous étudiants ou pratiquant maintenant la médecine, étaient bien placés pour aider à mettre sur pied une défense s'appuyant sur l'aspect médical. Les médecins qui témoignèrent à Westminster Hall le 15 juin étaient étroitement liés à leur cercle. Locock, *accoucheur** de la reine Victoria, était un confrère du grand ami de Combe, Sir James Clark ; Bennet, gynécologue progressiste, était connu de George Drysdale et de James Young Simpson, ami des Drysdale (tous trois comptaient parmi les tenants du spéculum) ; Forbes Winslow, phrénologue de la première heure, était un admirateur de Combe ; Kidd avait été patient de l'homéopathe John Drysdale.

Robert Chambers demeure sceptique quant à la possibilité que le journal soit le produit d'un dérangement mental. Le style en est « celui d'un compte rendu événementiel autant que d'un recueil de pensées, écrit-il à Combe, et force m'est d'y voir un des documents les plus étranges qui m'aient été jamais présentés : qu'une femme ait délibérément confié au papier durant des mois et des années les détails d'une intrigue délictueuse qui n'avait d'autres fondements que son imagination et qui impliquait la possible infamie d'un innocent ». Après que Combe lui a montré les lettres d'Isabella, Chambers dit accepter le démenti de cette dernière concernant l'adultère, mais son ton reste incrédule. « Si vous aviez tenu ce journal entre vos mains, écrit-il à Combe, comme cela vous aurait ensuite amusé de l'entendre décrire comme une œuvre d'imagination, de rêveries. [...] Je ne crois pas Lane coupable ; mais que cette dame était une adultère en puissance, et qui désirait ou souhaitait pour de bon l'être, il eût été insensé d'en douter après ce que j'ai eu sous les yeux. »

Edward garde espoir d'arrêter l'action en justice engagée par Henry. Le 16 mars encore, il dit à Combe qu'il ne sait « si la paix est à l'ordre du jour ou bien si c'est la guerre à couteaux tirés. On nage dans un océan d'incertitude. » Mais il comprend, le 25 mars, que le procès est inévitable. Il rapporte à Combe que Robert Chambers, qui vient de se rendre à Londres pour tenter de dissuader Henry, l'a trouvé « parfaitement intraitable et déterminé » ; il « ne *souhaite pas* à l'évidence se laisser convaincre. Il a une mauvaise épouse et entend s'en défaire à n'importe quel prix ». Plus les amis d'Edward à Édimbourg s'emploient à minimiser la pièce à conviction que constitue le journal, plus Henry désire une justification publique. Quatre ans plus tôt, il a connu la satisfaction de triompher de son frère cadet devant une cour de justice. Il recherche aujourd'hui la même victoire sans équivoque sur sa femme et sur les messieurs instruits qu'elle valorise tant. Sa haine pour Isabella paraît, selon Edward, « être devenue si irrévocable qu'elle lui a ôté toute pondération sur les sujets la concernant et l'a transformé en un fanatique achevé ».

11

Un vaste cloaque

16 juin-20 août 1858

À Londres, la chaleur atteint son point culminant le mercredi 16 juin 1858. Alors que le baromètre indique trente-huit degrés, plus forte température jamais enregistrée dans cette ville, l'épais brouet des émanations de la Tamise s'insinue jusqu'à l'intérieur du Parlement et des salles de justice de Westminster Hall. Le fleuve lourd, sombre, bas, nauséabond, se prélasse au soleil. « Pestilentiel, infect, rien d'autre qu'un égout, rapporte le *Morning Post*, un choc puissant pour l'odorat. » D'énormes quantités d'excréments sont déversées chaque jour dans ses eaux, dégageant des vapeurs dont on croit qu'elles contaminent ceux qui les inhalent. « On laisse, jour après jour, nuit après nuit, courir à travers la plus prestigieuse cité du monde un vaste cloaque », déplore l'*Illustrated London News*.

C'est habités d'un sentiment de danger que, dans les différents tribunaux de Westminster, les juges remplissent leur office, expédiant les affaires aussi vite que possible. La cour des Divorces ouvre à onze heures, comme à l'accoutumée, mais Cockburn annonce d'entrée qu'il va suspendre le procès Robinson. Les juges, dit-il, déroutés par la position d'Edward Lane, ont décidé d'ajourner afin de débattre sur la question de savoir s'il leur est possible, initiative sans précédent, d'exclure le médecin de l'affaire, afin que les défenseurs d'Isabella puissent le citer comme témoin. « Cette question, déclare Cockburn, implique de si graves conséquences et concerne des principes si fondamentaux en ce qui concerne l'administration de la justice selon la loi sur le divorce, que nous tenons à nous assurer le concours de tous les membres de la cour avant de constituer un précédent. Nous renvoyons l'affaire à lundi, jour où nous espérons pouvoir exposer la conclusion à laquelle nous serons arrivés. »

L'affaire avait en effet révélé une lacune de la loi. Quand une femme entamait une procédure de divorce, elle n'avait pas à nommer la maîtresse de son mari – cela tenait en partie à ce que sa demande ne reposait jamais uniquement sur l'adultère ; et en partie à ce que, étant une femme, ladite maîtresse ne pouvait être mise en demeure de régler les dépens ; et enfin, comme l'expliquait un guide du divorce, « afin d'empêcher que ne fût anéantie dans son dos la réputation d'une tierce personne peut-être innocente ». Par contre, quand un mari cherchait à divorcer de son épouse, il était tenu de nommer l'amant. Pour nombre d'hommes de l'époque victorienne, une allégation d'adultère n'était généralement pas désastreuse, mais elle l'était pour Edward Lane, dont les moyens d'existence dépendaient de la confiance régnant dans ses rapports avec ses patientes. Il était aussi exposé qu'une femme et risquait de se voir ruiner par les déclarations d'une femme.

L'avocat d'Isabella demande à faire déposer avant l'ajournement un dernier témoin, John Thom. Cockburn y consent.

Thom se présente comme un homme « versé dans la littérature » et qui connaît Mr et Mrs Robinson, « celle-ci très bien ». « J'ai fait leur connaissance à Reading en 1854, dit-il, et j'ai par la suite revu Mrs Robinson à Moor Park. »

Phillimore lui demande de décrire la dame.

« Il s'agit d'une personne très émotive. Son attitude générale est empreinte d'un certaine froideur, mais il lui arrive d'émettre çà et là des observations romantiques et frivoles. » Ce portrait concorde avec les thèses de la défense en ce qu'il prête à Isabella une double personnalité, l'une publique, l'autre illustrée par son journal, toute en fantasmes impérieux derrière une façade convenable.

Il est demandé à Thom de lire à haute voix l'entrée du 3 juin 1854, dans laquelle Isabella a noté l'impression qu'il lui a faite. « Ses grands yeux semblaient de pâles violettes abritées sous de lourdes paupières tombantes. Il avait les joues creuses, et il se dégageait de sa personne un air d'intense abattement. » Dans la salle, des rires saluent la lecture par Thom de cette description hautement romantique de sa personne. Poursuivant, il arrive à l'exposé par Isabella de son propre comportement durant l'entrevue : « J'avais le rouge aux joues, des larmes ne cessaient de me monter aux yeux et ma voix s'étranglait. Nous avons causé longuement et avec grand sérieux. »

Phillimore demande à Thom ce que ces passages lui inspirent.

« Tout cela est haut en couleur et exagéré, répond-il, et je n'étais ni abattu ni déprimé. »

Phillimore attire son attention sur une page datée du 4 juillet 1854 racontant sa rencontre avec Isabella à Moor Park. Il s'agit là aussi, commente le jeune homme, d'une interprétation « haute en couleur » de l'événement.

Pour finir, l'avocat l'interroge au sujet de l'entrée du 15 juillet 1854, où il est question d'un certain arbre qu'elle ne voyait jamais « sans repenser à [sa] fredaine avec Mr Thom ».

« Je ne m'explique pas ce mot de "fredaine", déclare Thom. Je me rappelle un jour où je lisais sous un arbre du jardin en compagnie de Mrs Robinson. Voyant Mr Robinson venir dans notre direction, elle a filé derrière un coin de mur, apparemment pour éviter son mari. » Il nie catégoriquement que la moindre espèce d'inconvenance ait jamais eu lieu entre Mrs Robinson et lui.

Lors du contre-interrogatoire, il admet être un ami du Dr Lane, expliquant qu'après la période où il a été précepteur des enfants Robinson Mr Robinson l'a présenté au docteur, dont il est depuis resté « proche ».

Sur quoi les débats sont ajournés.

L'affaire Robinson plonge pendant trois semaines la cour des Divorces dans une profonde perplexité. Quand Cockburn, Cresswell et Wightman reparaissent le lundi 21 juin, le premier annonce que cinq des six juges autorisés à siéger ont estimé ne pouvoir exclure Edward Lane de l'affaire. Le seul dissident est le vénérable William Wightman, qui soutient que rien dans l'énoncé de la loi n'interdit de le faire. Ayant exprimé son regret que ce dernier soit en désaccord avec la majorité, Cockburn déclare que les débats reprennent comme prévu. Il invite les avocats à récapituler leurs arguments.

Les juges étant convenus qu'il n'y a pas lieu de poursuivre Edward, Forsyth n'a pas à prendre la parole. Phillimore, défenseur d'Isabella, réitère sa thèse selon laquelle le journal est une invention ; il avance l'idée que sa cliente « s'imaginait en train d'écrire une sorte de roman, dont elle estimait manifestement que les scènes qu'elle décrivait seraient le point culminant ». Chambers, au nom de Henry, résume ses arguments en ces termes : bien qu'« indubitablement rédigé dans un style ampoulé – comme écrivent parfois les femmes –, le journal semble offrir une relation parfaitement exacte des faits. Mon éminent confrère a tenté de le disqualifier en citant des passages concernant Mr Thom avant d'appeler celui-ci à la barre pour qu'il en démente l'exactitude. Or Mr Thom n'a rien démenti du tout. Il a seulement déclaré qu'il s'agissait de comptes rendus exagérés de ce qui s'est vraiment passé. » Chambers ajoute qu'en 1854 Mrs Robinson était âgée de quarante et un ans et non de cinquante ans.

Cockburn fait savoir que la cour livrera son verdict sous moins d'une quinzaine.

Douze jours plus tard, le samedi 3 juillet, une foule de dames élégamment vêtues se presse dans la salle du tribunal pour entendre la conclusion de l'affaire Robinson. Elles durent bientôt déchanter. Cockburn déclare en effet avoir changé d'avis. Ses collègues et lui pensent désormais, comme Wightman, que le Dr Lane doit être dissocié de la partie mise en cause, de sorte à pouvoir être entendu comme témoin. De plus, ils ont appris que doit être prochainement présenté au Parlement un projet d'amendement de la loi sur le divorce comprenant une clause permettant la dissociation du codéfendeur dans une affaire comme celle-ci. Cockburn a décidé d'ajourner de nouveau pour attendre que cette nouvelle version de la loi soit votée.

Les juges continuaient d'examiner d'autres demandes. Le lundi 14 juin, premier jour du procès Robinson, la cour avait entendu celle d'une Mrs Ward qui désirait divorcer d'un mari ivrogne et violent aux motifs d'adultère, cruauté et abandon du domicile conjugal. Il s'agissait d'« une femme discrète et travailleuse », témoigna leur propriétaire, qui, après des années de « mauvais traitements » avait paru « prendre aisément son parti » du départ de son mari. Les policiers confirmèrent que Mr Ward avait battu son épouse. Cresswell fit toutefois observer que, puisque Mrs Ward avait été satisfaite de le voir s'en aller, la cour devait peut-être refuser le divorce. « L'abandon du domicile conjugal, rappela-t-il, doit être contraire à la volonté de l'épouse. » Le divorce ne pouvait pas être consensuel ni se justifier par le seul fait que l'un des conjoints était malheureux. En rédigeant la nouvelle loi, le législateur s'était attaché à éviter l'exemple des Français, qui, en 1792, avaient homologué le divorce pour incompatibilité, avec ce résultat qu'au cours de la décennie suivante un ménage français sur huit fut dissous, cela sur demande de l'épouse dans près de trois quarts des cas. Cresswell trouva néanmoins un biais pour rendre sa liberté à Mrs Ward. Le mercredi 16 juin, après la déposition de John Thom dans l'affaire Robinson, le magistrat déclara qu'elle avait « indubitablement le droit d'obtenir une dissolution aux motifs d'adultère et de cruauté, même s'il persistait quelque incertitude quant à l'abandon du domicile conjugal ». Grâce aux dispositions de la nouvelle loi, Mrs Ward pouvait conserver tout bien acquis en propre.

Neuf mariages furent annulés ce jour-là, promptitude qui suscita des interrogations à la Chambre des lords. S'ils opéraient trop lentement, les juges laissaient des unions exécrables traîner dans la conscience nationale ; s'ils agissaient trop rondement, ils paraissaient dissoudre l'institution du mariage sous les yeux du public.

Le 21 juin, après le troisième ajournement du procès Robinson, Cresswell rendit son verdict dans une affaire entendue pendant quatre jours au mois de mai : *Curtis contre Curtis*. L'épouse obtint gain de cause pour cruauté. Étant donné qu'il s'agissait d'une demande de séparation de corps et non de divorce, Cresswell était habilité à statuer seul. Comme dans l'affaire Robinson, la décision de la cour reposa sur l'interprétation d'un document rédigé par une femme.

Frances et John Curtis avaient, tout comme Henry et Isabella Robinson, conclu une union bancale, et Cresswell pointa la disparité de statut social du couple comme la clé de leur discorde. Le père de Fanny était un avocat de Lincoln's Inn, école de droit d'où étaient issus le père et le grand-père d'Isabella, tandis que son mari était, tout comme Henry, ingénieur civil. Les parents de Fanny ne se prirent pas de sympathie pour John Curtis. La veille de la cérémonie, celui-ci passa quatre heures à se quereller avec son futur beau-père à propos du contrat de mariage. Lors des réceptions chez les parents de sa femme, il avait le sentiment d'être traité en « inférieur ». Tout en soutenant que cela n'avait pas un caractère injurieux, Fanny reconnut que ses parents parlaient souvent d'« ingéniaiserie » à propos du métier de son mari.

John, de plus en plus instable, fit en 1850 une attaque de « fièvre cérébrale » et embrassa des opinions religieuses extrêmes. Dans sa demande de séparation, Fanny fit état de brutalités contre elle et leurs enfants – ainsi, selon elle, il battait fréquemment son fils « avec grande violence, à coups prononcés et méthodiques au visage, sur la tête et les oreilles ».

Quand l'affaire fut entendue en mai, Forbes Winslow figurait parmi les témoins de John Curtis. Il déclara ce dernier parfaitement remis de sa fièvre cérébrale. Afin de contrer les accusations de violence, John produisit une lettre de Fanny à sa mère, écrite en 1852, époque où la famille habitait New York ; les enfants, May et John, avaient alors trois et deux ans.

Cette lettre racontait un après-midi où, rentrant à la maison, John avait trouvé ses enfants en train de jouer sous la surveillance d'une bonne, en compagnie de deux fillettes âgées de quatre et six ans, filles d'une voisine. Il s'en prit aussitôt à Fanny, lui reprochant d'exposer son fils et sa fille à des étrangers. « Tout le malheur de sa vie, lui dit-il, provenait de pratiques immorales contractées auprès d'autres enfants. » Bien qu'elle se répandît en excuses, il s'anima de plus en plus à propos de ce qui risquait d'arriver à ses enfants, s'exprimant, selon elle, de façon « révoltante » et « malhonnête ». Elle fit une réflexion incisive sur l'état mental de son mari – « Vraiment, si ça continue, je vais devoir placer mes enfants sous la protection des autorités » – et s'en voulut aussitôt. En rage, John lui interdit de les voir, la gronda devant eux et en présence de la petite bonne, à laquelle il tint à servir le petit déjeuner avant de le servir à sa femme. Il déchira et brûla les revues de Fanny, lui interdisant d'apporter à la maison des livres ou des périodiques sans les lui avoir d'abord montrés.

« Plût au Ciel que je sache quoi faire, écrivit Fanny à sa mère, mais il paraît tellement préoccupé des petits que je ne me vois pas les emmener en dépit de ce que je peux endurer, et ils ne me semblent pas présentement en danger. [...] Plût au Ciel qu'il fasse quelque chose qui me permette de recouvrer ma liberté. Il m'arrive souvent de souhaiter qu'il me frappe, mais jamais il ne s'y risque – en fait, il a paru beaucoup plus gentil durant un temps ; mais ce qui est sûr, c'est qu'il a une idée démentielle de son autorité. [...] Je vois bien que mon irrésolution et ma faiblesse sont hautement condamnables, mais il est si difficile de choisir un parti. » Elle craignait que John ne fût en train de perdre la raison. « Cet extraordinaire mélange d'arrogance, d'égotisme, de goût du pouvoir, de ferveur religieuse et de passion, dépasse mon entendement, surtout quand s'y ajoute, de temps en temps, une crise de larmes et de désespoir. » Aussitôt après que les parents de Fanny eurent reçu cette lettre, son père s'embarqua pour New York et prit des mesures pour que son gendre soit interné dans un asile d'aliénés.

Relâché quelques mois plus tard, John Curtis alla travailler en Espagne comme ingénieur des chemins de fer, puis, en 1857, se rendit au domaine irlandais de son beau-père en quête de Fanny et des enfants. Il placarda des affichettes offrant dix livres à qui lui fournirait des renseignements à leur sujet. Elles étaient tournées comme une notice d'objet perdu ou un avis de recherche : « Mrs Frances Henrietta Curtis, née en Angleterre, 35 ans, taille 1,60 m, tendance à l'embonpoint, cheveux châtain très foncé, yeux bleus pas très saillants, teint pâle et frais, sourcils peu marqués, nez légèrement retroussé, dents de devant plutôt développées, contenance très assurée, manières calmes et pondérées. » Fanny s'enfuit à Londres, où elle et les enfants adoptèrent des noms d'emprunt. Quand John finit par la retrouver, elle s'en remit à la justice.

Comme le journal d'Isabella, la lettre de Fanny fournit au tribunal un aperçu vivant, subjectif, du quotidien d'un mariage désuni. Fanny Curtis était esseulée, désemparée, attachée à ses enfants, et faisait son possible pour se conformer au rôle d'épouse soumise. Bien que cette lettre ait été produite par John à dessein de prouver qu'il n'était pas physiquement violent, l'angoisse palpable qu'elle renfermait disposa favorablement la cour envers Fanny. Son souhait de se voir frapper était une preuve indéniable de sa détresse. Ses élans de pitié pour ce mari perturbé témoignaient de son aptitude à la tendresse.

Dans l'après-midi du 21 juin, Cresswell se prononça en défaveur de John Curtis et accorda à Fanny la séparation de corps qu'elle demandait. Il reconnut dans son jugement que son « agitation [l'avait] conduite à donner une description quelque peu haute en couleur » du comportement de son mari – véhémente partialité commune aux demandes soumises au tribunal –, et il exprima de la compassion pour John, méprisé et brimé par sa belle-famille, en proie à de terribles doutes et à des obsessions religieuses. Mais il considérait qu'il y avait « un accent de vérité, de sincérité et de franchise » dans la lettre de Fanny et qu'elle brossait « un tableau poignant » de sa vie. Il accéda à sa requête, concluant que John Curtis avait « exercé son autorité de manière violente et irraisonnée […] propre à faire naître la légitime appréhension d'un surcroît de violence ». Il se refusa à décider si les enfants vivraient avec leur mère ou avec leur père. La loi sur la garde des jeunes enfants accordait aux femmes (adultères exceptées) le droit de prétendre à la garde, et la nouvelle loi sur le divorce permettait en théorie de la leur confier. Cependant, souligna Cresswell, « le législateur n'a prescrit aucune règle ni aucun principe régissant la façon dont la cour devrait traiter ce sujet particulièrement délicat ». Il abandonnait la question à la cour de la chancellerie, ordonnant que les enfants Curtis demeurent avec leur mère pendant au moins les trois mois à venir.

Toutefois, quand Fanny Curtis et son père s'adressèrent à cette cour, le juge qui les entendit émit un avis radicalement différent. Le vice-chancelier Kindersley jugea fautive la conduite de Fanny à l'égard de John : « Je crois l'usage répandu que fort peu d'épouses prennent suffisamment en considération leur obligation solennelle d'obéissance et de soumission aux désirs de leur époux, fût-il lunatique. Quelque dur, quelque cruel que soit le mari, cela ne saurait justifier un défaut de soumission de la part de son épouse, cette soumission qui est son devoir selon la loi de Dieu et selon la loi humaine. » Admettant que John avait battu ses enfants quand ils s'agitaient pendant la prière ou le bénédicité, il déclara néanmoins que cela n'excédait pas les bornes d'un comportement raisonnable. Surtout, il n'accorda pas foi à la lettre de Fanny à sa mère, car elle relatait « des faits de manière non seulement exagérée mais aussi erronée ».

Kindersley précisa qu'en ce qui concernait l'attribution de la garde la cour ne pouvait prendre en considération l'intérêt des enfants, sinon le chaos s'ensuivrait. L'autorité paternelle devait primer. Les outrances de John Curtis étaient, après tout, sa façon de se conformer à deux principes de la société victorienne : l'autorité de l'homme sur sa famille et celle de Dieu sur l'homme. Préserver l'institution du mariage imposait de préserver la prééminence du père. Kindersley rejeta la demande de Fanny et accorda à John la garde des enfants.

Le jugement de Cresswell dans l'affaire Curtis fut inspiré par le bon sens et la compassion ; Kindersley prit sa décision en se référant à la tradition et à la règle.

Juste avant que ne débute le procès Robinson, George Combe se découvre encore plus mêlé à l'affaire qu'il ne le pensait. En mai 1858, Edward Lane lui écrit pour le prévenir que son nom apparaît en bonne place dans le journal d'Isabella. Il y est en effet souvent évoqué à propos de la phrénologie et de l'immortalité de l'âme. Combe en est épouvanté. Se trouver impliqué dans l'anarchie morale d'Isabella pourrait réduire à néant cette rectitude qu'il a soigneusement préservée tout au long des décennies passées. Des années durant il a rejeté les accusations d'athéisme. Voici qu'il risque de les voir revenir en la personne d'une femme à forte libido à laquelle il a témoigné de la bienveillance. Il répond à Edward que le fait d'avoir son nom associé au journal d'Isabella peut « nuire à [sa] réputation et réduire à rien l'influence de [ses] livres ». Il affirme avec vigueur que toute lettre de sa main citée par Isabella est légalement interdite de reproduction et, de façon moins convaincante, que toute conversation avec lui qui y est rapportée peut léser ses droits sur ses idées. Il demande à Edward de lui en dire plus sur les passages en question. Semble-t-il s'y exprimer de manière blasphématoire ? Y donne-t-il l'impression d'être irréligieux ou immoral ?

Combe et ses amis ont tout intérêt à étouffer le récit dénué de repentir qu'Isabella a fait de son adultère. Ce texte est un cadeau offert à leurs adversaires. Elle y pousse leurs idées jusqu'à une conclusion aussi crue que logique : l'homme est un animal uniquement gouverné par ses appétits ; il n'est pas d'âme immortelle, aussi peut-on se comporter à sa guise sans crainte d'un châtiment. Le journal offre un aperçu de ce que pourrait devenir la société si la vision nouvelle, évolutionniste, du monde venait à s'imposer.

Lane, Combe et Robert Chambers font le siège de journalistes pour s'assurer leur soutien. Chambers écrit à Marmaduke Sampson et Eneas Sweetland Dallas, du *Times*, pour leur demander instamment de publier un article de fond à la défense d'Edward Lane. À la suite de quoi il reçoit une lettre de Mrs Dallas – anciennement Isabella Glyn, qui a dîné avec Isabella Robinson chez les Chambers en 1851. Elle l'assure que les rédacteurs en chef du *Times* « ont été dès le début parfaitement conscients » de la « monstrueuse difficulté » de sa situation et qu'un éditorial vigoureux va paraître dans le journal.

L'éditorial d'Eneas Sweetland Dallas est publié le 6 juillet, trois jours après que Cockburn a ajourné le procès. On peut y lire qu'Isabella, incapable de distinguer ses fantasmes compulsifs de la réalité, était devenue hantée par un « monde onirique ». Elle n'avait pas délibérément inventé, avance le journaliste, mais s'était abandonnée aux forces de son inconscient. Pour elle, « les solides barrières qui séparent ombres et réalités – la fiction de la réalité – le monde des rêves du monde éveillé – n'avaient pas d'existence. Les désirs extravagants qui électrisaient son corps, les pensées vagabondes qui voletaient à travers sa cervelle troublée, étaient revêtus des attributs de la personnalité. Elle vivait dans son monde intérieur. » Son journal ressemble, selon Dallas, à un chapitre de *The Night Side of Nature*, essai sur le surnaturel signé par Catherine Crowe. S'y dissout la distinction entre mémoire et imagination.

« Chacune des actions de Mrs Robinson ne nous laisse le choix qu'entre deux conclusions, écrit Dallas : ou bien elle est la créature la plus ignoble et débauchée qui revêtit jamais forme féminine, ou bien elle est folle. Dans l'un et l'autre cas, son témoignage est sans valeur. » Il s'agit là d'un raisonnement circulaire : en écrivant sur l'adultère, Isabella s'est projetée hors du champ de la raison. Les écrits d'une femme adultère se reconnaissant telle – et même sa confession – ne sont pas dignes de foi.

L'*Examiner*, hebdomadaire dirigé par Marmion Savage, autre ami d'Edward Lane et familier de Moor Park, reproduit aussitôt l'éditorial de Dallas et publie également un article intitulé « Anomalies du droit – l'affaire *Robinson contre Robinson et Lane* » qui s'insurge contre le fait que la cour n'a pas donné au médecin, « homme à la respectabilité et à la valeur incontestables », la possibilité de s'exprimer.

Combe écrit à son ami Charles Mackay, rédacteur en chef de l'*Illustrated London News*, pour solliciter son aide. Mackay l'assure qu'il s'est déjà fait son opinion, selon laquelle « Mrs Robinson est folle et le Dr Lane tout à fait innocent ». Et d'ajouter que, dans les clubs londoniens qu'il fréquente, on constate « une disposition à exonérer le Dr Lane de tout reproche ». Il promet d'empêcher que son journal fasse la moindre allusion à l'affaire.

Le 24 juin, Charles Darwin confie à un ami : « Tous ceux à qui j'ai posé la question pensent que le Dr L. est probablement innocent. Le témoignage de Mr Thom (très sensé et sympathique jeune homme), la froideur notable des lettres du Dr Lane, l'absence de tout autre élément de preuve et surtout le fait sans précédent d'une femme narrant par le menu son infidélité, ce qui me paraît plus improbable que d'inventer une histoire inspirée par une extrême sensualité ou par des hallucinations, tout cela me conduit à tenir le Dr Lane pour innocent. Il s'agit là d'une affaire très cruelle. Je crains qu'elle ne lui soit fort préjudiciable. Je n'ai jamais entendu une parole déplacée dans sa bouche. » Trois jours plus tard, il écrit à ce même ami : « Je suis profondément navré pour le Dr L. et les siens, auxquels je suis très attaché. »

Edward demande à Combe de lui obtenir un article favorable dans le *Scotsman*, et écrit à différents confrères d'Édimbourg. Son nom a été « traîné dans la boue », dit-il le 25 juin à un ami avocat, dans « une des plus abominables, une des plus cruelles et des plus iniques affaires jamais présentées devant une cour de justice. [...] Je suis pieds et poings liés, et j'ai toutes les chances de me faire poignarder dans le noir ». Il proteste de son innocence « *sur la parole et sur l'honneur d'un homme de bien* ». Le journal est, explique-t-il, « le délire sans frein d'une monomaniaque qui était depuis longtemps en proie à une grave maladie utérine ». Il joint à sa lettre la copie des articles de journaux qui l'ont défendu.

La presse se hâte de discréditer le journal d'Isabella. Le *Daily News* réclame une modification de la loi qui permettrait à Edward de témoigner. Sinon, renchérit l'*Observer*, « nul homme n'est à l'abri, qui se retrouve en la compagnie d'une dame d'âge mûr atteinte d'une imagination excitable et d'un *cacoethes scribendi*. Il risque de paraître avoir commis toutes sortes d'énormités alors qu'il est en réalité parfaitement innocent, et de finir, de ce fait, complètement perdu de réputation ». Le *cacoethes scribendi*, formule du poète latin Juvénal, désigne un désir insatiable, une démangeaison persistante, d'écrire. Tant que la loi ne sera pas modifiée, lit-on dans le *Times*, tout homme ayant des entretiens privés avec des femmes – comme un clergyman ou un médecin – court le risque de voir sa carrière ruinée par une accusation mensongère. Et le *Morning Post* de clamer : « Le Dr Lane est un homme innocent et un homme blessé. »

En tant que médecin hydropathe, Edward Lane est particulièrement vulnérable aux accusations d'inconvenance. Le mois précédent, lors des débats sur la loi médicale de 1858, un rédacteur du *Lancet* a qualifié les hydropathes, les mesméristes et les homéopathes, d'« hommes ayant sacrifié la science et dégradé la moralité ». La presse médicale ne s'en range pas moins derrière le Dr Lane. Même si ses techniques de traitement sont peu orthodoxes, soutient le *British Medical Journal*, sa situation critique devrait importer à tous les médecins. Si le journal intime est retenu comme preuve, « n'importe lequel de nos confrères ayant "des boucles et le visage lisse", ainsi d'ailleurs que d'autres moins favorisés, peut se voir un jour précipiter du bonheur domestique et de la prospérité pécuniaire dans la ruine absolue ». Ce périodique exige que le Dr Lane soit appelé à la barre « afin de se libérer des rets peu ordinaires que l'imagination de Mrs Robinson a tissés autour de lui ».

Plusieurs journaux louent, avec différents degrés d'ironie, le talent artistique du journal d'Isabella. « L'œuvre dans son ensemble n'est pas dépourvue des marques d'un fort talent littéraire », commente le *Morning Post*. Le *Saturday Review* rapproche Isabella de la poétesse érotique grecque Sappho. Le *Daily News* compare la veine de « sentimentalisme passionné » du journal à *Julie ou la Nouvelle Héloïse* (1761) de Rousseau ; et ses « plus sensuelles lascivités » à *Héloïse et Abélard* (1717) d'Alexander Pope. Le roman épistolaire de Rousseau et le poème de Pope s'inspirent l'un et l'autre de l'histoire d'Abélard et Héloïse, clercs et amants du douzième siècle qui échangèrent une correspondance aussi ardente qu'érudite. Plus prosaïquement, Isabella est comparée à une sorcière (par le *Morning Post*) et à Messaline, la violente et luxurieuse épouse de l'empereur Claude (dans un livre de John Phillimore, frère de l'avocat). Une grande partie des articles de presse est empreinte d'un ton fiévreux qui, non content de lui faire écho, va plus loin que celui d'Isabella. Certains commentateurs insistent peut-être sur l'extravagance de son journal parce qu'ils craignent que son contenu ne suscite la sympathie des lecteurs, et surtout des lectrices.

« Ce journal intime s'accuse lui-même d'insanité, proclame le *Saturday Review* du 26 juin. Mais ses conséquences sont terribles. » L'hebdomadaire compare Isabella à Lady Dinorden, pairesse veuve condamnée cette semaine-là pour diffamation – elle a bombardé son neveu de lettres anonymes l'accusant d'être failli, enfant illégitime et dément. « La morale de l'affaire dessert, nous le craignons, les dames à prétentions littéraires. Le style épistolaire de Lady Dinorden et la maîtrise dont Mrs Robinson fait preuve dans l'écriture descriptive et idyllique les ont toutes deux conduites à leur perte. Elles sont victimes – et d'autres avec elles – de leur talent littéraire et de leur bonheur dans l'art de la composition. » Les femmes écrivains, de plus en plus nombreuses en ce milieu du dix-neuvième siècle, se voient mises en cause dans leur ensemble suite aux outrances du journal d'Isabella.

Un éditorial supplémentaire dans le même numéro du *Saturday Review* décrit la « somptueuse sentimentalité » d'Isabella, professant que son journal doit beaucoup à ce « pathétique exquis des lits de mort de très belles petites filles » que l'on rencontre dans les romans contemporains ; aux pitoyables lettres de prostituées qui paraissaient dans les pages des journaux ; et aux images et opuscules cochons vendus à Holywell Street, rue donnant sur le Strand et plaque tournante de la pornographie en Grande-Bretagne. L'auteur de cet article relie directement émotion larmoyante et décadence sexuelle. Dans le droit fil des « scènes d'amour avec caresses, toutes de douce étreinte longuement prolongée » des romans populaires, Isabella a tendrement ressassé sa chute, elle s'est attardée sur sa déchéance, elle a fait du sentiment avec son péché. Ce faisant, elle a révélé le lien entre romanesque et pornographie.

Quoique beaucoup moins explicite que la plupart des textes alors vendus sous le manteau à Holywell Street, son journal se conformait à une formule prisée en pornographie : le narrateur y était une femme s'abandonnant avec bonheur au sexe. Ses souvenirs extatiques étaient comme une version expurgée des exclamations que l'on trouvait dans *The Lustful Turk* (1828) : « Jamais, non, jamais je n'oublierai les délicieux transports qui firent suite à la roide insertion ; ensuite, oh mon Dieu ! » Ses rêveries à demi conscientes, le matin au réveil, rappelaient celles de *Fanny Hill, la fille de joie*, de John Cleland, livre qui avait connu vingt rééditions depuis sa publication en 1749 : « Je tâtonnais çà et là sur le lit, comme y cherchant quelque chose que j'avais tenu dans mon rêve éveillé, et ne le trouvant point, j'aurais pu pleurer de contrariété, chaque partie de mon corps embrasée d'un feu excitant. »

Si Isabella avait commis une transgression en couchant ses pensées luxurieuses sur le papier, les journaux, en publiant ses écrits, collaboraient à son crime. Lors de l'affaire Robinson, lisait-on dans le *Saturday Review*, « les compositions les plus ordurières jamais produites par une plume humaine » avaient été réimprimées en long et en large dans la presse. Cela faisait maintenant des semaines que les journaux vomissaient « un torrent d'immondices », « matière qui les rendait tout à fait impropres à être lus par une femme comme il faut, et constituait de dangereux stimulants pour les sens éveillés de la jeunesse ». La société victorienne était, semble-t-il, animée d'une compulsion à publier et à lire des scènes sexuelles qui était aussi forte que celle d'Isabella à les écrire.

John George Phillimore, titulaire d'une chaire de droit civil à Oxford et frère de l'avocat d'Isabella, affirmait que celle-ci s'était « désexualisée » dans son journal – elle s'était départie de sa féminité en même temps que de sa pudeur. Il adressait cette mise en garde : « ayant porté la corruption dans les foyers et sur les autels », les comptes rendus de divorce risquaient de « décomposer les fondements de la moralité nationale ». L'intégrité de l'Angleterre, écrivait le professeur Phillimore, reposait sur l'intégrité du mariage : « Dans aucun pays la relation entre mari et femme n'a été d'une plus grande dignité ni aussi sacrée que chez nous. Préserver cette part de notre caractère national, qui compense tant d'insuffisances – ne pas brader cette perle inestimable, telle est la préoccupation de tout homme dans les veines duquel coule une goutte de sang anglais. »

En 1857, au cours de la session d'été du Parlement, le gouvernement de Lord Palmerston avait réussi à faire voter le Matrimonial Causes Act, qui instituait le tribunal des Divorces, et l'Obscene Publications Act, qui faisait de la vente de matériau pornographique un délit. Ces deux lois identifiaient le comportement sexuel comme une cause de désordre social.

Un an après, elles paraissaient toutefois en conflit : les fonctionnaires de police saisissaient et détruisaient les histoires immorales en vertu de la loi sur l'obscénité, cependant qu'avocats et journalistes les répandaient par un effet de la loi sur le divorce. « Le grand principe qui régule l'offre et la demande paraît s'appliquer en matière de décence publique comme dans les autres domaines du commerce, observait le *Saturday Review* en 1859. Que l'on bouche un canal d'écoulement et le courant s'ouvrira une autre voie ; ainsi le flux endigué à Holywell Street se jette-t-il dans la cour des Divorces. »

Des parties de la Chambre des communes sont évacuées pendant la vague de chaleur. Des membres du Parlement tendent aux fenêtres des draps trempés dans de la chaux pour empêcher l'entrée de l'air vicié. Le fleuve « empeste et fume », dans « la touffeur plus qu'indienne » de la ville, rapporte le *Saturday Review*. « Le margouillis est en ébullition, observe l'*Illustrated London News*. Nous sommes capables de coloniser les coins les plus reculés de la terre [...] nous sommes capables d'étendre notre nom, notre renommée et nos ressources fécondes dans toutes les parties du monde ; mais nous sommes incapables de nettoyer la Tamise. »

George et Cecy Combe se trouvent à Londres au début du procès Robinson, leur logement étant situé à proximité d'Edgware Road. Durant ce séjour, ils se rendent à l'exposition estivale de la Royal Academy, où est présenté le triptyque d'Augustus Egg. Lors de l'interruption du procès en juillet, ils vont rendre visite à un ami, Mr Bastard, qui dirige une école laïque dans le Dorset, puis ils rejoignent les Lane et les Drysdale à Moor Park. Parmi les personnes présentes figure Marmion Savage, qui, en sa qualité de rédacteur en chef de l'*Examiner*, soutient la cause d'Edward Lane. Comme il le note dans son journal, Combe trouve ses hôtes « abattus, bien que soulagés du fardeau d'anxiété et de travail » que l'affaire a fait peser sur eux. Le 12 juillet, il écrit à Sir James Clark, joignant à sa lettre un compte rendu de son récent réexamen de la tête du prince de Galles. Bertie va « beaucoup mieux, mais le problème au cervelet demeure ». « La difficulté en question [le désir sexuel] est un des grands problèmes irrésolus de notre civilisation. »

Combe est parvenu à empêcher que son nom et d'autres ne soient prononcés pendant le procès. Il n'y a été fait mention d'aucune des personnalités de leur cercle, tels Charles Darwin, les frères Drysdale, Robert Chambers, Sir James Clark, Alexander Bain, Dinah Mulock ou Catherine Crowe. Les retombées ont été limitées. Reste à voir si les conséquences vont également épargner Edward et sa famille. Selon ce qui se dit, si l'amendement à la loi sur le divorce est voté, le docteur pourrait être appelé à témoigner au mois de novembre suivant.

« C'est aujourd'hui l'anniversaire de ma chère Cecy, note Combe dans son journal le 25 juillet 1858. Elle est heureuse, et son affection pour moi est débordante. La fin d'après-midi fut ensoleillée après une journée venteuse, et Cecy et moi sommes allés nous promener dans la clairière. J'ai trouvé à m'abriter du vent sous les hautes fougères. Je me suis assis par terre et elle sur son pliant. Elle m'a chanté plusieurs de nos chansons préférées avec des accents et expressions qu'aucune autre voix ne possède selon moi. Dieu la bénisse et lui donne longue vie. »

Le lendemain, il ne se sent pas bien. Au fil des deux semaines qui suivent, il a de violentes quintes de toux, des nausées, « des bouffées de chaleur et une commotion à la tête ». Edward veille sur lui. « Il est très gentil, écrit le malade, mais il dit préférable de laisser la nature accomplir son travail de guérison. » Sir James Clark vient voir son vieil ami à Moor Park le 4 août, visite montrant bien qu'il tient Edward pour innocent. Le 11 août, Combe, qui n'arrive plus à écrire, dicte son journal à Cecy. Le 13, comme il ne parvient plus à dicter, Cecy reprend à son compte la tenue du journal. « À deux heures du matin, je suis allée le voir, je l'ai fait manger, j'ai essayé de lui laver le visage et les mains et j'ai entendu le mot "chérie" ; mais ses paroles deviennent indistinctes, sa voix très faible. » À dix heures du matin le 14 août, la respiration de Combe ralentit et s'interrompt. Cecy consigne ces instants dans le journal de son mari : « Le Dr Lane a dit : "C'est fini." Un grand silence régnait dans la pièce. » La mort est imputée à une pleuropneumonie. « Un fils n'aurait pu être plus gentil que le Dr Lane, écrit Cecy, des amis n'auraient pu l'être plus que la famille tout entière. »

Le 15 août, les entrepreneurs des pompes funèbres – Mr Sloman et Mr Workman – séparent la tête de Combe de son corps, cela afin que son crâne puisse être soumis à une analyse phrénologique. Cecy ramène la dépouille de son mari à Édimbourg, où l'enterrement a lieu le 20 août.

12

Le verdict

Westminster Hall, novembre 1858-mars 1859

Dans le mois du décès de George Combe, le Parlement vote une série d'amendements à la loi sur le divorce, dont une clause autorisant la cour à abandonner les poursuites contre un codéfendeur afin de le citer comme témoin. Les juges de l'affaire *Robinson contre Robinson et Lane* appliquent cette nouvelle disposition à Edward Lane, dans l'intérêt duquel la loi a été modifiée. Le vendredi 26 novembre, le médecin se présente à Westminster pour défendre son nom. Bien que la cour l'ait déjà techniquement innocenté, sa réputation risque toujours d'être ruinée, à moins qu'Isabella ne soit elle aussi disculpée.

C'est une matinée limpide et sèche, d'une tiédeur inaccoutumée, la température à Londres étant passée de moins douze à plus quinze degrés en l'espace de trois jours. À Westminster Hall, Cockburn, Cresswell et Wightman siègent de nouveau.

Le médecin prend place dans le box. William Bovill, avocat d'Isabella, se lève pour l'interroger. Le personnage a tout d'un inoffensif professeur à lunettes, l'air sérieux, la silhouette fluette, avec une grosse tête luisante qui bombe aux tempes. Bien que n'ayant pas pris la parole en juin devant la cour, c'est lui qui, avec Phillimore, a mis au point la défense d'Edward et d'Isabella.

« Je suis médecin, diplômé de l'université d'Édimbourg, déclare Edward Lane en réponse à ses questions. J'ai épousé en 1847 la fille de Sir William Drysdale. Ma femme a trente et un ou trente-deux ans. J'ai quatre enfants. »

Bovill l'interrogea sur son amitié avec Isabella.

« J'ai rencontré Mrs Robinson à l'automne de 1850, à l'époque où j'habitais Édimbourg. Nos deux familles sont devenues très proches. Cette dame possédait de grandes connaissances littéraires et correspondait avec des hommes de lettres. Nous avons recommencé à nous fréquenter à Moor Park quand les Robinson sont venus vivre à Reading. En 1853, quand mon épouse et moi sommes allés voyager sur le continent, nous leur avons confié nos enfants pour une durée de quatre ou cinq semaines. Ils ont également été reçus chez eux en d'autres occasions. Mrs Robinson leur témoignait beaucoup de gentillesse. »

Il confirme les dates des différentes visites d'Isabella à Moor Park, dont celle qui a suivi la découverte par Henry de son journal. Elle y a passé un jour et une nuit en 1856, dit-il. « Si ma mémoire est bonne, c'était vers la fin du mois de septembre ou au tout début d'octobre. »

Bovill lui demande si Mrs Robinson séjournait à Moor Park en tant qu'amie ou bien en tant que patiente.

Bien que « toujours souffrante », répond le médecin, elle venait à Moor Park en tant qu'amie de la famille. C'est en juin 1855 qu'il l'a vue pour la première fois en consultation. « Elle m'a dit souffrir depuis plusieurs années de troubles de l'utérus. Elle a également mentionné des maux de tête continuels, un profond abattement et un cycle irrégulier. Elle paraissait avoir entre quarante et cinquante ans, âge auquel un changement se produit généralement chez la femme. »

Bovill veut en savoir plus sur la nature de la maladie d'Isabella.

« Le mal dont elle souffrait est de ceux qui affectent le système nerveux, dit Edward. Elle était un mélange de calme et de surexcitation.

« Elle était très raide dans son maintien, ajoute-t-il, mais il arrivait parfois que sa conversation se fasse frivole. Je ne lui ai rien prescrit, me bornant à lui prodiguer des conseils. Je lui ai recommandé un traitement tonifiant. » Ce type de traitement, destiné à stimuler l'organisme, comportait généralement la prise de boissons telles que de l'eau de source ferrugineuse ou des amers (alcools infusés d'écorces ou de quinine), combinée à de l'exercice, un bon régime alimentaire et des bains froids.

Bovill aborde la question des promenades qu'Edward et Isabella faisaient ensemble.

« J'avais coutume d'aller marcher chaque jour en compagnie de différents patients, hommes ou femmes, de l'établissement », répond Edward, soulignant que ces sorties n'avaient rien de clandestin. « Le parc est vaste et magnifique. Tous les chemins sont ouverts aux patients, aux employés et aux visiteurs. Nos voisins, qui sont des amis, y ont également accès. »

Bovill l'interroge sur la fois où on l'a vu sortir des appartements d'Isabella.

« Quand l'une ou l'autre de ces dames n'apparaissait pas à la table du petit déjeuner, j'avais coutume d'aller lui rendre visite dans sa chambre. Il se peut en effet que je sois allé dans celle de Mrs Robinson.

— Cependant, intervient Cockburn, j'ai cru comprendre qu'elle se trouvait là non en tant que patiente mais en tant qu'amie.

— S'il m'est revenu que Mrs Robinson était indisposée, il est fort possible que je sois allé la voir dans sa chambre, explique Edward. Mais je ne me rappelle pas l'avoir jamais fait. Je ne jurerais pas que ce n'est jamais arrivé, mais je n'ai aucun souvenir de l'avoir fait. Lorsqu'elle séjournait à Moor Park, elle disposait généralement de deux pièces : un salon et une chambre à coucher, l'un étant relié à l'autre. »

Bovill en vient à la question du bureau dans lequel ils ont prétendument eu des rapports sexuels.

« Le bureau était accessible à tous les patients qui souhaitaient me voir, et des amis y entraient continuellement pour passer un moment avec moi dans la journée ou dans la soirée. Il s'agissait d'une pièce réservée à mon usage, et quiconque souhaitant me dire un mot venait m'y trouver. » Interrogé plus avant, il ajoute : « Ce bureau est pourvu de trois portes. L'une d'elles ouvre sur la grande salle à manger et une autre fait face à celle de l'office. Il arrive que les domestiques s'en servent comme pièce de communication.

— Pendant toute la durée de votre relation avec Mrs Robinson depuis son commencement jusqu'à sa conclusion, avez-vous jamais entretenu avec elle des liens répréhensibles ? demande Bovill.

— Jamais.

— Avez-vous jamais eu des privautés à son endroit ?

— Jamais.

— Vous êtes-vous jamais conduit avec elle de façon déplacée ou inconvenante ?

— Absolument jamais.

— Lui avez-vous jamais adressé une parole ou une observation pouvant passer pour une avance ?

— Pas une fois », persiste Edward. Il ajoute toutefois qu'il lui a un jour donné un chaste baiser. « En octobre 1855, elle est arrivée en compagnie d'un de ses enfants. Ma belle-mère et moi l'avons accueillie dans l'entrée, cela en présence de plusieurs autres personnes. Cette entrée sert également de salle de billard. En cette occasion, je lui ai donné un baiser. Je vais vous en expliquer la raison. Au mois de septembre précédent, mon épouse et moi voulions envoyer nos enfants au bord de la mer afin de les changer d'air. Or, comme nous étions trop occupés pour nous absenter, Mrs Robinson a gentiment proposé de les y accompagner, ce qu'elle a fait. C'est pourquoi, à son retour à Moor Park, je l'ai accueillie comme j'ai dit. » C'est, précise-t-il, le seul geste tant soit peu affectueux qu'il ait eu pour elle. « Jamais je ne lui ai enlacé la taille, ni ne l'ai prise dans mes bras, ni entreprise ou caressée. Je n'ai jamais rien fait pour éveiller son désir. » Il dément avoir eu avec elle un échange à propos de « conséquences auxquelles obvier ».

Il a eu le journal sous les yeux, dit-il, et son contenu est « entièrement et absolument faux – un tissu d'affabulations du début jusqu'à la fin dès lors qu'il me prête la moindre attitude ou initiative inconvenante ».

Lui a-t-elle pris une mèche de cheveux ?

« Elle ne m'a jamais coupé aucune mèche de cheveux. »

Allait-il, le soir, se promener avec elle ?

« Il se peut que nous soyons allés marcher à la nuit tombée en été, mais, en ce mois d'octobre, pas une fois je ne suis sorti avec elle après le repas du soir. »

Bovill regagne sa place, remplacé par John Karslake, adjoint de Montagu Chambers, qui vient soumettre le médecin au contre-interrogatoire. Karslake a un physique saisissant – un mètre quatre-vingt-dix-huit, « d'une exceptionnelle beauté, viril, direct et convaincant dans tout ce qu'il dit », selon son ami et adversaire John Coleridge, adjoint de Bovill dans l'affaire Robinson.

D'une voix rapide et monocorde, Karslake revient sur la question de l'accès prétendument libre au bureau du médecin.

« Il était entendu que les domestiques ne devaient pas y passer lorsque je m'y trouvais, concède celui-ci. Généralement, ils frappaient avant d'entrer. »

Karslake lui demande de plus amples détails sur la nature de son amitié avec Mrs Robinson.

« À Édimbourg, la relation entre ma famille et les Robinson s'est nouée rapidement. Nous les voyions presque quotidiennement. Nous n'aurions guère pu être plus intimes en tant qu'amis que nous l'avons été à cette époque. Mrs Robinson et moi discutions de sujets scientifiques, de tel ou tel livre, sur la phrénologie et autres matières. Lorsqu'elle était absente d'Édimbourg, je lui écrivais ; parfois, de longues lettres. »

En réponse à une autre question, il reconnaît avoir donné un médaillon à Isabella.

« J'ai un jour offert un médaillon à Mrs Robinson, un cadeau de la part de ma femme. Il renfermait des cheveux de mes enfants. Ma femme et elle avaient échangé des médaillons. C'était à l'époque d'Édimbourg. Ma femme lui a fait des présents de cette sorte en une ou deux occasions. »

Il est de nouveau interrogé sur sa visite dans la chambre d'Isabella.

« Mrs Robinson logeait dans telle ou telle chambre se trouvant libre au moment de son arrivée à Moor Park. Je répète que je ne me souviens pas d'avoir jamais mis les pieds dans sa chambre un matin. J'y suis allé une fois le soir. C'était en début de soirée, en 1855. Il se peut que je sois allé d'autres fois chez elle, le soir, mais cela ne me revient pas. Cette fameuse fois, j'y ai trouvé Mr Thom. »

Karslake demande s'il s'agissait de la chambre à coucher.

« C'était son salon et non sa chambre à coucher. Je ne suis jamais entré, le soir, dans sa chambre à coucher. »

Quand Mrs Robinson est-elle venue à Moor Park en 1856 ? s'enquiert Karslake. Et ont-ils correspondu depuis lors ? Il cherche à prendre la mesure de leurs échanges depuis le mois de mai et la découverte du journal par Henry.

« C'était en août ou septembre, répond Edward, modifiant légèrement sa précédente estimation (fin septembre ou octobre). Il se peut que j'aie correspondu avec elle après cette visite. J'ai vu Mrs Robinson pour la dernière fois en décembre 1856. »

Karslake veut savoir quand Edward a appris la décision de Henry Robinson de porter l'affaire devant la justice.

« Je n'ai su avec certitude qu'en juillet 1857 que Mr Robinson avait entrepris une action contre Mrs Robinson devant le tribunal ecclésiastique. Je l'ai appris de la bouche de mon jardinier. J'ai eu sous les yeux un compte rendu de l'affaire en novembre de cette même année. À peu près deux lignes, dans le *Times*, je crois, disant qu'il avait obtenu gain de cause. John Burmingham, mon jardinier, m'a dit que sa sœur avait été citée comme témoin. » Il s'agit de

Sarah Burmingham, qui a également témoigné en faveur de Henry dans le procès en cours.

A-t-il correspondu avec Mrs Robinson après cela ?

« Je n'ai eu aucune communication avec Mrs Robinson en 1857, répond Edward, ni avec aucune personne liée à cette dame. »

Bovill revient interroger son témoin. Il lui demande de décrire plus précisément ce qu'il savait à l'époque de cette procédure de divorce.

« Le compte rendu en question figurait dans le *Times* du 4 décembre 1857, dit Edward. On y apprenait seulement que la demande provenait de Mr Robinson à l'encontre de Mrs Robinson au motif d'adultère ; que le Dr Addams s'apprêtait à présenter les arguments du mari, quand l'avocat de l'Amirauté, qui représentait l'épouse, a déclaré qu'il ne plaiderait pas en opposition ; et que la cour avait prononcé le divorce. » Par « divorce », il entend un divorce *a mensa et thoro*, une séparation de corps ; l'avocat de l'Amirauté était le Dr Phillimore.

Cockburn demande à Edward si Isabella est entrée en contact avec lui à l'époque où l'affaire était entendue par le tribunal ecclésiastique.

« Personne n'a communiqué avec moi de la part de Mrs Robinson. J'ai compris que j'étais impliqué dans la procédure déclenchée par Mr Robinson. »

Bovill rappelle à Cockburn qu'Edward Lane ne pouvait être interrogé dans le cadre de cette affaire par la cour ecclésiastique.

Cockburn le corrige : il est exact qu'il n'aurait pu être interrogé *ex proprio motu*, de son propre chef, mais si Mrs Robinson avait choisi de s'opposer à la demande, elle aurait pu le citer comme témoin.

Edward est autorisé à quitter le box. Il a fait preuve de retenue, s'abstenant de charger Isabella et démentant posément les accusations d'adultère. Il s'est montré courtois, calme, objectif, sans rancœur ni passion ni véhémence. Il mâchait moins ses mots dans ses lettres à George Combe. Il avait alors à cœur de le persuader de son innocence ; à présent, il a une dette envers Isabella, qui s'oppose au divorce afin de le protéger.

Résumant pour Isabella, Bovill déclare que les arguments de Henry reposent exclusivement sur le journal. « Je ferai en premier lieu observer que ce journal ne contient aucune affirmation explicite de la culpabilité de Mrs Robinson. Quelques-uns des plus éminents spécialistes du royaume ont démontré que la maladie dont elle souffrait avait probablement excité son imagination, la conduisant à tenir pour vrais des événements qui ne s'étaient jamais produits. Le fait qu'elle souffrait de ce mal depuis plusieurs années a également été établi, et les expédients employés dans un certain but par les époux ont eu tendance à aggraver son état. » Il s'agit là d'une évocation euphémique de la méthode contraceptive utilisée par les Robinson. Bovill n'en dit pas plus à ce sujet. Peut-être usaient-ils d'une seringue ou d'une cape cervicale, techniques qui pouvaient causer des irritations et par conséquent, croit-on à l'époque, provoquer un dérangement mental ; ou peut-être Henry se retirait-il avant d'éjaculer, avec des conséquences semblables.

Bovill attire l'attention de la cour sur le fait que le journal mentionne fréquemment l'œuvre de Shelley : on peut en inférer avec raison, dit-il, qu'Isabella a aussi été frappée par des événements de la vie du poète et par le fait qu'il avait imaginé des choses qui n'avaient jamais existé. Il avance que les entrées du journal ne sont « pas le relevé de faits réels mais l'expression de sentiments », faisant remarquer que celle, en apparence accablante, du 7 octobre 1854, dans laquelle Isabella et Edward échangent leurs premiers baisers, n'a pas été écrite le jour même mais le lendemain, « après une nuit d'insomnie et de rêverie ».

Il relit plusieurs extraits du journal qui tendent à montrer l'instabilité d'Isabella, attirant l'attention sur un passage – daté du 25 mai d'une année non précisée – dans lequel elle dit avoir trompé Henry un mois avant leur mariage. Il note que l'avocat de Henry s'est abstenu de mettre en cause Edward Lane : « L'interrogatoire du Dr Lane a été annoncé plusieurs mois à l'avance, et cependant Mr Karslake n'a pas été en mesure de lui poser une seule question susceptible de le récuser en tant que témoin. » Il revient ensuite sur l'argument central de la défense d'Isabella, cette idée que, venant d'une femme, le fait de consigner par écrit des épisodes aussi scandaleux est en soi une preuve de folie. « Si ce qu'elle décrit s'était réellement produit, peut-on croire qu'elle aurait tenu de sa main, jour après jour, la chronique de son infamie ? »

Bovill soutient que les passages érotiques relèvent plutôt d'une expérimentation de type romanesque. Car enfin, les extraits sur lesquels s'appuient les avocats de Henry sont habilement construits. Quand elle relate son premier rendez-vous galant dans la clairière de Moor Park, Isabella ne révèle pas d'un coup l'extraordinaire nouvelle ; non, elle commence par recréer l'innocence de cette matinée, tout en taisant qu'elle sait le désir d'Edward pour elle. De telles pages, dit l'avocat, donnent à penser que Mrs Robinson envisageait d'écrire un roman.

« J'espère qu'"envisager d'écrire un roman" n'est pas la marque d'un esprit malade », lâche Cockburn. Sur ce, des rires fusent dans la salle.

« Certes non, répond Bovill. Mais ce roman qu'elle envisageait était relié à des événements auxquels elle imaginait avoir pris part. Jamais jusqu'ici on n'a cherché à convaincre une dame d'adultère sur la foi de semblables preuves. »

Ensuite, Montagu Chambers s'adresse à la cour pour Henry Robinson : « Ce journal démontre que Mrs Robinson est une femme saine d'esprit, capable d'aborder les problèmes les plus abscons et compliqués. C'est le journal d'une très romantique et néanmoins très intelligente femme, apte à discuter de questions scientifiques et autres sujets subtils.

— Il n'est point d'asile de fous où vous ne trouverez des gens capables de la même chose », place Cockburn. Le public s'esclaffe. Après avoir fait remarquer d'un ton pince-sans-rire à Bovill que des aspirations littéraires ne sont pas en soi une preuve de folie, le magistrat rappelle maintenant à Chambers que sophistication intellectuelle n'est pas synonyme de santé mentale.

« La défense se fonde sur l'idée que Mrs Robinson était affligée d'une maladie utérine, reprend Chambers, mais cela revient à bâtir sur du sable. Rien n'a été démontré sur son actuel état de santé ni sur le moment où sa maladie est censée avoir pris fin. On ne sait même pas de quoi elle souffrait au juste. »

Il rappelle à la cour les premières pages du journal où il est question d'Edward Lane. « Mr Lane avait apparemment coutume de lire de la poésie à Mrs Robinson, et cette dernière mentionne très clairement son amour naissant pour ce monsieur. Elle le dépeint dès leur première rencontre comme un très bel homme. » Quand il « se rendait disponible pour une autre », elle ne le trouvait « plus si agréable que cela ». Il faut reconnaître au Dr Lane, dit Chambers, qu'il a tenu Mrs Robinson à distance pendant plusieurs années, répondant à ses avances par de la froideur et de la réserve. Mais pour finir, « il fut malheureusement incapable de résister aux séductions d'une femme aimable et amoureuse ». Le fait que nul ne l'ait vu se comporter avec grande familiarité à l'endroit de Mrs Robinson, dit encore Chambers, « prouve seulement qu'il est un homme prudent et non qu'il n'est pas coupable ».

Cockburn ajourne le procès. Les juges, déclare-t-il, vont prendre le temps de mûrir leur décision.

Au cours des jours suivants, la plupart des journaux qui se sont montrés durant l'été si enclins à disculper Edward Lane restent muets sur le sujet. Après avoir, plus tôt cette année-là, décrit le journal d'Isabella comme « un carnet rempli d'absurdités », le *Daily Telegraph* publie même un article donnant à entendre que le médecin pourrait être coupable : « Quiconque lit ce journal intime, où les événements de chaque jour sont consignés dans leurs moindres détails, ne peut douter de la véracité de son contenu. » Le témoignage d'Edward Lane, poursuit l'article, n'a pas levé le mystère entourant l'affaire. Il a confirmé tout ce que le journal rapporte, hormis les rapports sexuels, et son contre-interrogatoire a fait ressurgir l'épineuse question de savoir pourquoi Mrs Robinson n'a pas nié l'adultère – et l'a cité comme témoin – quand l'affaire a été entendue par la cour ecclésiastique. « Le Dr Lane a eu la chance de profiter d'une loi votée, semble-t-il, exprès pour lui, grâce à laquelle il a pu s'asseoir dans le box des témoins et attester son innocence. Mais quiconque connaît la nature humaine ne sera guère disposé à prêter une foi absolue au témoignage d'un homme se trouvant dans une position aussi singulière. » La thèse de ses avocats, selon laquelle Isabella est aliénée, ajoute le *Telegraph*, est « une théorie bien commode ».

Depuis l'été et le début du procès Robinson, les allégations de démence étaient devenues fortement controversées. En juin 1858, le romancier (et enthousiaste de l'hydrothérapie) Edward Bulwer-Lytton avait enlevé et enfermé sa femme Rosina dans un asile de fous après qu'elle l'eut dénoncé comme menteur en pleine tribune électorale. Rosina fut déclarée atteinte d'aliénation mentale par John Conolly, l'aliéniste qui avait traité Catherine Crowe ; toutefois, quand elle fut réexaminée au terme d'une campagne de presse, ce même Conolly et Forbes Winslow la reconnurent saine d'esprit. Des articles fouillés parurent également sur l'enfermement apparemment injustifié d'une Mrs Turner, d'un Mr Ruck et d'un Mr Leech. Un diagnostic de démence, surtout s'il favorisait tel ou tel, était désormais regardé avec un scepticisme nouveau.

Une succession d'affaires inquiétantes furent présentées devant la cour dans les semaines qui suivirent le témoignage d'Edward Lane. Le samedi 27 novembre, Sir Cresswell se prononça sur la demande de Caroline Marchmont, qui souhaitait obtenir une séparation de corps au motif de la cruauté de son mari, un ancien clergyman. Comme il était précisé dans sa demande, elle avait apporté dans la corbeille de mariage l'énorme somme de cinquante mille livres, et les deux époux s'étaient dès le début querellés pour des questions d'argent. Mr Marchmont avait coutume, expliquait-elle, d'exiger d'elle des sommes en liquide, cent livres à la fois. Il se dressait au-dessus d'elle, « livide, les yeux lançant des éclairs », la traitant de « harpie », de « mégère », de « maritorne », de « pocharde » et pire encore. Il prétendait de son côté être en butte à des provocations : sa femme était pingre et avare de son argent, soupçonneuse, mal embouchée et irritante, surtout dans les (fréquentes) occasions où elle abusait du xérès.

Plusieurs témoins déclarèrent que Mr Marchmont avait à plusieurs reprises obligé son épouse à regagner le domicile familial (la trouvant, par exemple, cachée chez sa sœur ou dans une cave à charbon, ou s'enfuyant par-dessus un mur de jardin), mais les dépositions différaient sur le degré de violence de ses actes. Mrs Marchmont raconta que, faisant un jour irruption dans leur chambre, son mari la surprit en train d'écrire dans un livre de comptes où elle tenait la chronique des mauvais traitements qu'il lui infligeait. Il s'en saisit et le lança dans la cheminée, sur quoi elle se précipita pour le retirer des flammes. Selon elle, il le lui arracha une nouvelle fois et lui en asséna un coup, lui noircissant le visage. De son côté, Mr Marchmont affirmait que c'était elle qui l'avait frappé avec le livre enflammé, et si violemment que le fermoir lui avait fait une entaille sous l'œil. Le jury eut à décider s'il avait agi avec cruauté ou s'il avait seulement exercé ses droits d'époux. Le 30 novembre, la cour se prononça en faveur de Mrs Marchmont et lui accorda la séparation de corps.

Le *Saturday Review* manifesta son désaccord, arguant que les provocations de cette dernière étaient aussi blâmables que la cupidité et les violences exercées de temps à autre par son mari. Dans l'intérêt du bonheur de la multitude, la séparation de corps ne devait être prononcée qu'en « cas de force majeure ». « Un couple marié, affirmait l'hebdomadaire, se devrait d'endurer une considérable mesure de désagrément, d'incompatibilité, de souffrance et de tourment personnels, et continuer cependant de cohabiter comme mari et femme. »

Dans *Evans contre Evans et Robinson*, affaire en cours depuis longtemps qui revint devant le tribunal le 5 décembre, les preuves apportées par le mari de l'infidélité de son épouse avaient été rassemblées par Charley Field, ce détective privé auquel Henry Robinson avait eu recours. Field consignait dans un journal tout ce qui concernait ses enquêtes. Ayant loué un appartement dans l'immeuble de Mrs Evans à Marylebone, il avait fait percer dans la porte de son boudoir un trou de vrille par lequel plusieurs domestiques purent la voir faire l'amour avec un autre homme que son mari. Le magistrat jugea ces preuves recevables, mais il réprouvait les méthodes de Field. « Les Anglais, déclara le juge Martin, qui rendit le verdict, trouvent odieux que des gens les suivent en tous lieux et prennent note de leurs faits et gestes. »

Le 13 décembre, Esther Keats, jeune épouse du propriétaire de Fortnum & Mason, grand magasin d'alimentation sis à Picadilly, avoua devant la cour des Divorces avoir commis l'adultère avec le musicien espagnol Don Pedro de Montesuma dans des hôtels de Londres, Douvres et Dublin. L'avocat de Mrs Keats soutint que Frederick Keats avait négligé sa femme en la laissant seule à Brighton pendant les longues périodes où il s'occupait de ses affaires dans la capitale, et qu'il avait par la suite fermé les yeux sur son infidélité en la laissant réintégrer le domicile conjugal. L'avocat de Mr Keats demanda à la cour de ne pas retenir cet argument ; sinon, dit-il, « qu'adviendrait-il des épouses des membres du Parlement, lesquels, six mois de l'année, se rendent à la Chambre des communes à quatre ou cinq heures de l'après-midi et y restent jusqu'à minuit ou une heure du matin ? Qu'adviendrait-il des épouses des membres de la carrière juridique, partis en tournée six semaines d'affilée ? » Si l'absence du mari justifiait l'infidélité de la femme, maintes Anglaises de la classe moyenne auraient licence de forniquer. La demande de divorce de Mr Keats aboutit, et Don

Pedro fut condamné à lui verser mille livres de dommages et intérêts.

Le 19 décembre, le *Reynolds's Weekly* faisait observer que les affaires passant devant la cour des Divorces semblaient « montrer que l'adultère était en plein essor, sinon absolument débridé, au sein des classes supérieures morales, respectables et chrétiennes ». Une semaine plus tard, la reine Victoria écrivait à Lord Campbell, principal rédacteur de la loi sur le divorce, pour lui demander s'il pouvait tenter d'étouffer certaines des histoires qui franchissaient l'enceinte du tribunal. « Ces affaires [...] emplissent presque quotidiennement une grande part de la presse et sont d'une nature si scandaleuse que l'on n'ose pour ainsi dire plus laisser un journal entre les mains d'une jeune fille ou d'un jeune garçon. Aucun des pires romans français, dont les parents attentifs s'efforcent de protéger leurs enfants, n'est aussi délétère que ce qui est chaque jour déposé sur la table du petit déjeuner de chaque famille instruite d'Angleterre, et l'effet doit en être extrêmement pernicieux pour la morale publique du pays. » Campbell répondit qu'il n'avait malheureusement pas le pouvoir de limiter ce qu'imprimait la presse. Le 10 janvier, il confia à son journal les anxiétés que lui inspirait le nouveau tribunal : « Tel Frankenstein, je crains le monstre que j'ai fait venir à la vie. »

Les histoires en provenance de la cour des Divorces se révélaient inquiétantes à double titre : elles étaient bestiales dans leur violence et leur luxure ; leur signification était incertaine. Le tribunal entendait réformer l'institution du mariage en la soumettant à un examen minutieux, mais semblait ne parvenir qu'à en révéler les contradictions. Un mariage brisé engendrait toujours deux récits incompatibles, tout comme un journal intime était toujours le lieu d'une narration partiale. Que ce soit à la lecture de celle-ci ou en auscultant la relation privée de deux êtres dans un forum public, il arrivait que ce qui s'était réellement produit n'apparaisse pas clairement, et plus encore qu'on ignore quelle décision juste prononcer. Les mariages disloqués soumis au tribunal semblaient être la marque d'une société dans laquelle hommes et femmes se trouvaient retranchés dans des mondes séparés.

Il fallut trois mois à la cour des Divorces pour rendre un verdict dans l'affaire *Robinson contre Robinson et Lane*. Le mercredi 2 mars 1859, plaisante journée douce et sèche, Cockburn, Cresswell et Wightman se réunissent une nouvelle fois. La lumière filtre dans la salle par la verrière du toit et par les impostes.

Cockburn s'adresse à la cour. Dans un jugement que les journaux qualifieront de « minutieux et éloquent », il entreprend de démonter toutes les argumentations qui lui ont été soumises, et de présenter une nouvelle façon de statuer sur l'affaire.

L'argument de Henry Robinson s'appuie exclusivement, dit-il, sur la teneur du journal, tous les témoignages à l'appui ayant été récusés. Les juges ont trouvé ce journal singulièrement révélateur. « Même là où l'on se serait attendu au secret, les pensées et sentiments les plus intimes sont exposés sans hésitation ni réserve. » Mrs Robinson ressort de ces pages comme une « femme d'une intelligence hors du commun et aux qualités non négligeables », qui paraît avoir nourri « une affection grande et sincère » pour ses enfants. Lui ont fait défaut la raison et le jugement ; son imagination était trop vive, et trop fortes ses passions.

Ce portait d'Isabella par Cockburn se révèle plus mesuré et compatissant que ceux qu'a dressés la presse. Il se peut que la vie privée de ce magistrat ait influencé l'idée qu'il se fait d'elle : amant d'une femme célibataire qui lui a donné deux enfants, il sait qu'une femme « déchue » n'est pas nécessairement mauvaise. Il sait aussi l'extrême tristesse du couple Robinson : ayant lu la totalité du journal, ses pairs et lui ont connaissance de l'infidélité et de la rapacité de Henry Robinson, ni l'une ni l'autre n'étant évoquées lors des audiences.

Les magistrats, dit Cockburn, n'ont pas trouvé matière à conclure que Mrs Robinson soit démente. Si les scènes qu'elle a dépeintes sont « les égarements d'un esprit dérangé », pour citer les avocats de la défense, « nous aurions sans aucun doute relevé, comme c'est habituellement le cas en pareilles affaires, des confidences ou aveux adressés à d'autres personnes, et non pas seulement leur simple relation parmi celles des autres événements de sa vie dans un journal privé destiné à nul autre œil que le sien ». L'aptitude au secret d'Isabella est, laisse-t-il entendre, une preuve de sa santé mentale.

Tous les juges ne partageaient pas cet avis huit mois plus tôt. Le 21 juin 1858, Wightman jugeait « évident » qu'Isabella était « en proie à des fantasmes d'un genre particulier, résultant d'une maladie chronique ». Soit il s'est ensuite laissé persuader du contraire, soit l'opinion de ses confrères a prévalu sur la sienne.

Si Isabella avait été folle, poursuit Cockburn, « nous aurions sans doute trouvé des affirmations plus précises et moins équivoques que celles que l'on relève dans son journal de la pleine consommation de ses désirs. Assurément, nous n'y aurions point trouvé, en de si nombreuses occasions, des lamentations sur un plaisir inabouti ou une douloureuse déception ». Comme le magistrat en fait la remarque, le réalisme du journal repose non seulement sur ses détails naturalistes, sa précision touchant les dates, les heures et le temps qu'il faisait, mais aussi sur l'évocation d'une frustration sexuelle (le « bonheur à demi accompli » de ses premières rencontres avec Edward) et de rejets humiliants (de la part de Thom et de Le Petit autant que du médecin). Dans plusieurs passages, Isabella se montre douloureusement consciente de l'écart entre ses fantasmes et ce qu'elle vit. De telles lignes ne peuvent guère être interprétées comme le produit d'un égarement.

Cockburn en vient ensuite aux arguments des avocats de Henry, afin de les réfuter. Le journal, dit-il, ne contient pas la confession d'un adultère, il n'y a « pas d'aveu clair et précis d'une infidélité qui aurait eu lieu ». La page suggérant avec le plus de force un passage à l'acte est celle où, au terme d'une entrevue pleine de passion avec Isabella, Edward « lui demande d'"obvier aux conséquences" ; mais, même ici, lesdites conséquences peuvent être celles de la découverte d'une intimité coupable et non pas celles résultant d'un véritable adultère ».

Dans les descriptions que brosse Isabella de ses moments de trouble auprès du médecin, « la formulation reste ambiguë, poursuit le juge. Elle peut suggérer une pleine consommation comme ne se rapporter qu'à des privautés et attouchements. » Il concède que la cour incline habituellement à « prêter leur plein effet » à des récits de ce type, à inférer l'adultère de tels moments d'intimité illicite, mais il pense que la langue dont use Isabella dans son journal doit « être interprétée selon une règle différente ». Quand elle écrivait sur des hommes qui l'attiraient, imagination et passion l'emportaient « au-delà des bornes de la raison et de la vérité », et elle se trouvait « encline à exagérer et rehausser chaque circonstance propice à son assouvissement ». Puisqu'elle trouvait un plaisir érotique à consigner ses expériences par écrit, avance Cockburn, il est probable qu'elle enjolivait la vérité, l'objet premier de son journal n'étant pas alors de rendre compte du passé mais d'enchanter le présent. « Il est manifeste qu'elle s'étend avec un plaisir impur sur la description de ces scènes comme sur le détail des paroles et caresses coupables qu'elle rapporte. Face à de tels éléments, il ne nous est pas loisible d'inférer quoi que ce soit. »

La cour des Divorces reçoit rarement des preuves tangibles de rapports sexuels. Elle s'en remet à l'inférence, déduisant le passage à l'acte d'indices attestant le désir et la possibilité matérielle. On ne peut guère douter ni de l'un ni de l'autre dans la présente affaire. Mais Cockburn affirme que, bien que quelque chose d'illicite ait manifestement eu lieu entre Edward et Isabella, il ne peut être certain de ce dont il s'est agi. En se refusant à inférer quoi que ce soit, même à partir d'une confession écrite, il abdique ni plus ni moins la capacité de la cour à interpréter.

Il conclut en rejetant la demande de divorce de Henry Robinson. « Nous déplorons la situation du demandeur, qui garde à sa charge une épouse ayant de la sorte tenu la chronique de son infidélité ou à tout le moins, en y portant le regard le plus favorable, de ses pensées déloyales et désirs lascifs ; mais nous ne pouvons apporter réparation qu'en cas de preuve patente d'adultère, or nous n'avons pas trouvé cette preuve dans les propositions sans cohérence d'une narration aussi irrationnelle et peu digne de foi que l'est celle de Mrs Robinson. »

Sur les trois cent deux demandes de divorce soumises au tribunal au cours de ses quinze premiers mois d'exercice, celle de Henry fut au nombre des six rejetées. Isabella avait gagné.

Après l'énoncé du jugement, Bovill demande à la cour de tenir sa cliente quitte de ses frais – c'est-à-dire statuer que Henry, débouté, devra régler les dépens. Ceux-ci s'élèvent à six cent trente-six livres, y compris les frais de justice, les honoraires des avocats, les coûts de copie du journal intime et les défraiements versés aux témoins. Cockburn rejette aussitôt cette demande. Compte tenu des circonstances particulières de l'affaire, dit-il, et du fait qu'Isabella dispose d'un revenu en propre, il lui appartient de régler ses frais. Bovill demande si la cour veut bien ordonner à Mr Robinson de régler ceux du Dr Lane. Cockburn répond qu'il ne s'attendait pas à cette requête et n'est pas préparé à y répondre. Les avocats du Dr Lane pourront soulever la question ultérieurement, dit-il, ajoutant, non sans humeur : « si toutefois, dans l'exercice de leur sagesse, ils jugent la chose appropriée ». Il sous-entend qu'ayant remporté la victoire de si peu, ils seraient mal avisés de chercher à enfoncer le clou.

Cockburn et Wightman se retirent, laissant Cresswell se charger du reste des affaires de la journée.

Les quelques articles de presse sur le jugement rendu par Cockburn se bornent à rapporter que le Dr Lane a été mis hors de cause. L'*Examiner* – sous la rédaction en chef de Marmion Savage, patient de Moor Park – affirme avec désinvolture : « Qu'il suffise de poser que le divorce a été refusé, avec pour effet d'établir aussi fermement qu'officiellement l'innocence du défendeur masculin. Le public sera hautement satisfait de ce jugement en ce qui concerne le Dr Lane. Il apparaît aujourd'hui que l'opinion n'était pas plus généralement en sa faveur qu'elle n'était juste, quand la question fut tant débattue l'été dernier. » Le *Medical Times & Gazette* déclare que « le Dr Lane fut victime des délires érotiques de la malheureuse maniaque qui s'est révélée avoir commis l'adultère en pensée ».

L'histoire définitivement admise est que le journal d'Isabella est une fiction et que le Dr Lane est totalement innocent. En 1860, l'avocat John Paget citera l'affaire pour illustrer la puissance de l'illusion : « Rien n'aurait pu être plus limpide, plus explicite ni plus stupéfiant » que le récit contenu dans ce journal de la liaison d'Isabella avec Edward Lane ; pourtant, « il fut établi que, bien que se comportant en apparence comme tout un chacun et ne montrant aucun signe extérieur d'un intellect perturbé, cette dame était sur ce point précis complètement aliénée ».

Cockburn n'avait toutefois rien dit de tel dans son jugement. Il avait jugé Isabella saine d'esprit et son journal sincère pour l'essentiel. Bien que celui-ci contînt des éléments de fiction sentimentale et mélodramatique, les magistrats considérèrent que, pris dans sa globalité, il racontait une histoire nuancée, que rendaient crédible la récrimination contre soi, le désappointement et le doute dont elle était tissée. Ses exagérations et outrances étaient celles de tout diariste, de toute personne profondément malheureuse, de qui est amoureux. Il s'agissait en définitive non pas d'un écrit né de la folie, mais bien plutôt d'une vision réaliste, d'un constat des limites des rêves romantiques. La cour avait en fait décidé de mettre Edward hors de cause en usant d'un point de procédure : attendu qu'Isabella n'avait pas raconté en détail ni de façon explicite d'acte sexuel, le degré de son intimité avec lui ne pouvait pas être mesuré.

Cockburn et ses collègues fournirent par la suite aux éditeurs d'un digeste des premières affaires jugées par le tribunal des Divorces les fragments du journal d'Isabella qu'ils avaient cités. Comme le verdict avait entièrement reposé sur ledit journal, les rédacteurs de cet opuscule écrivirent : « Nous avons jugé utile de reproduire les extraits suivants du journal en nous appliquant à choisir les passages propres à donner une idée juste de l'ensemble. » Ces extraits s'élevaient à environ neuf mille mots, soit près du double de ce qui parut dans la presse pendant le procès. Ils comprenaient la moitié des pages écrites par Isabella à Édimbourg en 1850 et 1852, presque toutes celles rédigées à Ripon Lodge entre 1852 et 1854, et la plupart de celles composées à Moor Park et Boulogne en 1855. Ces dernières, dans lesquelles elle avait dépeint l'amour d'Edward se muant en indifférence, établissaient avec beaucoup de force la véracité du journal. Le restant fut publié dans un ouvrage destiné aux juristes – *Reports of Cases Decided in the Court of Probate and in the Court for Divorce and Matrimonial Causes : Volume I* (1860), de Swabey et Tristram – et ne fut pas repris dans la presse.

Après le procès, Edward put retourner à sa famille et à son travail. Isabella se retrouva appauvrie, déshonorée et esseulée, toujours habitée des désirs confus qui l'avaient précipitée dans ce gâchis : son penchant pour l'écriture, son appétit sexuel, son besoin de compagnie, sa curiosité intellectuelle, son aspiration à être avec ses fils.

Elle avait cependant accompli certains de ses désirs : elle avait défait Henry, elle s'était sacrifiée pour Edward et avait fait amende honorable auprès des femmes qu'elle avait abusées. Comme George Combe le lui avait recommandé, elle avait mis à profit l'énergie de ses facultés si développées : elle s'était opposée à la demande de divorce parce que, du fait de son amativité, elle aimait Edward Lane ; parce que, du fait de son adhésivité, elle lui restait très attachée, à lui et aux siens ; parce que, avec son amour de l'approbation, elle aspirait à ce que ces gens la respectent ; et enfin parce que, avec son organe de la vénération réduit, elle faisait peu de cas des systèmes social et judiciaire qui lui prescrivaient d'obéir à son mari et à la loi. Selon son code moral, Henry méritait d'être puni, Edward, Mary et Lady Drysdale d'être épargnés.

Comme elle l'avait écrit dans son ultime lettre à George Combe, son seul désir après la perte de son journal et de ses fils était celui de « réparer dans une certaine mesure auprès de cet ami et de sa famille les torts et le chagrin [qu'elle leur avait] causés avec tant d'inconséquence, quoique involontairement ». À leur intention, elle écrivait : « Je n'ai nourri que la considération et la gratitude les plus profondes, *sans réserve*. » Son « aveu » que le journal était un tissu d'illusions constituait « la seule malheureuse réparation [qu'elle eût] aujourd'hui à [sa] disposition ». Le mal qu'elle s'était infligé, à elle et à ses trois garçons, était de toute façon irréparable.

Elle s'était révélée capable de réserve et d'abnégation. Lors du procès, elle s'était vue devenir le point de convergence des plus brûlantes inquiétudes de l'époque sur la sexualité réprimée et l'aliénation mentale féminines. Mais son amour-propre n'était pas éteint. Elle restait aussi rebelle que repentante, en colère avec le monde autant qu'avec elle-même. Elle était furieuse contre Henry, dont elle pensait que le crime d'avoir lu son journal surpassait grandement le sien, et aussi contre une société qui avait sanctionné le comportement sexuel de son mari alors qu'elle condamnait le sien. « Ne faudrait-il pas prendre en compte l'infamie de sa vie privée ? »

En août 1859, le Parlement vota une nouvelle série d'amendements à la loi sur le divorce, dont une clause destinée à protéger la moralité publique : « Lorsqu'elle le jugera préférable pour le bien de la décence publique, la cour pourra siéger à huis clos. » Mieux valait parfois garder fermée la porte d'un tribunal, tout comme la couverture d'un journal intime.

13

Dans des rêves qui peinent à se dissiper

1859 et plus tard

Après la commotion du procès, les Robinson, les Lane et la plupart de leurs proches retrouvèrent un relatif anonymat.

La réputation d'Edward Lane survécut au scandale. « Je suis heureux de dire que pas un des patients du Dr Lane ne l'a abandonné, écrivait Charles Darwin en 1859, et qu'il en reçoit de nouveaux assez régulièrement. » Darwin publiait enfin son livre sur l'évolution. L'anxiété qu'il en concevait lui valut des problèmes de santé qui le conduisirent fréquemment à Moor Park.

En 1860, les Lane, accompagnés de Lady Drysdale, s'établirent à Richmond dans le Surrey, où Edward prit la direction de l'établissement d'hydrothérapie de Sudbrook Park, qui était équipé d'un des premiers bains turcs de Grande-Bretagne. Quand il y vint en cure au mois de juin, Darwin était désormais célèbre. « La controverse attisée par la sortie du remarquable ouvrage de Darwin sur l'*Origine des espèces*, rapportait en mai le *Saturday Review*, a franchi les limites du cabinet et de la salle de conférences pour gagner les salons et la rue. »

Edward continuait de défendre les bienfaits d'un régime sain, de l'air pur, de l'exercice pratiqué régulièrement, de l'eau brûlante et de l'eau froide. Il avait publié en 1857 un livre sur le sujet – *Hydropathy ; or, the Natural System of Medical Treatment : an Explanatory Essay* – et il le ferait suivre de *Medicine Old and New* en 1873 et d'un opuscule intitulé *Hygienic Medicine* en 1885. On peut supposer que la famille Drysdale lui pardonna l'épisode d'Isabella Robinson, de même qu'elle avait pardonné à George d'avoir, taraudé par sa libido, simulé sa propre mort dans les années 1840. La relation de Mary et d'Edward s'était forgée dans la douleur et la tristesse causées par la crise de George, et Lady Drysdale était habituée à accueillir le fils prodigue de retour au bercail.

Retirée de la vie publique après sa sortie en tenue d'Ève dans les rues d'Édimbourg, la romancière Catherine Crowe se rendit à Sudbrook Park en décembre 1860. Elle y trouva Lady Drysdale « toujours aussi jeune et enjouée ». Bien qu'ayant apparemment recouvré sa santé mentale, Mrs Crowe communiait toujours avec les esprits. « Mon amour de jeunesse, celui de toute ma vie, [...] me protège et prend soin de moi, confiait-elle cet hiver-là dans un courrier à une amie. Je suis toute disposée à prononcer les vœux éternels, et il dit de même de son côté. J'aurais à tout moment renoncé au monde pour lui et le ferais aujourd'hui s'il était "*dans l'humain*", c'est ainsi qu'il appelle le fait d'être incarné. » Elle était amoureuse d'un fantôme.

John Thom décrocha une place au mensuel *Home News*, dirigé par Robert Bell, patient d'Edward, et diffusé en Inde et en Australie. Mais après deux ans passés dans un bureau humide de la City, il décida d'émigrer en Australie. Charles Darwin contribua de vingt livres au coût du voyage, et le jeune homme appareilla pour le Queensland en 1863.

Atty, fils aîné d'Edward et de Mary, mourut à Sudbrook Park en 1878 à l'âge de vingt-neuf ans, au terme d'une vie où il avait toujours souffert d'une santé fragile. La famille emménagea l'année suivante à Harley Street, rue de style georgien renommée pour ses médecins spécialistes. Ils demeurèrent là une dizaine d'années. Lady Drysdale s'éteignit en 1887 à l'âge de cent ans, laissant à ses enfants une substantielle fortune s'élevant à quarante-sept mille livres. Quand Edward et Mary la suivirent dans la tombe – en 1889 et 1891, respectivement âgés de soixante-six et soixante-huit ans –, ils léguèrent leur argent à leurs fils William et Sydney, tous deux agents de change. Leur plus jeune fils, Walter, avait été biffé du testament paternel en 1888, « eu égard à certains motifs familiaux ».

George et Charles Drysdale pratiquèrent la médecine ensemble à Londres jusqu'au début du vingtième siècle, sans jamais cesser de militer pour le vote des femmes, la contraception et une sexualité plus libre. George révisa et republia à plusieurs reprises l'ouvrage progressiste écrit au temps où il étudiait la médecine et connu après 1861 sous le titre de *The Elements of Social Science*. Charles se fit le porte-parole de leurs opinions. Il était rédacteur en chef de la revue *The Malthusian* et écrivit des dizaines de livres et opuscules sur les maladies vénériennes, la pauvreté, la prostitution et la surpopulation.

Ni George ni Charles ne se marièrent, mais tous deux vécurent en concubinage. Charles eut deux fils avec Anne Vickery, une des premières femmes à obtenir en Angleterre le diplôme de docteur en médecine. George partageait une maison à Bournemouth, dans le Dorset, avec Susannah Spring, veuve déclarée comme sa gouvernante dans le recensement de 1901 et à qui il léguerait deux propriétés en ville. Après le décès de George en 1904, Charles révéla que son frère aîné était l'auteur de *The Elements of Social Science*, qui en était alors à sa trente-cinquième réédition et s'était vendu à quatre-vingt-dix mille exemplaires. Il expliqua que le livre avait été publié anonymement afin d'épargner le scandale à leur mère. Charles mourut trois ans plus tard.

Après le procès Robinson, Sir Cresswell resta encore quatre ans à la tête du tribunal des Divorces, s'y faisant la réputation d'un ami des femmes mariées. « Sir Cresswell représente cinq millions d'épouses anglaises, pouvait-on lire en 1860 dans un article de *Once a Week*. Maris, mes frères ! Nous sommes trahis ! » À sa mort en juillet 1863 des suites d'une chute de cheval, le magistrat avait statué sur un bon millier d'affaires matrimoniales, un seul de ses jugements ayant été annulé en appel. Lord Palmerston, à l'origine du vote de la loi sur le divorce en 1857, fut lui-même cité, quatre mois après le décès de Cresswell, comme codéfendeur dans une affaire de divorce ; la demande ne fut rejetée que parce qu'il n'était pas certain que le demandeur et la dame incriminée fussent mari et femme. En 1867, à l'occasion du dixième anniversaire de la loi sur le divorce, le *Times* affirma qu'elle avait mis en branle « une des plus grandes révolutions sociales de notre temps ». La révolution des comportements sexuels précipitée par la publication du livre de George Drysdale – et même par celle d'extraits du journal intime d'Isabella Robinson – devait se révéler d'une non moins grande portée.

Sir Alexander Cockburn continua de présider à de célèbres affaires. Parfois critiqué pour sa vanité et sa logique défaillante, il était cependant admiré en tant que juge pour son bon sens et son expérience. La reine Victoria refusa en 1864 de lui accorder la pairie au motif qu'il avait une « réputation notoirement mauvaise au plan moral ». Il fut nommé président de la Haute Cour de justice en 1875 et mourut cinq ans plus tard, laissant la plus grande partie de sa fortune à son fils illégitime.

Il s'avéra que George Combe avait vu juste en prédisant la délinquance sexuelle du prince de Galles. La reine Victoria pensait que la mort de son mari en 1861 était en partie due au choc d'apprendre que Bertie, alors âgé de dix-neuf ans, avait perdu son pucelage avec une actrice en Irlande. Au cours des quarante années suivantes du règne de sa mère, le futur Édouard VII se ferait une réputation d'infatigable coureur.

Tout comme Isabella, Combe n'eut pas la possibilité de trier et mettre en ordre ses papiers personnels avant qu'ils tombent entre des mains étrangères. À sa mort en 1858, Cecy conserva sa correspondance, puis ses curateurs la remirent en 1950 à la bibliothèque nationale écossaise. Peut-être n'ont-ils pas remarqué – comme Isabella ne l'avait pas noté à la première lecture – que ses lettres de février 1858 engageaient cette dernière à plaider la folie.

Eneas Sweetland Dallas, ce journaliste qui avait signé dans le *Times* un éditorial défendant Edward Lane, publia en 1866 *The Gay Science*, ouvrage développant sa thèse d'« une âme humaine double, ou du moins menant une double vie », possédée d'« un flux de pensée secret qui n'est pas moins énergique que le flux conscient, esprit absent qui nous hante comme un fantôme ou un rêve ». En des termes qui préfigurent la théorie de l'inconscient énoncée par Sigmund Freud, Dallas dépeignait un monde intérieur aussi intense qu'incontrôlable : « Dans les sombres recoins de la mémoire, dans d'impulsives allusions, dans d'involontaires fils de pensées, dans une multiplication de vagues et de courants tout à la fois furtifs et tumultueux, dans des rêves qui peinent à se dissiper [...] on pressent une grande marée vitale fluant et refluant, clapotant, déferlant, battant en tous sens là où on ne peut la percevoir. » Cinquante ou cent ans plus tard, Isabella aurait pu situer la source de son agitation et de son désir dans ce domaine secret désordonné et ingouvernable, plutôt que dans un organe de l'amativité ou dans une maladie utérine. Plus tard encore, par un retour aux principes qui avaient guidé George Combe, des neurologues soutiendraient que les origines de la folie ou de la dépression peuvent être en fin de compte physiologiques.

Le mariage d'Eneas Sweetland Dallas se défit en 1867 quand sa femme, Isabella Glyn Dallas, l'accusa d'adultère après avoir lu une lettre qu'il avait écrite à une autre. Il nia et exigea de Mrs Dallas qu'elle lui signe un document affirmant que ses accusations étaient issues de délires paranoïaques. À la suite de son refus, il la quitta. Sept ans plus tard, elle demanda le divorce aux motifs d'adultère et d'abandon du domicile conjugal, et fut brièvement internée à la prison de Holloway parce qu'elle refusait de se dessaisir des pièces se rapportant à l'affaire. À la différence d'Isabella Robinson, Isabella Dallas parvint à conserver ses papiers personnels, mais elle leur sacrifia sa liberté. Le divorce n'en fut pas moins accordé.

Deux des auteurs femmes qui avaient fréquenté Moor Park écrivirent chacune un roman dans lequel il était question d'un journal intime. Georgiana

Craik, avec qui Darwin avait polémiqué, publia *My First Journal* en 1860. L'oncle de la narratrice, âgée de onze ans, lui offre un journal à couverture écarlate en guise d'initiation au monde des adultes. L'ayant encouragée à y consigner ses pensées et sentiments, il tente de lire ce qu'elle a écrit. « Mon oncle Robert [...] essaya de regarder par-dessus mon épaule pour voir ce que je marquais, mais je n'ai pas voulu et j'ai refermé le carnet ; ensuite, il chercha à me le chiper, mais je le serrais si fort qu'il n'y parvenait pas, et cela nous a beaucoup fait rire. » Dinah Mulock (qui épouserait le cousin de Miss Craik, George Lillie Craik, de quinze ans son cadet) écrivit *A Life for a Life* (1859), « journal double » dans lequel alternaient la narration d'une femme et celle du médecin dont elle s'éprend. À la fin du roman, alors qu'ils viennent de convoler, il l'engage à jeter son journal à la mer, mais elle peine à s'y résoudre : « Ce serait comme laisser choir un petit enfant dans cette "tombe tumultueuse et vagabonde". »

Wilkie Collins, qui avait déjà usé de journaux secrets dans nombre de ses récits, inclut dans *La Dame en blanc* (1860) une scène montrant le viol d'un tel journal : quand Marian Halcombe est terrassée par une fièvre délirante, le comte Fosco ouvre son journal et y découvre la haine qu'elle lui porte. Dans *Armadale* (1866), Collins aborde la question de savoir ce qui pousse une femme à coucher par écrit ses mauvaises actions. « Pourquoi ai-je un journal ? s'interroge Lydia Gwilt, son infâme héroïne. Pourquoi l'habile voleur dont j'ai lu l'histoire l'autre jour, dans les journaux anglais, a-t-il gardé chez lui la seule chose qui pouvait le convaincre de vol : la liste des objets qu'il avait dérobés ? Pourquoi ne sommes-nous pas parfaitement raisonnables en tout ce que nous faisons ? Pourquoi ne suis-je pas toujours sur mes gardes ? Pourquoi suis-je en contradiction avec moi-même comme un méchant personnage de roman ? Pourquoi ? Pourquoi ? Pourquoi ? Que m'importe ! [...] Voilà une raison à laquelle personne ne pourra faire objection, pas même moi[1]. »

L'épouse maussade, rêveuse, insatisfaite, devint le personnage central des « romans à sensations » des années 1860. « Il est curieux, écrit Eneas Sweetland Dallas en 1866, qu'un des premiers effets de l'influence croissante des femmes dans notre littérature soit l'exposition de ce qu'il y a chez elles de fort peu féminin. » Dinah Mulock défendait les livres parlant de « femmes perdues ». Il était, selon elle, préférable de lire de telles histoires plutôt que de « se laisser éternellement envelopper dans les plis d'une douce fausseté ».

Beaucoup des héroïnes malheureuses de ces romans se bornaient à rêver d'évasion, mais le succès de librairie de Mrs Henry Wood, *East Lynne*, paru en feuilleton entre 1860 et 1861, proposait avec une sympathie dérangeante le portrait d'une femme qui sacrifiait à ses désirs d'adultère. Mariée à un notaire de province, Lady Isabel Carlyle est de plus en plus éprise d'un « fascinant » jeune homme, pour lequel elle ne saurait refouler son désir, pas plus « qu'elle ne pourrait se défaire de son sentiment d'être au monde ». Lorsque séparée de l'objet de son obsession, « une affreuse sensation d'apathie descendait sur elle, l'impression que tous ses êtres les plus chers au monde étaient morts, la laissant vivante et seule. Pénible dépression que ce vide dans le cœur qui se faisait éprouver avec une vive intensité ». Lady Isabel est tourmentée par ses rêves : « Ah, ces rêves ! Il était douloureux de s'en arracher ; douloureux du fait

1. Traduction française : E. Allouard. (*N.d.T.*)

de leur contraste avec la réalité ; et tout aussi douloureux pour sa conscience qui s'évertuait à tendre vers le bien. » Elle trompe son mari à Boulogne-sur-Mer. Quand il a vent de son infidélité, il divorce. Elle est hantée jusqu'à la fin de ses jours par sa séparation d'avec ses enfants.

Henry Robinson fut rendu furieux par le verdict du tribunal des Divorces. Ce procès lui avait coûté beaucoup d'argent, il en sortait humilié et se retrouvait avec une femme qui, comme nul ne l'ignorait désormais, l'avait en aversion. L'impression produite sur lui par le journal ne s'effacerait jamais, disait-il ; jamais il ne cesserait de croire qu'Isabella était adultère ou, à tout le moins, « adultère dans son cœur ». Résolu jusqu'à l'obsession à obtenir gain de cause, il se pourvut en 1859 devant la Chambre des lords pour qu'elle annule le jugement, mais il dut renoncer au bout de deux ans, incapable de faire face à la dépense – un débours annoncé de quatre à cinq cents livres – que représentait la copie des actes et du journal. Requis de régler les dépens d'Isabella à l'occasion de cet appel tourné court, il refusa. Il traversait, expliqua-t-il à la commission de recours, de « sévères difficultés », ses échanges avec les Antilles ayant beaucoup pâti de la guerre de Sécession.

Le scandale avait brouillé Isabella avec sa mère comme avec ses amis. Peu de temps après la révélation du journal en 1856, Bridget Walker fit un testament par lequel elle léguait son modeste bien personnel (moins de deux mille livres) à ses fils Frederick et Christian et à sa fille cadette Julia, femme d'Albert Robinson. Isabella n'y était pas mentionnée. Au début de 1859, Bridget écrivit au fils en bas âge de Christian une lettre dans laquelle

elle soulignait l'importance de consolider par la foi toute activité intellectuelle : « Les petits enfants et leurs bons maîtres ne doivent pas ménager leurs efforts pour *enseigner* et pour *apprendre* ; mais il ne doivent pas oublier de prier leur Père qui est au ciel afin qu'Il bénisse leur labeur. » Quand Bridget mourut en mai de la même année, la propriété d'Ashford Court revint à Frederick. Il lui échut ensuite, en tant que curateur et représentant légal d'Isabella, de s'opposer à Henry. Il déposa une requête auprès de la cour de la chancellerie en vue d'obtenir la restitution des actions dans les chemins de fer que ce dernier avait achetées avec l'argent d'Isabella. Henry répondit qu'elle avait consenti à ce qu'il en fît l'acquisition pour les gérer à l'intention de leurs fils.

Dans le petit cottage qu'elle louait à Reigate, Isabella prit deux locataires : Joseph Humphrey, charpentier de trente et quelques années, et Emily Lucretia Wright, fillette de quatre ans dont les parents et les frères habitaient la maison voisine. Elle en retirait un petit surcroît de revenu ainsi que la compagnie d'un homme plus jeune et d'une enfant. En 1861, en réponse aux questions du recenseur, elle se donna pour « veuve » et retrancha cinq ans de son âge véritable. Elle continuait d'entretenir Alfred, bien qu'il fût souvent absent – au début des années 1860, il était apprenti chez les ingénieurs de la marine, d'abord à Liverpool puis à Bolton dans le Lancashire. Son revenu s'éleva de trente livres en 1860 quand elle accepta que Henry conserve les actions achetées avec son argent à condition qu'il lui en reverse les dividendes. En 1861, elle n'avait encore réglé que cent livres sur les six cent trente-six qu'elle devait pour le procès.

Henry vendit Balmore House en 1861 et prit à Londres deux biens en location : une maison à Talbot

Square dans le quartier de Marylebone, où Otway et Stanley habitaient avec lui pendant les vacances scolaires, et un bureau dans Park Street, près de Hyde Park, où il employa un de ses neveux, Tom Waters.

Otway quitta Tonbridge School la même année, à l'âge de seize ans, et ne tarda pas à fuir la maison paternelle pour emménager chez sa mère à Reigate. Henry en fut furieux. Isabella avait, disait-il, « en dépit et au mépris » de sa volonté, « exercé en secret une influence » sur Otway et « l'avait persuadé » de s'enfuir. Alfred avait, selon lui, été complice dans l'affaire. Quand il eut dix-sept ans, en mars 1862, Otway fut légalement en âge de choisir son lieu de résidence. Il demeura avec sa mère.

En 1863, sept ans après avoir commencé à engager des agents chargés de collecter des éléments contre sa femme, Henry obtint enfin la preuve d'adultère dont il avait besoin. Un clerc de notaire du nom de Louis Phillip Vincent et un dénommé William Lines la virent descendre avec un homme au Victoria Hotel de Londres les 19 et 20 juin 1863, et une autre fois, toujours avec le même individu, au Grosvenor Hotel le 27 juin. Le splendide Victoria Hotel, bâti en 1839, flanquait la grande arche dorique qui se dressait en face de la gare d'Euston Square ; situé près de Victoria Station, le Grosvenor, qui datait de 1861, était un établissement plus moderne et tout aussi somptueux, équipé d'un ascenseur hydraulique, aussi appelé « pièce élévatrice ». Isabella nia l'adultère, mais le juge James Wilde, nommé magistrat titulaire du tribunal des Divorces après le décès de Cresswell, décréta en juin 1864 que le cas était suffisamment avéré. C'est sans le moindre écho dans la presse que le mariage Robinson fut dissous le 3 novembre 1864.

Si les événements des dernières années n'avaient pas dissuadé Isabella de céder à ses désirs, ils l'avaient peut-être incitée à plus de prudence dans le choix de ses partenaires. L'amant qu'elle accompagnait à l'hôtel en 1863 n'était autre qu'Eugène Le Petit, le précepteur dont elle s'était entichée à Boulogne. Le Petit n'avait pas de réputation à perdre en Angleterre ; au terme de ces rendez-vous galants londoniens, il put regagner la France et y retrouver sa vie de professeur. Son nom n'apparut pas dans la procédure de divorce. En ces années 1860, il donnait à Boulogne des cours particuliers au fils d'un aristocrate irlandais. Dans les années 1870, il fut chargé d'une enquête sur les écoles primaires de la région.

Henry Robinson se trouvait enfin, à cinquante-huit ans, libre de reprendre femme. Il épousa en mai 1865 à Dublin Maria Arabella Long, âgée de vingt-quatre ans et fille d'un ancien greffier de la cour de la chancellerie irlandaise. Il était au nombre des quarante-huit divorcés qui se remarièrent cette année-là. Après avoir créé puis revendu au début des années 1860 une compagnie de navigation assurant le transport de passagers entre Singapour et Batavia, il continuait de faire le négoce de moulins à sucre de son bureau de Londres. Ses nièces, les filles de Helena, une de ses sœurs habitant Brighton, se souviendraient que leur frère Tom avait « horreur » de travailler au bureau d'oncle Henry, « et cela se comprenait ». Henry ne tint pas sa promesse d'aider à payer la traversée de Tom jusqu'en Extrême-Orient, où Albert Robinson était en train de fonder une usine métallurgique (à Shanghai) et un chantier naval (à Yokohama). Il témoigna peu de loyauté même à son père souffrant et à la mémoire défaillante. Une de ses nièces note qu'à la différence du bienveillant Albert « HOR ne veut pas se donner l'embarras de faire quoi que ce soit pour ce pauvre vieillard ». Entre eux, Helena et ses enfants le surnommaient « le Turc ».

Stanley, le plus jeune des enfants de Henry et d'Isabella, n'avait droit qu'à fort peu de contacts avec sa mère. Il eut une adolescence difficile. Au début des années 1860, il séjourna souvent à Brighton chez sa tante, veuve, mais celle-ci et ses filles le trouvaient pesant. Lors d'un de ces séjours pendant des congés scolaires, il aurait fait des propositions malhonnêtes à une des locataires. En novembre 1863, alors que Henry venait de déposer sa deuxième demande en divorce, Helena écrivit à une de ses filles : « Stanley paraît très désireux de revenir chez nous, le pauvre enfant, et il ne me plairait pas de refuser de le prendre, mais je préférerais de beaucoup qu'il soit en de bonnes mains chez quelqu'un d'autre, car il me coûte beaucoup de soin et de souci. » Un mois plus tard, elle raconta à la même : « Stanley est allé retrouver son pater à Londres et j'espère qu'il ne va pas revenir ici. Ces derniers temps, je l'ai trouvé *particulièrement* impossible. » L'année suivante, son père lui fit quitter Tonbridge School pour l'inscrire à l'Edinburgh Academy. On perd la trace du garçon après l'obtention de son diplôme en 1866 ; peut-être a-t-il quitté l'Angleterre pour entrer dans une des entreprises Robinson outre-mer.

À la fin de la décennie, Henry revint s'établir à Édimbourg en compagnie de sa seconde femme et reprit un chantier naval à Glasgow, au bord de la Clyde, qui remplaçait la Tamise comme centre de constructions navales en fer. En 1869, il fit breveter un dispositif destiné à améliorer le fonctionnement des dragues, ces bateaux équipés d'une chaîne de godets pour ramasser vases et limons dans le lit des fleuves.

Isabella quitta Reigate dans les mêmes années pour prendre une maison en location sur la place du village de Frant, dans le Kent. Helena, la sœur de Henry, vivait à quelques kilomètres de là, ayant déménagé avec ses enfants de Brighton à Tunbridge Wells. Malgré les révélations du journal intime et malgré le procès, ils semblaient avoir une plus haute opinion d'Isabella que de Henry. Au mois d'avril, une des filles de Helena note dans le journal familial avoir reçu une lettre d'Isabella : « Une superbe épistolière ! Et quelles qu'aient pu être ses fautes, elle est une bonne mère pour ses fils. Je ne peux m'empêcher de m'intéresser beaucoup à elle. » Helena invita Isabella à leur rendre visite. Le 4 avril, Ernest, le fils de Helena, écrit dans le journal familial : « Mrs Robinson (la mère de Stanley) est venue nous voir samedi à l'invitation de mère et elle restée pour le souper, étant venue de Frant à pied, soit une distance de plus de cinq kilomètres. Je l'ai accompagnée à la gare dans la soirée. » Lors d'une visite à Frant, Ernest rencontre Alfred, qui a obtenu le brevet d'ingénieur du génie maritime.

En 1874, Alfred, âgé de trente-trois ans, épousa Rosine Cooper, âgée de dix-huit ans et fille d'un orfèvre. Deux ans plus tard, il s'associa avec Otway, son jeune demi-frère, qui, après avoir tâté du négoce du coton dans les années 1860, était entré dans la marine marchande. Ensemble, ils achetèrent et exploitèrent des cargos en acier. Ils firent l'acquisition du *Trocadero*, du *Frascati*, de l'*Alcazar* et du *Valentino* à South Shields au cours de cette première décennie, puis du *Harley* à Glasgow dans les années 1880. Il arrivait qu'Otway prenne le commandement d'un de ces navires, Alfred occupant les fonctions d'officier mécanicien.

Henry retourna vivre en Angleterre. En 1876, il habitait Norwood, dans le Surrey. « Il est devenu un vieil homme passablement usé, écrit une de ses nièces. Il a presque perdu la mémoire. » Ses affaires étaient elles aussi sur le déclin – « l'entreprise ne rapporte pas un sou en ce moment ». Tom Waters rompit avec son oncle en 1877 – « il n'en pouvait plus de ses stupides ingérences ». La seconde Mrs Robinson, que Helena nommait « cette pauvre petite “Marie” », donna trois fils à son époux.

Ayant toujours la bougeotte et peut-être traquée par sa réputation, Isabella quitta Frant pour St Leonards-on-Sea, dans le Sussex, puis s'établit dans une maison baptisée Fairlight, à Bromley, dans le Kent.

Chacune des célèbres adultères romanesques du dix-neuvième siècle – Emma Bovary, Anna Karénine et Thérèse Raquin – périt de sa propre main, ses péchés l'ayant fait sombrer dans le chagrin et la honte. Isabella mourut elle aussi de sa main, quoiqu'en de moins sensationnelles circonstances. Chez elle à Bromley le 20 septembre 1887, elle se découvre un abcès infecté au pouce. Trois jours plus tard, avec Otway à son chevet, elle succombe à une septicémie. Sur le certificat de décès, son fils lui donne soixante-dix ans et, à la rubrique d'état civil, l'inscrit comme veuve. Au mois de décembre suivant, Henry s'éteint à Dublin à l'âge de quatre-vingts ans.

Isabella laissait tout à Otway – elle avait rédigé son testament en 1864, peu après qu'il se fut aliéné son père en se réfugiant chez elle. Otway ne se maria pas. À sa mort en 1930, âgé de quatre-vingt-cinq ans à Whitstable, ville littorale du Kent, il légua sa terre, ses maisons et ses meubles (pour une valeur d'environ six mille livres) à un ami et voisin du nom d'Alfred Harvey. Il disait dans son testament vouloir laisser le reste de ses biens – environ sept mille livres – aux conscrits allemands blessés pendant la Première Guerre mondiale ou, si cela se révélait impossible, aux soldats blessés par les forces britanniques lors de la guerre des Boers. Il avait dit à

Harvey en avoir « soupé de l'Angleterre », formule que le magazine *Time* reprit en titre d'un court article sur le legs insolite du capitaine Robinson. Les sympathies d'Otway allaient aux soldats des pays défaits par l'Empire britannique, des hommes qui, comme lui, avaient été entraînés dans des guerres voulues par d'autres et qui étaient restés choqués et humiliés par des combats qu'ils n'avaient pas déclenchés.

Les volumes du journal intime et les copies qui en furent faites ont été, pour ce que nous en savons, détruits.

Épilogue

M'accordes-tu aussi ta pitié ?

Devant une cour de justice, la valeur du journal intime d'Isabella était discutable. Comme tout texte de ce type, il s'agissait d'une œuvre d'anticipation autant que de mémoire – transitoire et instable, existant à la lisière de la pensée et de l'action, du désir et de son accomplissement. Mais en tant que témoignage émotionnel brut, c'était un document surprenant, réveil brutal ou signal d'alarme. Il donna à ses lecteurs victoriens une vision de l'avenir, de même qu'il nous fait entrevoir notre monde prenant forme dans le passé. S'il ne nous renseigne pas avec certitude sur ce qui se passa exactement dans la vie d'Isabella, il nous informe néanmoins de ce qu'elle voulait.

Ce journal offrit un aperçu des libertés auxquelles les femmes pouvaient aspirer si elles renonçaient à leur croyance en Dieu et au mariage : le droit de posséder en propre des biens et de l'argent, le droit de garde des enfants, le droit de vivre des aventures sexuelles et intellectuelles. Il donna aussi une idée de la souffrance et du désarroi que ces libertés pouvaient entraîner. Dans une décennie où l'Église perdait sa mainmise sur le mariage et où Darwin accentuait encore le doute sur l'origine spirituelle de l'humanité, il annonçait les bouleversements à venir.

Dans une page non datée, Isabella s'adresse explicitement à un lecteur futur : « Voilà déjà passée une semaine de la nouvelle année. Ah ! si j'avais espoir en cette autre vie dont parle ma mère (mon frère et elle m'ont écrit une gentille lettre aujourd'hui) et que Mr B. nous exhorte à mériter, tout irait au mieux pour moi. Hélas ! cet espoir, je ne l'ai point et jamais je ne connaîtrai cette vie-là ; quant à celle-ci, colère, sensualité, impuissance, désespoir m'y accablent et me fendent l'âme, me laissant recrue de remords et de mauvais pressentiments.

« Lecteur, tu vois au plus profond de mon être. Tu dois me mépriser et me haïr. M'accordes-tu aussi ta pitié ? Non, car lorsque tu liras ces pages, tout sera terminé pour celle qui fut “trop flexible pour la vertu et trop vertueuse pour faire une scélérate hautaine et comblée”. » Isabella citait librement un vers de *The Fatal Falsehood* (1779), pièce de Hannah More dans laquelle un jeune comte italien, « combiné d'éléments étranges et contradictoires », tombe éperdument amoureux d'une femme promise à son meilleur ami.

Quand Edward Lane lut pour la première fois le journal, ce passage lui inspira colère et mépris : « Cette adresse au lecteur ! écrivit-il à Combe. Qui donc est ce lecteur ? Ce précieux journal était-il donc destiné à la publication ou, fût-ce de façon un peu moins dommageable, à être transmis en héritage au sein de sa famille ? Dans un cas comme dans l'autre, j'affirme qu'il y a ici une évidente folie – et que s'il ne se trouve pas dans tout ce galimatias d'autre passage pour justifier cette opinion, celui-là seul y suffit. »

Pourtant, au contraire, cette adresse à un lecteur imaginaire pourrait conduire à l'explication la plus évidente de ce qui poussait Isabella à tenir un journal. Une part d'elle-même, au moins, voulait être entendue. Elle avait espoir que, se penchant sur ses écrits après sa disparition, quelqu'un hésiterait avant de la condamner ; que son histoire serait un jour envisagée avec compassion, voire avec amour. En l'absence d'une vie après la mort, nous étions son seul avenir.

« Bonne nuit, conclut-elle, ajoutant cette douloureuse bénédiction : Puisses-tu être plus heureux ! »

Notes

Abréviations utilisées pour les notes et la bibliographie

CD – Charles Darwin
EWL – Edward Wickstead Lane
GC – George Combe
HOR – Henry Oliver Robinson
IHR – Isabella Hamilton Robinson
Lady D – Lady Drysdale
MD – Mary Drysdale
RC – Robert Chambers

ACL – archives de la Chambre des lords
AN – archives nationales, Londres
BNE – bibliothèque nationale d'Écosse, Édimbourg
NPG – National Portrait Gallery, Londres
ODNB – The Oxford Dictionary of National Biography (2004)
WG – Williams/Gray Papers, Tairawhiti Museum and Art Gallery, Gisborne, Nouvelle-Zélande

Livre I
Chapitre 1

17 ***cet automne, lorsqu'ils s'étaient établis à Édimbourg.*** Les Robinson arrivèrent en ville avec des lettres d'introduction de la femme de John Scott Russell, ancien collègue de Henry. Voir la lettre de GC à Sir James Clark du 19 décembre 1857. Cette lettre et toutes les suivantes envoyées et reçues par George Combe sont conservées dans le fonds Combe de la BNE.

18 ***Un domestique introduisit Isabella à l'intérieur* [...] *souliers vernis.*** Cette description de la soirée de Lady Drysdale s'inspire en partie de brèves notes du journal d'IHR citées au tribunal le 14 juin 1858, de *English Women's Clothing in the Nineteenth Century* (1952) de Cecil Cunnington, et de *Nineteenth Century Fashion* (1992) de Penelope Byrde ; de photographies des extérieurs des maisons de Royal Circus au début du dix-neuvième siècle, de plans, ainsi que de l'observation personnelle de leurs intérieurs ; du bulletin météorologique paru dans le *Scotsman* du 4 décembre 1850 ; de la description du New Town, et notamment de son éclairage public, contenue dans *Picture of Edinburgh* (1823) de John Stark. Robert Chambers évoque également cette réception dans son journal, fonds RC, BNE.

18 ***un « peu sympathique compagnon* [...] *égoïste, orgueilleux ».*** Journal d'IHR, 14 mars 1852. Ce passage et toutes les citations suivantes du journal sont tirés des extraits publiés dans *Reports of Cases Decided in the Court of Probate and in the Court for Divorce and Matrimonial Causes : Vol. I* (1860), de M.C. Merttins Swabey et Thomas Hutchinson Tristram.

18 ***lui « ne vivait que pour ses activités commerciales ».*** Lettre d'IHR à GC, 26 février 1858.

19 ***« mes erreurs de jeunesse […] amie, maîtresse de maison ».*** Journal d'IHR, novembre 1850.

20 **Tu sais que tu m'as fait…** « A Prayer in the Prospect of Death » (c. 1781-1782) de Robert Burns. Isabella déforme légèrement l'original, ajoutant une idée de compulsion dans le vers « *Thou knowst that thou has formed me* » en remplaçant « *formed* » par « *made* ».

20 ***Née le 27 février 1813 dans le quartier londonien de Bloomsbury…*** Selon les registres de la paroisse de St Pancras, elle fut baptisée le 8 mai 1813.

20 ***« un grand jardin ravissant […] des chiens, des chats et des chatons ».*** Lettre de Bridget Christian Walker à son petit-fils Thomas Walker, 3 janvier 1859. Collection privée (Ruth Butler, née Walker).

20 ***La demeure était entourée de quatre-vingt-dix hectares […] et loua le reste.*** Les informations sur le domaine des Walker à Ashford Carbonel sont tirées de *Ashford Carbonel : a Peculiar Parish ; A Brief History* (1998) de Phyllis M. Ray.

21 ***Les huit enfants furent confiés à une nurse…*** Outre Isabella : John Curwen, né en 1811 ; Harriet Elizabeth, née en 1815 ; Caroline, née en 1817 ; Julia, née en 1818 ; Charles Henry, né en 1822 ; Charles Frederick, né en 1823 ; Christian Henry James, né en 1831. Un autre frère naquit en 1825, mais mourut la même année. Voir le registre paroissial de l'église St Mary à Ashford Carbonel. Une sœur, également prénommée Isabella était morte en bas âge en 1810 – son décès fut annoncé dans le *Jackson's Oxford Journal* du 27 octobre 1810.

21 ***« une penseuse indépendante et assidue ».*** Lettre de IHR à GC, 24 octobre 1852.

21 ***La cérémonie […] à quelques centaines de mètres***

de la maison. Registre paroissial de l'église St Mary à Ashford Carbonel.

21 ***Edward Collins Dansey* [...] *était lieutenant de la Royal Navy.*** Né en 1794, il s'était enrôlé en 1815, selon la liste des cadres de la Royal Navy (1835).

21 ***« mouvement d'impétuosité ».*** Journal d'IHR, 29 janvier 1855.

21 ***Il déposait six mille livres dans la corbeille...*** Selon le testament de son père, Richard Dansey.

22 ***Ce capital* [...] *environ neuf cents livres par an.*** Les placements d'Isabella rapportaient plus de quatre cents livres l'an, et le revenu de l'apport plus conséquent d'Edward Dansey devait dépasser cette somme.

22 ***Alfred Hamilton Dansey, en février 1841.*** Alfred naquit le 21 mars 1841, selon son acte de naissance, et fut baptisé deux jours plus tard en l'église St Lawrence à Ludlow.

22 ***« des bals étaient donnés* [...] *leur première histoire d'amour ».*** Voir *Châteaux et abbayes* (1877) de Henry James.

22 ***Située dans Broad Street* [...] *la maison des Dansey...*** Selon *Broad Street : Its Houses and Residents through Eight Centuries* (2001) de David Lloyd.

22 ***Isabella* [...] *installées au cœur de la bonne société du Shropshire.*** Au recensement de 1841, trois domestiques sont portés comme résidents de la maison.

22 ***« le pauvre monsieur Dansey* [...] *dans cette épreuve des plus cruelles ».*** Lettre de Bridget Walker à son frère Henry Curwen, 18 décembre 1841, fonds Curwen, Cumbria Record Office and Library, Whitehaven, Combrie.

22 ***mourait d'un « cerveau malade »...*** Selon son certificat de décès, il mourut le 11 mai 1842.

22 ***jeune lieutenant des Royal Bombay Fusiliers.*** Né en France en 1824, Celestin Edward Dansey était l'enfant de la première épouse d'Edward Dansey, une Française. Il se maria en 1851 et décéda en 1859.

22 ***Isabella ne reçut rien.*** Testament d'Edward Dansey rédigé le 27 janvier 1840 au Queen's Hotel, à Cheltenham, et homologué à Londres en juin 1842.

23 ***produisant trente-cinq mille litres d'eau-de-vie par an.*** Voir *Accounts and Papers relating to Customs and Excise, Imports and Exports, Shipping and Trade, 1831-32, House of Commons Papers*, vol. 34.

23 ***en pleine expansion [...] environ neuf cents ingénieurs.*** Cf. « Gentlemen Engineers : the Making of a Profession » par R.A. Buchanan in *Victorian Studies*, vol. 26 (1983). Selon le *Daily News* du 3 août 1854, Henry et Albert commencèrent à collaborer avec leur père en 1838. Quand Henry fut élu membre de l'Institut des ingénieurs civils en 1841, il partageait une maison près de la gare de Waterloo avec James, son père, et Jane, sa mère (recensement de 1841). Dans l'annuaire des postes de 1843, Henry est donné comme ingénieur civil pour les colonies avec un bureau au 10 Old Jewry, quartier de Cheapside. Pour plus de détails sur les débuts de ses parents, voir l'ouvrage d'Arthur William Patrick Buchanan sur la famille de la mère de Henry, née Jane Buchanan : *The Buchanan by an Account of Alexander Buchanan, QC, of Montreal, Followed by an Account of the family of Buchanan* (1911).

23 ***« J'ai laissé des tiers dissiper mes scrupules [...]***

les liens d'une union redoutée. » Lettre d'IHR à GC, 26 février 1858.

23 ***Après avoir célébré leur union…*** Ils furent mariés par le doyen de Hereford en l'église St Peter de St Owen's à Hereford. Les pères respectifs d'Isabella et de Henry furent leurs témoins. La mariée donna pour adresse celle de la sœur de Henry dans la paroisse de St Owen's. Le marié donna pour sienne la paroisse de St Pancras à Londres.

23 ***naquit à peine un an plus tard…*** Selon son acte de naissance, Charles Otway Robinson vit le jour au 78 Camden Road Villas le 20 février 1845.

24 ***Henry et son frère Albert*** **[…]** ***des navires à vapeur et des moulins à canne à sucre.*** En 1845, Henry était établi à Millwall – en septembre, il prit un apprenti, un garçon de Hereford nommé Henry James. Cf. *Lord James of Hereford* (1930) de Lord Askwith. Selon le recensement de 1851, Albert Robinson employait sept cents hommes à Millwall. Voir également *Survey of London*, vol. 33-34. Scott Russell participa à l'organisation de la Grande Exposition de l'industrie internationale présentée à Hyde Park en 1851, dans laquelle la compagnie exposa des moulins à sucre et des maquettes de ses navires à vapeur.

24 ***Lors d'une opération*** **[…]** ***sous sa supervision.*** Le projet du Gange est décrit dans *Account of Some Recent Improvements in the System of Navigating the Ganges by Iron Steam Vessels* (1848) d'Albert Robinson.

24 ***En 1848, les frères Robinson*** **[…]** ***dix ans auparavant).*** Cf. *Iron Shipbuilding on the Thames* (2000) de A.J. Arnold.

25 ***Le baptême du*** **Taman** **[…]** ***les eaux du fleuve.*** Cf. le numéro du 18 novembre 1848 de l'*Illustrated London News*.

25 ***Son mariage avec Isabella* [...] *les biens de son épouse.*** À l'époque de son mariage, Henry ne possédait que du mobilier, de l'argenterie et de la porcelaine. Sur le système du contrat de mariage, voir « One Must Ride Behind : Married Women's Rights and the Divorce Act of 1857 » de Mary Lyndon Stanley, in *Victorian Studies*, vol. 25 (1982) ; *Uneven Developments : the Ideological Work of Gender in Mid-Victorian England* (1988) de Mary Poovey ; et *Road to Divorce : England 1530-1987* (1990) de Lawrence Stone. Le système était moins conçu pour protéger les femmes que pour éviter que les petits-fils d'un homme ne se retrouvent démunis si leur père était extrêmement prodigue.

25 ***« de nature très impérieuse »* [...] *la gestion du budget.*** Requête déposée le 26 février 1858 auprès de la cour de la chancellerie par Frederick Walker au nom d'IHR, et réponse de HOR le 17 avril 1858, AN, C15/550/R24.

25 ***le plus haut échelon de la classe moyenne supérieure.*** Selon une analyse de la population du Royaume-Uni parue en 1867 dans *National Income* (1868) de R.D. Baxter, 1,2 % de la population gagnait trois cents livres ou plus. Un neuvième de cette fraction (environ cinquante mille personnes) gagnait mille livres ou plus ; les huit neuvièmes restants (cent cinquante mille personnes) gagnaient entre trois cents et mille livres, somme nécessaire pour entretenir un foyer avec domestiques. Le reste de la nation, soit dix millions de personnes ou 98 % de la population, gagnait moins de trois cents livres.

26 ***Quand le père d'Isabella décéda* [...] *à sa fille aînée...*** Selon sa plaque commémorative dans l'église St Mary d'Ashford Carbonel, Charles

Walker mourut le 23 décembre 1847 à l'âge de soixante-seize ans. Dans son testament (homologué à Londres le 28 janvier 1848), il confirmait le legs d'un placement de cinq mille livres à Isabella, de quatre mille cinq cents livres à sa jeune sœur Julia et de cinq mille quatre cents livres au plus jeune de ses enfants encore vivants, Christian. Le nécessaire avait été fait séparément en ce qui concernait les deux aînés.

26 ***des actions de la London & North Western Railway.*** Cette compagnie, formée en 1846 par la fusion de trois compagnies de chemins de fer existantes, assurait le trafic ferroviaire entre la gare d'Euston et les Midlands, le nord-ouest du pays et l'Écosse.

26 ***Isabella affirmera* [...] *deux mille livres des fonds propres du garçon.*** Lettre d'IHR à GC, 21 février 1858.

26 ***« irrésolue* [...] *irritée et néanmoins passive ».*** Lettre d'IHR à GC, 26 février 1858.

26 ***« Tout en connaissant parfaitement* [...] *d'une chose après l'autre. »*** Lettre d'IHR à GC, 21 février 1858.

26 ***À l'époque de cette naissance, elle séjournait...*** Selon son acte de naissance, il vit le jour le 6 février 1849 au 19 Cannon Place. « Stanley », son nom d'usage, était le nom de jeune fille de l'épouse de Henry Curwen, l'oncle d'Isabella.

26 ***identifié des symptômes de « maladie utérine ».*** Témoignage de Joseph Kidd dans l'affaire *Robinson contre Robinson et Lane*, le 16 juin 1858.

26 ***ses affaires avaient appelé Henry en Amérique du Nord...*** La fin de son partenariat avec Scott Russell est rapportée dans *The Law Times* du 17 avril 1849.

26 ***Isabella commença à tenir un journal intime...***

Selon l'avocat de HOR dans *Robinson contre Robinson et Lane*, le 14 juin 1858.

26 ***« Je ne sais où chercher*** **[…]** ***qui me soit donné. »*** Journal d'IHR, 27 mars 1852.

27 ***un lien « d'une force*** **peu commune ».** Lettre d'IHR à GC, 21 février 1858.

27 ***renommée pour ses écoles nombreuses et d'un coût modéré.*** Selon *Black's Guide Through Edinburgh* (1851) d'Adam et Charles Black, les établissements scolaires « attirent de nombreuses personnes de l'extérieur souhaitant offrir à leurs enfants une éducation libérale pour un coût raisonnable ».

27 ***Leurs garçons pourraient y recevoir…*** Lettre de GC à Sir James Clark, 19 décembre 1857.

27 ***le loyer s'élevait à environ cent cinquante livres par an.*** La location d'une maison à Moray Place coûtait entre cent quarante et cent soixante livres par an en 1844 selon le *Black's Guide*. Dans *The Mid-Victorian Generation, 1846-1886* (1998), K. Theodore Hoppen estime que les classes moyennes consacraient en moyenne dix pour cent de leur revenu à leur loyer.

28 ***Les Robinson avaient quatre employés à demeure…*** Résultats du recensement écossais de 1851, dans lequel la famille figure sous le nom de « Robertson » ; les employés du 11 Moray Place s'appelaient Andrew McIntosh, Agnes Thomson, Eliza Power et Mary Graham. Leur nombre s'accordait plus ou moins au revenu de la famille. Selon le *Book of Household Management* (1861) de Mrs Beeton, un foyer disposant de mille livres par an avait habituellement cinq employés : une cuisinière, deux bonnes, une nurse et un domestique.

28 ***un « festin de fraises »…*** Journal de Robert Chambers, fonds RC, BNE.

28 ***des romancières en vogue telles que Susan Stirling…***

Fille d'un professeur, elle était l'auteur du roman à succès *Fanny Harvey, or, The Mother's Choice* (1849). IHR parle de « notre amie commune Mrs Stirling » dans une lettre à GC le 16 août 1852.

29 ***selon Charles Piazzi Smyth, astronome royal pour l'Écosse…*** Dans une lettre de 1851 à un ami, citée dans *Predicaments of Love* (1992) de Miriam Benn.

29 **« unique […] *et dépourvue d'égoïsme* ».** Lettres d'Elizabeth Rigby à John Murray, 29 décembre 1842, et à Hester Murray, 10 février 1843, in *The Letters of Elizabeth Rigby, Lady Eastlake* (2009), rassemblées par Julie Sheldon.

29 ***Lady Drysdale était une philanthrope fervente* […] *mariage.*** Parmi les Italiens en exil du cercle de Lady Drysdale figurait G.B. Nicolini, ardent républicain qui préparait une brillante histoire des jésuites. IHR le mentionne dans son journal à la date du 31 août 1852. Le goût de Lady Drysdale pour les réfugiés polonais est évoqué dans *The Story of a Lifetime* (1908) de Lady Priestley.

29 ***Une photographie de cette époque* […] *l'air sûr de lui.*** Photographie figurant dans la collection de la famille Robinson.

29 ***Isabella savait à présent* […] *deux filles illégitimes.*** Lettre d'IHR à GC, 21 février 1858.

29 ***Au bout de quelques mois, elle rendait presque quotidiennement visite…*** Témoignage d'EWL devant le tribunal des Divorces, 26 novembre 1858.

29 ***« analyser et interpréter le moindre vers* […] *ou de quelqu'un d'autre ! »*** Lettre d'IHR à GC, 26 février 1858.

30 ***Edward leur proposait souvent, à elle et ses fils* […] *les rochers et le sable.*** Lettres de GC à Jane Tennant et Sir James Clark, 28 décembre 1857 et 4 janvier 1858.

30 ***le port de Leith, le Frith…*** Le Firth of Forth, où

la Forth se jette dans la mer du Nord, était plus communément appelé ainsi jusqu'aux années 1860.

31 ***« Ah, pensais-je*** **[…]** ***plus las de vivre que je ne le suis. »*** Sa description trouve un écho dans un passage du *Conte de deux cités* de Charles Dickens, paru en 1859, qui suggère « que chacune de ces maisons sombrement resserrées renferme son propre secret ; que chaque chambre y renferme son propre secret ; que chaque cœur qui bat dans les centaines de milliers de poitrines qui s'y trouvent, est, en certains de ses rêves, un secret pour le cœur le plus proche ! ».

31 ***Si elle et Henry se sépareraient*** **[…]** ***à condition qu'elle eût bonne réputation…*** Cf. *Dickens and the Rise of Divorce* (2010) de Kelly Hager.

31 ***« … joué psaumes*** **[…]** ***occupation rebelle et bien peu féminine.*** Comme le dit un article publié cette année-là dans le *Blackwood's Edinburgh Magazine*, « quand il verra, après dîner, sa femme croiser les jambes, poser les pieds sur le pare-feu et allumer un cigare, l'homme éprouvera, pour ne pas dire plus, un sentiment de doute ». Cf. un article sur le *bloomerism*, ce phénomène des femmes portant des *bloomers*, ou culotte bouffante, au lieu d'une jupe, cité dans *The Spectacle of Intimacy : a Public Life for the Victorian Family* (2000) de Karen Chase et Michael Levenson.

33 ***Ils commentent un article d'Edward…*** Article non signé intitulé « Pronouncers » dans le *Chambers's Edinburgh Journal*, vol. 17 (1852).

33 ***« Abattement : une ode » de Samuel Taylor Coleridge.*** Ce poème évoquait le dramaturge Thomas Otway, d'après lequel Isabella avait peut-être nommé son deuxième garçon.

34 ***« Mon esprit est un chaos*** **[…]** ***et ne puis cependant mourir. »*** Ce qu'écrit Isabella renvoie à deux vers

d'Alfred Tennyson dans « Mariana » (1830), où une jeune fille solitaire se languit de son galant : « Je suis lasse, lasse, / Je voudrais être morte ! »

36 ***Il s'agit d'une des causeries données…*** Cf. *John Stuart Blackie* (1895) d'Anna M. Stoddart.

36 ***un orateur « sémillant et plein d'entrain »…*** Cité dans *John Stuart Blackie : Scottish Scholar and Patriot* (2006) de Stuart Wallace, p. 142.

37 ***Lors de la soirée donnée à Royal Circus* [...] *à la crinière ondulée.*** Gravure par D.J. Pound d'après John Jabez Mayallin représentant Robert Chambers dans les années 1840, conservée à la NPG.

37 ***Au mois de mai suivant* [...] *la jeune comédienne Isabella Glyn.*** Sur les relations entre IHR et RC, voir le journal de RC, fonds RC, BNE.

37 ***« Vers adressés à une miniature, signés d'une dame »* [...] *initiales « IHR ».*** Collection du *Chambers's Edinburgh Journal*, vol. 16 (1852).

Chapitre 2

39 ***Edward Wickstead Lane* [...] *Terrebonne, au Québec.*** Ses parents, Elisha Lane et Harriet Wickstead, se marièrent le 27 mars 1819 à la Christ Church Cathedral de Montréal.

39 ***Edward avait neuf ans quand…*** Arthur Benjamin Lane naquit le 28 janvier 1828 et fut baptisé en l'église de la Sainte-Trinité de Québec. Harriet Lane mourut le 19 avril 1832 à l'âge de trente ans. Cf. *The Lower Canada Jurist*, vol. 8 (1864).

39 ***Elisha Lane* [...] *montèrent une affaire…*** En 1851, il s'associa avec trois autres marchands en gros de confession presbytérienne pour construire à Montréal une église libre, antenne de l'Église réformée établie à Édimbourg par le révérend Thomas Guthrie. Cf. <www.eglisesdequebec.org>.

39 ***En l'espace de dix ans, sa société avait constitué un capital…*** Cette société se nommait Gibb & Lane ; voir l'article sur James Gibb dans *Dictionary of Canadian Biography*, vol. 8 (1985), de Frances G. Halfpenny et Jean Hamelin.

39 ***Logés chez une famille du New Town, les fils Lane…*** Selon le recensement de 1841, ils logeaient avec neuf autres garçons chez Mr et Mrs Morrison, au 24 Northumberland Street.

40 ***Edward reçut des prix pour ses résultats…*** Leur liste figure dans le *Caledonian Mercury* du 1er août 1840.

40 ***Ensuite […] six prix la première année.*** Cf. le *Caledonian Mercury* du 7 mai 1842.

40 ***Edward […] s'inscrivit en droit à l'université d'Édimbourg…*** EWL fut élu au sein de la Speculative Society le 15 novembre 1842 et reçut en 1845 la distinction de membre extraordinaire. Voir *The History of the Speculative Society, 1764-1904* (1905).

40 ***les parents de George, Sir William et Lady Drysdale…*** William Drysdale fut fait chevalier en 1842.

40 ***Elles concernaient George…*** La biographie de George Drysdale est tirée de « George and Charles Drysdale in Edinburgh » de Tomoko Sato, in *Journal of Tsuda College Tokyo*, vol. 12 (1980), et de *Predicaments of Love* de Miriam Benn. Sato s'est, dans un premier temps, penché sur la crise traversée par George dans les années 1840 : « La mort supposée de George Drysdale et *The Elements of Social Science* », article publié en japonais dans le *Hitotsubashi Ronsu*, vol. 78 (1977). L'histoire de George Drysdale est également abordée dans *Darwin, Literature and Victorian Respectability* (2007) de Gowan Dawson et dans *The Making of*

Victorian Sexuality (1994) de Michael Mason. On trouve sur la vie de George Drysdale des informations de première main dans ses *Elements of Social Science*, ainsi que dans « Memoir of the Author » de Charles Drysdale dans l'édition de 1904 du même ouvrage.

40 ***George se trouvait à l'université de Glasgow…*** Lettre de William Copland (fils d'un précédent mariage de Lady Drysdale) à John Murray, 5 décembre 1843. Fonds Murray, BNE.

40 ***Il fit une dépression…*** George et Charles furent photographiés à cette époque par des pionniers de la photographie installés à Édimbourg, Octavius Hill et Robert Adamson. George, âgé d'environ dix-huit ans, est un beau garçon bien portant, le cheveu bouclé, l'air renfermé, s'appuyant à une chaise, la main sur la hanche, le regard baissé, détourné de l'appareil. Assis face à lui, Charles, âgé d'environ seize ans, possède un visage mince, un front haut et pâle barré d'une longue mèche ; se tenant jambes serrées dans un pantalon à carreaux, il regarde à mi-distance (calotype conservé à la NOG).

41 ***« La mère et les amis du défunt* [...] *que j'aie connu ».*** Lettre de Cockburn à Francis Jeffrey, 26 mars 1846, dans *Lord Cockburn : Selected Letters* (2005), correspondance réunie par Alan Bell. Il s'agissait de Henry Thomas Cockburn (1779-1854), magistrat de la cour de session et de la cour d'assises ; à ne pas confondre avec Sir Alexander James Edmund Cockburn (1802-1880), juge en chef du tribunal de première instance en 1856 et par la suite président de la Haute Cour de justice, qui entendit en 1858 l'affaire de divorce des Robinson.

42 ***Mary n'exprime toutefois* [...] *fortifié par les***

***épreuves qu'il [avait] traversées* »**. Lettre de MD à Jane Williams, 19 mars 1846, dans les « Journals of Jane Williams (née Reid) », conservés à la State Library of Tasmania, NS213/1/1/2.

42 ***La théorie de sa branche de la médecine…*** Simpson décrit l'homéopathie comme « un credo que quatre-vingt-dix-neuf pour cent de la profession médicale tient pour totalement faux ». *Homeopathy, its Tenets and Tendancies, Theoretical, Theological and Therapeutical* (1853) de J.Y. Simpson.

43 ***Mary expliquait à son amie* [...] *il n'a eu de cesse que de nous revoir tous* »**. Lettre de MD à Jane Williams, non datée mais probablement de mai 1846, State Library of Tasmania, NS213/1.

45 ***Dans son étude sur l'éjaculation involontaire…*** En français, *Des pertes séminales involontaires* ; en anglais, *A Practical Treatise on the Causes, Symptoms and Treatment of Spermatorrhea*.

45 ***Les travaux de Lallemand…*** Concernant les angoisses liées à la spermatorrhée, cf. *Unauthorised Pleasures : Accounts of Victorian Erotic Experience* (2003) d'Ellen Bayuk Rosenman.

45 ***La masturbation était le peu reluisant corollaire…*** Voir une analyse des positions victoriennes face à la masturbation dans *Solitary Sex : a Cultural History of Masturbation* (2003) de Thomas Laqueur.

45 **« *trouvé obligé de rentrer précipitamment* [...] *que lui-même oublie tout cela, le pauvre* »**. Lettre de MD à John Murray, fonds Murray, BNE.

46 ***Un témoin vit* [...] *par les flammes environnantes* »**. Voir *Quebec Past and Present : a History of Quebec, 1608-1876* (1876) de Sir James MacPherson Le Moine.

46 ***Edward Lane et Mary Drysdale* [...] *se marièrent en juin 1847*.** Selon le *Blackwood's Magazine*,

Mary Drysdale était née le 24 mars 1823 au 8 Royal Circus.

46 ***Mary déclara n'avoir jamais vu son frère en meilleure forme…*** Lettre non datée de Jane Drysdale à John Murray, fonds Murray, BNE.

47 ***le décrira plus tard* [...] *une haute montagne ou une paroi en granite ».*** Texte dactylographié de Florence Fenwick Miller cité dans *Predicaments of Love* (p. 30) de Miriam Benn.

47 ***Mary tomba enceinte à Dublin.*** Lettre de Lady D. à James Young Simpson, 30 mars 1848, conservée au Royal College of Surgeons of Edinburgh Library and Archive. L'usage d'administrer du chloroforme lors de l'accouchement ne se répandit qu'après que la reine Victoria eut donné naissance au prince Leopold selon cette méthode en 1853.

48 ***En 1848 à Dublin…*** Recensement écossais de 1851.

48 ***cet hôpital exposait* [...] *du fait de cette pratique.*** « Notes on Medical Subjects, Comprising Remarks on the Constitution and Management of British Hospitals, etc. » (1853). Thèse d'EWL.

49 ***Un patient* [...] *d'une surdose d'aconit.*** Pour plus de détails sur le fonctionnement de l'hôpital royal d'Édimbourg, voir *Matrons, Medics and Maladies : Edinburgh Royal Infirmary in the 1840s* (1999) de Bill Yule.

49 ***Afin de combattre ce mal* [...] *Tous deux acceptèrent.*** Lettre du 23 octobre 1852, *The Letters of Charles Dickens*, vol. 6 (1988), rassemblées par Madeline House, Graham Storey et Kathleen Tillotson.

49 ***Pendant cette période* [...] *en mesure de déployer. »*** Dans sa croyance en l'« autoguérison », Edward s'inspirait des idées de son ami Andrew Combe, frère de George Combe et médecin de renom, mort

de la tuberculose à Édimbourg en 1847. « Par ses écrits et dans sa pratique, écrivait Edward dans sa thèse, le Dr Combe a probablement plus œuvré que quiconque pour inculquer la foi en la nature et les agents naturels pour le traitement des maladies et la préservation de la santé. » James Young Simpson, qui obtint la chaire d'obstétrique à Édimbourg grâce à l'appui de Sir William Drysdale, était également un farouche défenseur de l'hygiène dans les hôpitaux (*ODNB*).

50 ***John, l'homéopathe* [...] *avec grand succès...*** Cf. *The Life and Times of James Compton Burnett* (1904) de John Henry Clarke.

50 ***Celui-ci n'était d'ailleurs pas le seul objet de ses affections...*** Lettre de GC à Sir James Clark, 19 décembre 1857.

51 ***Il habitait le New Town avec sa femme...*** Combe avait quarante-cinq ans quand il épousa en 1837 Cecilia Siddons, âgée de trente-neuf ans. Les quinze mille livres qu'elle déposa dans la corbeille de mariage permirent à GC de démissionner du barreau pour se consacrer à la phrénologie.

51 ***« de nature toute filiale ».*** Lettre d'IHR à GC, 21 février 1858.

51 ***« le champion d'un credo plus limpide »...*** Lettre d'IHR à GC, 17 novembre 1854.

51 ***« un homme d'une intégrité* [...] *que j'aie connus ».*** In *Record of a Girlhood*, vol. 1 (1879), de Fanny Kemble.

51 ***« Je pense souvent à vous* [...] *avec ma propre nature. »*** Lettre de Marian Evans à GC, mars 1852, dans *The George Eliot Letters, vol. VIII, 1840-70* (1978), rassemblées par Gordon S. Haight.

51 ***l'essai de Combe* [...] *une édition publiée par Robert Chambers.*** Un volume de ventes uniquement dépassé par *Robinson Crusoé*, *Le Voyage du*

pèlerin et la Bible, selon Harriet Martineau dans sa nécrologie de Combe dans le *Daily News* en août 1858.

52 ***un plus gros cervelet […] le col plus fort que les autres créatures.*** Cf. *A System of Phrenology* (1843) par GC.

52 ***Un autre de ses sujets d'étude […] source de problèmes. »*** Ils consultèrent Combe lors de la visite royale à Édimbourg en 1850, puis une seconde fois en 1852, quand il fit son observation sur l'amativité. Voir *Queen Victoria's Skull : George Combe and the Mid-Victorian Mind* (2007) de David Stack.

52 ***la « spontanéité débridée du matin »…*** Journal de GC, 25 juillet 1857. Cette citation et toutes les suivantes du journal de GC proviennent de manuscrits du fonds Combe, BNE.

53 ***Se gardant de développer le sujet […] d'une véritable extase. »*** Voir *On the Functions of the Cerebellum* (1838), traduction par Combe de l'ouvrage français de Gall. Voir également l'article de Michael Shortland « Courting the Cerebellum : Early Organological and Phrenological Views of Sexuality », in *British Journal for the History of Science*, vol. 20 (1987).

55 ***Les romancières […] m'agitaient parfois au point de me faire souffrir. »*** Voir *Charlotte Brontë and Victorian Psychology* (1996) de Sally Shuttleworth.

56 ***Ils faisaient souvent des promenades…*** Journal de GC, BNE.

56 ***ils s'embarquèrent à Hull pour la Suède […] une chandelle pour lire l'heure.*** *Ibid.* et l'article de William Swan, « On the Total Eclipse of the Sun on Jul 28, 1851, observed at Goteborg ; with a description of a new Position Micrometer », in *Proceedings of the Royal Society of Edinburgh*, vol. 3 (1857).

56 ***Le livre fut condamné [...] issue des grands singes. »*** Cf. *Victorian Sensation : the Extraordinary Publication, Reception, and Secret Authorship of « Vestiges of the Natural History of Creation »* (2000) de James A. Secord.

57 ***La paternité de* Vestiges *avait été un sujet de spéculation...*** *Ibid.*

57 ***Dans son journal de 1839 [...] d'une sangsue confinée sous un mouchoir de soie ».*** In *Notes on the United States of North America, During a Phrenological Visit in 1838-40*, vol. 2 (1841), de GC.

58 ***« une histoire naturelle de [sa] propre personne »...*** In *An Autobiography* (1904) de Herbert Spencer.

Chapitre 3

59 ***Albert et Richard Robinson se retirant...*** Lettre d'IHR à GC, 24 octobre 1852.

59 ***Ses brochures publicitaires [...] tantôt en trop grosse quantité ».*** Voir la brochure publicitaire « A Description of Robinson's Steam Cane Mill » (1845) et « Robinson's Patent Sugar Cane Mills » in *The Mechanics' Magazine*, 2 octobre 1841.

60 ***À Tirhoot, en Inde...*** Les Robinson persuadèrent en 1845 les producteurs d'indigo de Tirhoot de succomber à l'engouement pour le sucre, mais les planteurs essuyèrent de lourdes pertes lorsqu'ils découvrirent que leurs terres ne convenaient pas pour la culture de la canne à sucre. En 1850, ils étaient revenus à l'indigo. « Le roi Lion tendit la main, disait un poème du cru, Parlant de la main-d'œuvre à bas prix et de la richesse de la terre [...] / Puis les choses allèrent grand train / Et la région fut bientôt parsemée de monuments extravagants ».

Cf. *History of Behar Indigo Factories* (1887) de Minden Wilson.

60 ***En 1852, tandis que Henry tâchait* [...] *les paysages gallois »*.** Lettre d'IHR à GC, 16 août 1852.

60 ***Une gare de chemin de fer avait ouvert en avril...*** La ligne de Shrewsbury à Ludlow fut achevée en avril 1852. Selon *A Peculiar Parish* de Phyllis M. Ray, une gare fut ouverte à Ashford Bowdler, mais ne le resta que quelques années – le recensement de 1861 ne donne qu'un garde-barrière dans ce village. La Shrewsbury & Hereford Railway Company proposa à la famille Walker deux mille cinq cents livres pour deux hectares de terre sur lesquels fut construit un tronçon de la ligne. Cf. *Report of Cases Decided in the High Court of Chancery* (1853).

60 ***Deux des cadets d'Isabella...*** Julia Walker avait cinq ans de moins qu'Isabella. Selon le registre de l'église St Mary d'Ashford Carbonel, elle naquit le 22 décembre 1818 et épousa Albert en janvier 1849. Charles Henry mourut en 1834 à l'âge de douze ans, selon une plaque apposée à l'intérieur de St Mary. Caroline fut enterrée à St Mary en 1838 à l'âge de vingt et un ans. Une autre sœur – Harriet, née en 1815 – était probablement décédée. Elle n'est mentionnée dans aucun des testaments de ses parents et son nom n'apparaît ni dans le recensement ni dans le registre des mariages.

62 ***« L'égotisme engendre tant de distorsion...*** In « Pronouncers », *Chambers's Edinburgh Journal*, vol. 17 (1852).

63 ***Nombre de familles de la classe moyenne supérieure...*** Cf. *Food and Cooking in Victorian England* (2007) d'Andrea Broomfield, p. 65-66.

66 ***Reading se trouvait dans une vallée...*** Cf. le *Post*

Office Directory of Berkshire (1854) et le *Murray's Guide to Berkshire* (1860).

66 ***comme « une rivière de sang ».*** Cf. *Haps and Mishaps of a Tour of Europe* (1853) par Grace Greenwood.

66 ***Isabella emménagea avec les enfants* [...] *trois fois par semaine.*** Lettres d'IHR à GC, 24 octobre et 11 décembre 1852.

67 ***Si Alfred, l'aîné* [...] *une certaine dose d'obstination ».*** Lettres d'IHR à GC, 16 août et 24 octobre 1852.

67 ***Henry avait le projet de créer… théologique.*** Lettre d'HOR à GC, 25 décembre 1853.

68 ***« était froide comme un grenier* [...] *tous les coins de son cœur ».*** Les citations de *Madame Bovary* sont tirées de la première édition anglaise, publiée en 1886. La traductrice – Eleanor, fille de Karl Marx – conserva le mot français *ennui*, lequel n'avait pas d'équivalent direct en anglais. En langage parlé, toutefois, une personne souffrant d'ennui pouvait se dire visitée par « the blue devils » [les diables bleus] ou par « the blues ». La narratrice de *The Diary of an Ennuyée* (1826), roman à succès d'Anna Brownell Jameson, intitule son journal « the Diary of a Blue Devil ». Cet usage est à l'origine des expressions « to have the blues » et « to feel blue ». Cf. « The Blues » in *Eliza Cook's Journal* (1er novembre 1851) et *A Dictionary of Slang and Unconventional English* d'Eric Partridge, éd. Paul Beale (8e éd., 1984).

68 ***Son père, Charles…*** Charles Walker, né en 1775, avait été admis au barreau de Lincoln's Inn en 1801, selon *A Synopsis of the Members of the English Bar* (1835) de James Whishaw. Bridget était née à Workington Hall en 1788.

68 ***Il avait hérité de terres…*** Le père de Charles,

Thomas, était mort à Londres en 1802, léguant la majeure partie de ses terres dans l'ouest du Yorshire et dans le Shropshire à son fils aîné Thomas, ainsi que deux maisons situées à Lincoln's Inn Fields (testament homologué le 16 février 1802). Mais en 1828, Thomas mourut célibataire, laissant ses biens à Charles, ce qui accrut considérablement les avoirs fonciers de ce dernier (homologation au 28 février 1828).

69 ***Les Curwen étaient une vieille…*** Pour l'histoire des familles Curwen et Christian, voir *A History of the Ancient House of Curwen* (1928) de John F. Curwen ; *North Country Life in the Eighteenth Century* (1952) d'Edward Hugues ; *Manx Worthies* (1901) par A.W. Moore. Les informations concernant la naissance de Bridget et sa première rencontre avec Charles sont tirées d'une lettre de 1911 signée de leur fils cadet, Christian Henry James Walker (collection privée, Ruth Walker). Dans le *Cumberland News* du 4 août 2000, Denis Periam avance que Wilkie Collins a utilisé Ewanrigg comme modèle pour Limmeridge Hall, domicile des héroïnes de *La Dame en blanc* (1860). Collins et Dickens visitèrent le Cumberland en 1857.

69 ***la mère de Bridget, Isabella…*** Portrait d'Isabella Curwen par Romney, NPG.

69 ***afin de montrer à ses pairs sa proximité…*** John Christian Curwen introduisit dans sa région le cheval du Suffolk et la charrue du Lothian, constitua un cheptel de race Shorthorn et importa des mérinos pour les croiser avec une espèce locale. Cf. l'article de J.V. Beckett dans l'*ODNB*.

69 ***Sa mère avait pris […] lui était fermé.*** Selon le recensement de 1841, alors qu'Isabella et la plupart de ses frères et sœurs avaient quitté le

domicile familial, Ashford Court comptait encore un personnel de trois hommes et six femmes.

70 ***« de nombreuses heures de temps libre* [...] *la majorité des femmes ».*** Lettre d'IHR à GC, 24 octobre 1852.

70 ***« est un endroit plaisant* [...] *pas beaucoup d'agréables ».*** *Ibid.*

70 ***« Vous ne savez pas...*** Lettre d'IHR à GC, 28 février 1854.

71 ***« Tout ne me sera que ténèbres...*** *Ibid.* Dans « Dover Beach » de Matthew Arnold, composé vers 1851 mais inédit jusqu'en 1867, le poète en proie au doute se voit « seul comme au milieu d'une plaine gagnée par la nuit ».

71 ***« La perte de foi d'Isabella...*** Lettre d'EWL à GC, 17 mai 1858.

72 ***Elle sait bien* [...] *se soustraire à la réprobation ».*** Lettre d'IHR à GC, 16 août et 24 octobre 1852.

72 ***Combe lui déconseille fortement* [...] *ne conduit pas nécessairement à l'athéisme.*** Dans les années 1820, le philosophe édimbourgeois Sir William Hamilton faisait cette mise en garde : « La phrénologie est un athéisme implicite [...] La phrénologie, la nécessité physique, le matérialisme, l'athéisme sont [...] les étapes abruptes d'une transition logique. » « Correspondence between Sir William Hamilton and Mr Combe », in *The Phrenological Journal and Miscellany*, vol. 5 (1829).

72 ***« liquide l'idée reçue* [...] *sur le plan matériel ? »*** Lettre d'IHR à GC, 11 décembre 1852.

73 ***au moins le doute et une mesure de charité. »*** lettre d'IHR à GC, 10 février 1853.

73 ***« Il en est que cette initiative* [...] *s'ils le jugent bon. »*** Lettre d'IHR à GC, 24 octobre 1852.

73 ***« J'en arrive à la conclusion* [...] *de quitter***

***Édimbourg* ».** Lettre de GC à Robert Tait, 16 avril 1853.

74 ***« Je puis sans risque vous promettre […] d'inclination pour les méditations abstraites. »*** Lettres d'IHR à GC, 10 février et 27 mai 1853. Ayant lu l'essai de Combe, Isabella lui envoya une lettre de félicitations dans laquelle elle reconnaissait toutefois avoir été déçue de constater qu'il n'allait pas jusqu'à l'athéisme. « Je suis obligée de […] vivre, lui explique-t-elle, sans la croyance réconfortante en un grand et bienveillant souverain dont l'esprit est en relation avec le nôtre. Je ne pouvais répondre avec la parfaite sincérité qui m'est naturelle sans faire cette observation à propos de votre livre ; et cependant, je le crains, c'est ma faute si je ne suis pas de votre avis sur ce point. » Lettre d'IHR à GC, 28 février 1854. Un autre de ces premiers lecteurs de confiance fut, par contre, si horrifié de l'apparente attaque du manuscrit contre l'idée d'immortalité qu'il l'adjura de le détruire ; Combe n'en inclut pas moins cet essai à son *Relation between Science and Religion* (1857).

74 ***« quelques vers de ma composition…*** Lettre d'IHR à GC, 26 février 1858.

74 ***« Une femme et son maître »…*** Cf. *Chambers's Edinburgh Journal*, vol. 19 (1853).

74 ***un ouvrage d'« une philosophie sérieuse et poussée ».*** Lettre d'IHR à GC, 11 décembre 1852, à propos de *Social Statics ; or, The Conditions Essential to Happiness Specified, and the First of Them Developed* (1851).

74 ***« la dégradation […] atmosphère de sujétion ».*** Cf. la première édition de *Social Statics*, publiée en 1851. Cette année-là, Marian Evans rencontra Herbert Spencer et s'éprit de lui. Il repoussa ses avances et, quand arriva l'été 1852, Evans se sentait

vouée au célibat. « Vous savez, écrivit-elle à une amie, comment on se sent quand une procession nombreuse vient de passer, que les dernières notes de musique se sont éteintes au loin et que l'on se retrouve seule avec les champs et le ciel. » Spencer renia par la suite ses idées protoféministes et les effaça presque complètement de l'édition de *Social Statics* publiée en 1856. Cf. *George Eliot and Herbert Spencer : Feminism, Evolutionism, and the Reconstruction of Gender* (1991) de Nancy Paxton.

76 ***Il venait de se voir accorder un brevet…*** Brevet certifié le 8 avril 1853 et décrit en 1854 in *Newton's London Journal of Arts & Sciences.*

76 ***aussi brun que ses frères étaient blonds.*** Journal de GC, 30 août 1856. Combe examina la tête des fils Lane, notant qu'Arthur avait des organes développés de la bienveillance, de l'*adhésivité*, de la conscience et de l'émerveillement ; William, que ses parents trouvaient « mou et terne », présentait une *philoprogénitivité* et une adhésivité marquées ; quant à Sydney, il possédait « un gros, un énorme émerveillement » et une faculté de conscience réduite. « Il aura du mal à s'en tenir à la vérité », conclut Combe.

76 ***d'où Edward écrivit plusieurs lettres à Isabella.*** Témoignage d'EWL devant le tribunal des Divorces, 23 novembre 1858.

76 ***ses « sentiers ombreux » et sa « bruissante rivière ».*** In *Chambers's Edinburgh Journal*, 3 avril 1851 (EWL est identifié comme l'auteur dans le registre des contributeurs, fonds RC, BNE).

76 ***De retour en Angleterre* […] *un jour et une nuit chez les Robinson.*** Témoignage d'EWL devant le tribunal des Divorces, 23 novembre 1858.

77 ***« échappant ainsi à la tristesse de novembre* […]**

aime beaucoup. » Lettre d'HOR à GC, 25 décembre 1853.

78 ***frère de son premier mari…*** Selon le recensement, George Dansey et sa femme avaient vécu à quelques maisons en contrebas de chez Edward Dansey et Isabella, à Ludlow en 1841.

78 ***qui vivait avec les siens en Tasmanie.*** John Walker était comptable pour une banque de Derwent, où il tentait de s'établir comme enseignant.

79 ***C'est, écrivait Mrs Ellis,*** **[…]** ***avec égards et déférence ».*** Le mari de Sarah Ellis était William Ellis, réformateur de l'enseignement et ami de Combe. Les Combe et les Ellis visitèrent ensemble le sud du pays de Galles au cours de l'été 1852, en dépit du fait que des bruits troublants fussent arrivés à l'oreille de Combe : il se disait en effet à Édimbourg que William Ellis se montrait « grossièrement entreprenant dans son comportement envers les femmes ». « Il a même transmis une maladie à son épouse. » Lettre de GC à M.B. Simpson, juillet 1850.

Chapitre 4

81 ***En 1854, un nouvel homme…*** John Thom avait été précédemment employé comme précepteur en Allemagne et à Édimbourg. Lettre d'IHR à GC, 28 février 1854.

83 ***des précautions dans ses lettres*** **[…]** ***qu'ils échangeaient.*** Dans une conversation rapportée dans une lettre de GC à Sir James Clark, 4 janvier 1858.

84 ***Ils « sont le fait*** **[…]** ***les impressions d'un autre ».*** In *The Night Side of Nature* (1848) de Catherine Crowe, p. 42. « Une faculté, ou plus d'une, met en morceaux les liens qui l'assujettissaient, écrivait Robert Macnish dans *The Philosophy of*

Sleep (1830), tandis que ses semblables restent prisonnières du sommeil […] et, de la sorte, elle s'abandonne aux pensées les plus débridées et les plus extravagantes. »

85 ***« Ai rêvé toute la nuit […] de Mr Lane…*** Isabella écrit « Mr Lane » plutôt que « le Dr Lane » dans ces entrées, ce qui laisse supposer qu'elles furent rédigées avant qu'il n'obtienne son diplôme de médecin à l'été 1853 ; mais il ne semble pas qu'Isabella se soit mise à l'appeler « Dr » avant de l'avoir vu *in situ*, un an plus tard, dans son établissement d'hydrothérapie.

85 ***« l'accumulation d'énergie […] en train de perdre la raison ».*** Tiré de « Cassandra », composé en 1852 mais inédit du vivant de l'auteur ; cité in *Florence Nightingale* (2008) de Mark Bostridge, p. 372.

85 ***« nature passionnée […] influences malignes du rêve ».*** Dans une note rédigée le 24 décembre 1850, citée in *Florence Nightingale* (2008) de Mark Bostridge, p. 127.

86 ***L'histoire de la déambulation de Mrs Crowe […] aux yeux de tous.*** Fonds Catherine Crowe, Kent University, F191882 ; *The Letters of Charles Dickens* et le fonds RC, BNE. L'épisode est étudié dans « Naked as nature intended ? Catherine Crowe in Edinburgh, Feb 1854 », article posté sur <www.aforteanintharchives.wordpress.com> le 29 septembre 2010. Le fonds Catherine Crowe contient aussi, relativement à cet épisode, une lettre de Marian Evans à GC, dans laquelle elle exprime sa sympathie pour Mrs Crowe et ses grands amis, les Combe.

86 ***À la fin du mois de mai, ayant renoncé…*** Selon Isabella, le projet n'avait pas été soutenu en raison de l'opposition locale au libéralisme social et

religieux, et aussi parce que Henry était accaparé par ses affaires à Londres. Lettre d'IHR à GC, 25 septembre 1854.

89 ***Quand Thom quitta le service des Robinson…*** Au milieu du siècle, les environs avaient perdu une partie de leur cachet, surtout à cause du disgracieux camp militaire d'Aldershot, et l'endroit était de ce fait devenu abordable pour des entrepreneurs comme Smethurst et Lane. Smethurst ouvrit son établissement à Moor Park en 1851, époque à laquelle il passa des annonces dans le *Lancet* et le *Critic*. Il passerait plus tard en jugement pour bigamie et homicide.

89 ***Thom se rangea à l'idée d'Isabella…*** Lettre de Mary Butler à CD, décembre 1862. Pour cette lettre et les suivantes de et à Charles Darwin, cf. sa correspondance en ligne à <www.darwinproject.ac.uk>.

89 ***Le prix de la consultation…*** Informations tirées de « Moor Park Hydropathic Establishment [a prospectus] » (1856) Fonds Combe, BNE ; et d'une lettre de CD à William Fox, 10 avril 1859.

89 ***et Atty continuait d'avoir…*** Le garçon, âgé de six ans, se trouvait « dans un état précaire » à l'automne de 1854, comme Isabella en informe GC dans une lettre du 25 septembre 1854.

90 ***La théorie était que…*** Cf. entre autres, *Taking the Cure* (1967) par E. S. Turner ; *Taking the Watercure* (1997) de Bradley ; et l'essai d'Alastair Durie in *Repositioning Victorian Sciences* (2006).

90 ***Selon Edward Lane, beaucoup de ses patients…*** D'après Edward Bulwer-Lytton in *Confessions of a Water Patient* (1846), les établissements d'hydrothérapie étaient fréquentés par ceux qui « vivaient bien, les buveurs de vin et de spiritueux ».

90 ***son « interminable livre sur les espèces »…*** Lettre de CD à Charles Lyell, 13 avril 1857.

90 ***« J'ai rencontré de nombreux cas* [...] *terriblement profonde. »*** Lettre d'EWL au Dr B.W. Richardson (1882) lue lors d'une conférence à St George Hall, Langham Place, le 22 octobre 1882. Les informations sur Darwin à Moor Park sont tirées de *Darwin's Illness* (2008) de Ralph Colp, ainsi que de la correspondance de l'intéressé.

90 ***En tant qu'hydropathe, Edward devait « lutter contre…*** « Dans l'esprit d'un grand nombre de gens, écrivait Lane, un établissement d'hydrothérapie est une paisible retraite campagnarde pour les patients, où une sorte de joyeuse inquisition a cours du matin au soir, une plaisante torture à base de divertissement. On se représente les patients bafouillant sans fin entre des draps humides et froids, dans un état, faut-il le supposer, de terrible inconfort, pour ne pas dire plus, et que seuls peuvent supporter de pauvres mortels bercés d'illusions et qui ont presque perdu la raison. » *Hydropathy* (1857).

91 ***Elle prit un train de Reading* [...] *à son allure »…*** La description, dans ce chapitre et les suivants, de la maison et des abords de Moor Park est tirée de *Aldershot, and All about It* (1857) de Marianne Young ; de « Moor Park, As it Was and Is », article non signé paru dans le *New Monthly Magazine* de mai 1855 ; du *Black's Guide to Surrey* (1861) ; de *A Home Historical : Moor Park, Surrey* (1885) de Charles T. Tallent-Bateman ; de *Sketches of the Camp at Aldershot* (anonyme, 1858) ; de *The History of England from the Accession of James II* (1848) de Thomas Babington Macaulay ; du *Handbook for Travellers in Surrey, Hampshire, and the Isle of Wight* (1865) de Richard John King ; de *The Autobiography, Times, Opinions,*

and Contemporaries of Sir Egerton Brydges (1834) d'Egerton Brydges ; de « The Water-Cure » (1855) et *A Life for a Life* (1860) de Dinah Mulock ; ainsi que de l'observation personnelle.

92 ***À droite de la terrasse…*** Dans *Mansfield Park* de Jane Austen est mentionné « un Moor Park », variété d'abricot cultivée par Sir William Temple.

95 ***« Celle qui s'emploie fidèlement […] du romanesque. »*** Cité in *Desire and Domestic Fiction : a Political History of the Novel* (1987) de Nancy Armstrong, p. 274.

96 ***un terrain de dix hectares à flanc de coteau sur lequel construire…*** Description et plan dans les brochures de vente de la propriété de Balmore House (1861 et 1865), Local Studies Dep[t], Reading Central Library.

97 ***Le mois suivant, Thom prit la fonction…*** Lettre d'IHR à GC, 25 septembre 1854. Thom « trouve le poste intéressant et satisfaisant ». Les informations sur Duleep Singh (1838-1893) sont tirées de l'article qui lui est consacré par Amandeep Singh Madra dans l'*ODNB*.

98 ***il « continue de faire vibrer ma corde sensible […] son image ».*** Cité dans le jugement de Cockburn dans l'affaire, 2 mars 1859.

98 ***Au cours de l'été 1854, Henry…*** Réponse de HOR à la requête d'IHR auprès de la cour de la chancellerie, 17 avril 1858. AN, C15/550/R24.

98 ***Ils se disputent…*** Réponse de HOR, 1er février 1862, archives du tribunal des Divorces, AN, J77/44/R4 ; réponse d'IHR, 4 mars 1862 ; lettre d'IHR à GC, 26 février 1858.

98 ***Bien que celui-ci ait refusé les quinze livres…*** Réponse de HOR à la requête d'IHR auprès de la cour de la chancellerie, 17 avril 1858, AN, C15/550/R24.

98 ***Albert vivait maintenant à Westminster…*** Recensement de 1851 ; *Daily News* du 2 décembre 1852 (sur le lancement d'actions de l'Eastern Steam Navigation Company) et le *Morning Chronicle* du 27 juin 1853 (sur le voyage de la goélette *Dolphin* au Groenland).

99 ***Il refusa de payer Henry…*** Cf. le *Daily News* du 3 août 1854.

Chapitre 5

100 ***Isabella se rendit à deux reprises…*** Archives du tribunal des Divorces, AN, J77/44/R4.

100 ***Elizabeth Drysdale […] de cet établissement considérable ».*** In *Emma Darwin, Wife of Charles Darwin : Vol. II* (1904) de Henrietta Litchfield.

101 ***« Le Dr Lane, sa femme…*** Lettre de CD à J. D. Hooker, 25 juin 1857.

101 ***Ce médecin ne souscrivait pas […] ne peut expliquer ».*** Lettre de CD à W.D. Fox, 30 avril 1857.

101 ***George Combe convenait […] sa droiture et sa grande générosité ».*** Lettre de GC à M. B. Simpson, 11 janvier 1858.

101 ***Et Combe d'observer […] reposé sur des femmes ».*** Lettre de GC à Sir James Clark, 19 décembre 1857.

101 ***« Bienveillance et amour […] leurs bontés. »*** Lettre de GC à M.B. Sampson, 11 janvier 1858.

102 ***Une bonne compagnie […] ruminer ses maux ».*** *Hydropathy* (1857) d'Edward Lane.

102 ***« Il y a dans la vie peu de plaisirs […] d'un de ses semblables. »*** Lettre d'EWL à GC, 23 août 1857.

102 ***une « société très intelligente, animée, agréable ».*** Journal de GC, 28 août 1856.

102 ***« la gentillesse et la prévenance » de ses hôtes…***

In *Autobiography* (1904) d'Alexander Bain. C'est lui qui recommanda l'établissement à Darwin.

103 ***Les pensionnaires prenaient les repas ensemble* [...] *à sept heures)...*** Témoignage d'EWL, 23 novembre 1858.

103 ***« J'ai beaucoup joué* [...] *quelques coups splendides ! »*** Lettre de CD à W.E. Darwin, 3 mai 1858.

103 ***« Le praticien a presque toujours...*** In *Hydropathy* (1857) d'Edward Lane.

104 ***« J'y suis allé flâner* [...] *l'un ou l'autre de ces animaux. »*** Lettre de CD à Emma Darwin, 28 avril 1858.

104 ***« Quel concours de forces* [...] *telle plante disparaît. »*** Lettre de CD à J. D. Hooker, 3 juin 1857.

105 ***« J'ai eu un sacré coup de chance* [...] *les nids de leur maître. »*** Lettre de CD à J. D. Hooker, 6 mai 1858. Les esclavagistes étaient de l'espèce *Formica sanguinea*, leurs esclaves de l'espèce *Formica nigra*.

105 ***« Y avait des tas d'œufs... »*** Lettre de J. Burmingham à CD, 10 septembre 1858.

105 ***Darwin prenait* [...] *la partie affectée du corps).*** Lettre de CD à W.D. Fox, 30 avril 1857.

105 ***Pour les dyspeptiques* [...] *dirigée sur le pelvis.*** Cf. *The Technology of Orgasm* (1999) de Rachel P. Maines.

105 ***Pour le bain d'air chaud...*** Journal de GC, 29 août 1856.

106 ***Un autre enthousiaste* [...] *comme une autruche ».*** Cf. *The Common Sense of the Water Cure* (1862) du capitaine J.K. Lukis. Le bain de siège – dans ce qui ressemblait à un bac à lessive de cinq mètres de large – était recommandé par Smethurst, le prédécesseur de Lane, dans le traitement des affections de la matrice et de la constipation. Le patient, conseillait-il, devait s'asseoir dans l'eau et

se frotter l'abdomen durant dix à quinze minutes chaque jour. Dans *Of Health and Long Life* (1701, révisé par Jonathan Swift), William Temple recommandait aussi les bains chauds : ils « ouvrent les pores, déclenchent la sueur et, ce faisant, modèrent la chaleur ; assouplissent articulations et tendons ». La friction, écrivait encore Temple, « est entre toutes la meilleure méthode de transpiration forcée [...] J'ai entendu parler de personnes qui auraient guéri plusieurs maladies grâce au massage ».

106 ***Quand on suit la cure [...] de l'instant présent ».*** Cf. *Confessions of a Water-Patient* (1845) d'Edward Bulwer-Lytton.

106 ***Les maladies [...] l'hypocondrie et l'hystérie...*** Selon Thomas Smethurst, prédécesseur de Lane à Moor Park, dans son *Hydrotherapia* (1843).

106 ***affections dont on pensait [...] entre l'esprit et le corps.*** Cf. *Passion and Pathology in Victorian Fiction* (2001) de Jane Wood.

106 ***La romancière Dinah Mulock [...] une placidité d'esprit ».*** Cf. son roman *A Life for a Life* (1860). Sur l'hypocondrie, dont un exposé de la maladie de Darwin, voir *Tormented Hope : Nine Hypochondriac Lives* (2009) de Brian Dillon.

107 ***En 1853, dans un essai [...] de les dissimuler. »*** Cf. *On the Pathology and Treatment of Hysteria* (1853) de Robert Brudenell Carter.

107 ***« Je crains qu'il n'existe [...] de la monomanie. »*** Dinah Mulock in *Chambers's Edinburgh Journal*, vol. 7 (1857), repris dans *A Woman's Thoughts About Women* (1858).

108 ***« Ici, mon idée [...] lire un grand nombre de romans. »*** Lettre de CD à Charles Lyell, 26 avril 1858.

108 ***« Mrs Lane est d'accord [...] écrit par un homme ! »*** Lettre de CD à Emma Darwin, 25 avril

1858. *« Beneath » the Surface* est une erreur de Darwin – le titre exact est *Below the Surface.*

108 ***la romancière et poétesse Marguerite Agnes Power…*** Cf. *Dictionary of Pseudonyms : 13,000 Assumed Names and Their Origins* (5e éd., 2010) d'Adrian Room.

108 ***« J'aime beaucoup Miss Craik* [...] *sur tous les sujets. »*** Lettre de CD à Emma Darwin, 28 avril 1858, et note en bas de page.

108 ***« Nul ne fut jamais plus avenant* [...] *et animée. »*** Lettre d'EWL au Dr B.W. Richarson, en 1882, lue lors d'une conférence à St George's Hall, Langham Place, le 22 octobre 1882.

109 ***Un institut d'hydrothérapie comme celui-ci…*** Un recensement rendant compte des patients séjournant dans l'établissement (en 1861, époque où celui-ci a été transféré à Richmond) dénombre huit hommes célibataires et quatre femmes célibataires entre vingt et quarante et un ans, trois adolescentes (dont deux non accompagnées) et un couple marié avec ses deux filles. Une douzaine d'employés, y compris le personnel chargé des bains, s'occupaient d'eux et de la famille Lane.

109 ***Il arrivait* [...] *« dégoûtante ».*** Cité dans une lettre de GC à EWL, 23 février 1858.

109 ***Miss Mulock publia en 1855…*** « The Water-Cure » de Dinah Mulock parut en avril 1855 dans le *Dublin University Magazine* et fut inclus dans le recueil *Nothing New : Tales* (1857).

110 ***Un avocat issu de Lincoln's Inn* [...] *elles sont divines ! »*** Cf. « Moor Park, As It Was and Is », *New Monthly Magazine*, mai 1855.

112 ***C'est là que* [...] *la gouvernante de Sir William Temple.*** Les commentateurs victoriens réprouvaient le libertinage de Swift et son traitement cavalier d'Esther et des autres femmes qu'il courtisa. Cf.,

entre autres, *Homes and Haunts of the Most Eminent British Poets* (1857) de William Howitt, qui l'accusait d'un penchant à « pincer et torturer » le cœur des femmes.

112 ***« De rus argentés [...] les arbres les plus hauts. »*** « A Description of Mother Ludwell's Cave » (1692-1693) de Swift, repris dans *Collected Poems by Jonathan Swift* (1958), réunis par Joseph Horrell.

112 ***En abordant Goethe...*** Le ton de pressante intimité avec lequel Isabella s'adresse à son journal – les apostrophes et les exclamations – est comparable au style de l'amoureux introspectif et désespéré qu'est Werther : « Ma seule consolation est qu'elle s'est peut-être retournée pour me regarder ! Peut-être ! Bonne nuit ! Ah, quel enfant je suis ! » *Les Souffrances du jeune Werther* (1787).

119 ***« Nous avons parlé de son jeune âge, trente et un ans...*** Isabella ne précise pas qu'il s'agit de l'anniversaire d'Edward, bien que la mention de son âge en découle peut-être. S'il avait trente et un ans, il était né en 1823 ; il affirmerait toutefois plus tard que sa date de naissance est le 10 octobre 1822, en sorte qu'il aurait eu vingt et un ans en février 1844 et aurait été assez âgé pour entrer en possession d'une partie du patrimoine de son père. La question devint cruciale en 1864, à la mort d'Elisha Lane, quand sa fortune fut divisée et que les enfants de sa seconde femme (épousée à Montréal en 1848) cherchèrent à se l'approprier. Cf. *The Lower Canada Jurist*, vol. VIII (1864).

121 ***Un guide de la prostitution [...] rideaux et coussins.*** *Harris's List* parut en 1788 ; cité dans *Road to Divorce* (1990) de Stone, p. 110.

Chapitre 6

122 ***le port de pêche français de Boulogne-sur-Mer…*** Sur Boulogne, voir « Our French Watering-place » de Dickens, dans *Household Words* du 4 novembre 1854 ; *The French-Pronouncing Hand-Book for Tourists and Travellers* (1853) de A.C.G. Jobert ; *Hand-Book for Travellers in France* (1854) de John Murray.

122 ***« Nous avons pris nos quartiers […] de la ville. »***Lettre d'IHR à GC, 17 novembre 1854.

123 ***ils allèrent grossir…*** Cet établissement était un des rares à ne pas pratiquer le châtiment corporel, selon le *Visitor's Guide to Boulogne* (1864) de Henry Melville Merridew.

123 ***Plus de sept mille Britanniques…*** Cf. *Hand-Book for Travellers in France* (1854) de John Murray.

123 ***« Il s'agit d'une ville spacieuse […] d'une charlotte d'un blanc immaculé. »*** « Our French Watering-place » de Dickens.

124 ***En ce mois de novembre…*** Cf. *The Life and Correspondence of Thomas Slingsby Duncombe : late MP for Finsbury*, vol. 2 (1868).

124 ***Venu passer quelques jours à Boulogne…*** Lettre d'IHR à GC, 28 février 1855.

125 ***« infortunée tournure d'esprit […] des chimères ».*** Cité dans le jugement de Cockburn, 2 mars 1859.

125 ***elle n'a « rien d'éclatant […] lumières ou réprimande. »*** Lettre d'IHR à GC, 17 novembre 1854.

126 ***Combe lui répond […] exprimer cet amour en faisant le bien. »*** Lettre de GC à IHR, 7 décembre 1854.

126 ***« Seule la nature guérit […] agisse sur lui. »*** In *Notes on Nursing* (1860) de Florence Nightingale.

127 ***Le 10 octobre 1854 […] au début de novembre.*** En dépit de sa nouvelle vocation, Nightingale continua

d'être accablée par une santé défaillante et des problèmes nerveux, pour lesquels elle séjourna à la clinique hydrothérapique de Malvern en 1857 et 1858. Elle professait un léger mépris pour l'hydrothérapie – « un divertissement hautement prisé [...] parmi les malades athlétiques atteints du spleen et de ces affections indéfinies qu'un gros revenu et un loisir sans limites sont si bien faits pour produire » –, mais elle reconnut que son passage à Malvern lui avait fait du bien. Cf. *Florence Nightingale* de Mark Bostridge, p. 125.

127 ***Combe en fut « profondément mortifié et consterné » [...] à la cause de la liberté religieuse ».*** Lettre de GC à Charles Bray, 15 novembre 1854.

128 ***« Bible du lupanar ».*** Cité in *Life of Charles Bradlaugh, MP* (1888), de William H. Johnson.

129 ***Parmi les nombreux néo-malthusiens...*** Cf. « E.W. Lane's Hydropathic Establishment at Moor Park » de Tomoko Sato, in *Hitotsubashi Journal of Social Studies*, vol. 10 (1978).

132 ***« un trésor de pureté [...] d'une remarquable modestie ».*** In *The Letters of William and Dorothy Wordsworth*, vol. IV (1967), réunies par Ernest de Selincourt, p. 495.

132 ***Elle demanda à son mari [...] les légataires de ses biens.*** Description du comportement de John Wordsworth dans une lettre datée du 30 janvier 1846 de Henry Curwen à son fils Edward, fonds Curwen, Whitehaven, DCu/3/31. « Le vieux poète de ma connaissance a modifié son testament, écrivait Curwen, et a tout légué aux enfants d'Isabella, hors de portée de son J. W., et j'ai fait de même. »

132 ***Henry Curwen écrivit à son gendre...*** Dans *William Wordsworth : a Biography* (1965), Mary Trevelyan Moorman évoque, p. 598, ce courrier de façon laconique : « Il existe une lettre de Mr Curwen,

alors âgé, dans laquelle il attaque John de manière impitoyable. » Elle a manifestement lu cette lettre, mais ne livre aucun renseignement sur l'endroit où elle est conservée ni aucun détail quant à son contenu. Apparemment, même un siècle plus tard, un biographe de Wordsworth se sentait tenu de ménager l'honneur de sa famille.

133 ***Isabella continuait de correspondre…*** Lettre d'IHR à GC, 28 février 1855.

133 ***un « gentil petit billet mélancolique » […] combien ils se manquent.*** Journal d'IHR, 27 avril 1855.

133 ***« J'ai trouvé à plus m'absorber […] à se préparer. »*** Lettre d'IHR à GC, 28 février 1855.

135 ***À l'insu de Henry…*** Réponse de HOR à la requête d'IHR auprès de la cour de la chancellerie, 17 avril 1858, AN, C15/550/R24.

135 ***La maison, construite dans le style italien […] une cuisine.*** Cf. les brochures de vente de la propriété de Balmore House (1861 et 1865), Reading Central Library.

135 ***Dès qu'Isabella […] deux semaines d'hydrothérapie.*** Témoignage d'EWL devant le tribunal des Divorces, 23 novembre 1858.

135 ***Isabella et Alfred, son aîné, arrivent à Moor Park […] chaleureusement accueillis…*** Lettre d'IHR à GC, 4 novembre 1855.

140 ***douche vaginale pratiquée à l'aide d'une poire.*** La poire vaginale est, entre autres, recommandée dans *Fruits of Philosophy ; or, The Private Companion of Young Married People* (1832) de Charles Knowlton, qui fut un succès de librairie. Voir aussi *Birth Control in Nineteenth-Century England* (1978) d'Angus Maclaren.

141 ***« Elle est loin d'être terminée…*** Lettre d'IHR à GC, 4 novembre 1855.

141 ***Queenwood School…*** Cf. « A Mid-Nineteenth-

Century Experiment in Science Teaching » de D. Thompson, in *Annals of Science*, vol. 2, (1955).

142 ***« depuis longtemps dans les plus mauvais termes [...] appeler sain d'esprit ».*** Lettre d'IHR à GC, 21 février 1858.

143 ***du lien conjugal comme d'une « superstition ».*** Lettre de GC à Sir James Clark, 19 décembre 1857.

143 ***En 1855, Mrs Norton dénonça les injustices [...] de détruire ».*** Cf. *A Letter to the Queen on Lord Chancellor Cranworth's Marriage and Divorce Bill* (1855).

144 ***« un des principaux instruments de la dégradation des femmes »...*** Cf. *Physical, Sexual, and Natural Religion* (1854).

144 ***Cette épidémie, la plus longue et la plus sévère...*** Cf. « On Diphtheria » (1859) d'Ernest Abraham Hart, opuscule repris du *Lancet*.

144 ***« croup de Boulogne ».*** En 1855, un médecin français avait nommé cette affection « diphtérie ». Le terme venait du grec *diphteria*, qui signifie *cuir*, référence à l'épaisse membrane sèche caractéristique de ce mal. Cf. *A History of Epidemics in Britain* (1891) de Charles Creighton.

144 ***Il l'entend marmonner des noms d'hommes.*** Réponse de HOR, 1er février 1862 in AN, J77/44/R4.

LIVRE II

Chapitre 7

149 ***« Les Robinson se sont mariés en 1844...*** Les détails du procès *Robinson contre Robinson et Lane* sont tirés d'articles dans les journaux suivants : *The Times*, *Morning Chronicle*, *Liverpool Mercury*, *Manchester Times*, *Reynolds Newspaper*, *The Era*, *Daily News*, *Daily Telegraph*, *Observer*, *Caledo-*

nian Mercury et *Morning Post* parus entre les 15 et 22 juin 1858, les 5 et 6 juillet 1858, les 27 et 30 novembre 1858, et le 3 mars 1859 ; et des *Reports* de Swabey et Tristram. La plupart des citations des avocats sont une tentative de transcrire en style direct la prose continue des rapports juridiques et de la presse. Par exemple, le fragment de texte ainsi tourné dans *Reports* : « Il se proposa de fournir pour preuves certains journaux intimes tenus par Mrs Robinson » est rendu ici par : « Je me propose de fournir pour preuves certains journaux intimes tenus par Mrs Robinson. »

149 ***Les trois magistrats…*** Cf. articles dans l'*ODNB* (Michael Lobban sur Cockburn, Joshua S. Getzler sur Cresswell) ; *Biographia Juridica : A Biographical Dictionary of the Judges of England from the Conquest to the Present Time* (1870) d'Edward Foss ; *Bench and Bar, Reminiscences of One of the Last of an Ancient Race* (1894) de Mr Serjeant Robinson ; *Reminiscences : Vol. II* (1899) de Justin McCarthy ; et les mémoires de John Duke Coleridge.

150 ***Les juges avaient décidé…*** Il s'agissait d'une des vingt et une affaires – divorce ou séparation de corps – jugées en 1858 par la cour plénière et sans jury.

150 ***Le soleil pénétrait dans…*** La description de l'architecture, des juges et du public est tirée d'une gravure du jeune tribunal des Divorces siégeant à Westminster Hall publiée dans l'*Illustrated London News* du 22 mai 1858, et de la chronique « Divorce a Vinculo », *Once a Week, Vol I & II* (1860).

150 ***La température atteignit…*** Cf. *The Annual Register 1858* (1859) et des articles dans le *Times*.

150 ***Mr Chambers…*** Cf. la nécrologie de Montagu Chambers dans *The Law Times*, 1885, et une litho-

graphie d'après Robert Samuel Ennis Gallon, 1852 ou ult., imprimée par M. et N. Hanhart, NPG.

153 ***Quand il était agacé, Cresswell…*** « Divorce a Vinculo », in *Once a Week*.

156 ***Le tribunal des Divorces examinait l'adultère…*** Dans *Culture and Adultery : the Novel, the Newspaper and the Law, 1857-1914* (1999), Barbara Leckie avance que les points de vue partiaux des comptes rendus influèrent sur l'émergence dans la fiction anglaise du narrateur peu fiable. Son livre comprend un chapitre sur l'affaire Robinson.

158 ***La loi exigeait* [...] *dans ce sens.*** Cf. *The Practice and Evidence in Cases of Divorce and other Matrimonial Causes* (1860) de Richard Thomas Tidswell et Ralph Daniel Makinson Littler.

160 ***Les actes de proximité pouvaient comprendre…*** *Ibid.*

162 ***« Il convient de recevoir avec circonspection* [...] *et de terreur. »*** « An Exposition of the Laws Relating to the Women of England, showing their Rights, Remedies and Responsibilities » (1853), cité in *Road to Divorce* (1990) de Lawrence Stone.

163 ***La majorité des demandeurs…*** Cf. *Parliamentary Papers : Accounts & Papers 1859*, vol. 19, article 131. On y apprend que, sur les 356 cas d'adultère allégués devant la cour (par des femmes comme par des hommes) au cours de ses dix-huit premiers mois d'existence, les plus précoces remontaient à 1833 ; la plupart dataient toutefois des années 1850 – trente en 1853, vingt-sept en 1854 (dont celui d'Isabella et Edward), trente-deux en 1855, quarante et un en 1856, cinquante-trois en 1857 et autant en 1858.

163 ***La nouvelle législation* [...] *la société bourgeoise.*** Cf. *Fashioning Adultery : Gender, Sex and Civility in England 1660-1740* (2002) de David M. Turner ;

« The Double Standard in the English Divorce Laws, 185-1923 » d'Ann Sumner Holmes, in *Law and Social Inquiry*, vol. 20 (1995) ; *Myths of Sexuality : Representations of Women in Victorian England* (1998) de Lynda Nead. La question de savoir si hommes et femmes devaient être égaux devant la loi sur le divorce avait été débattue à la Chambre des lords et à la Chambre des communes. La première adopta le 25 mai 1857 par 71 voix contre 20 la motion instituant une différence entre les sexes ; la seconde confirma la chose le 7 août par 126 voix contre 65. George Drysdale protesta contre cette situation de deux poids, deux mesures, dans laquelle était « jugé véniel le fait, pour un homme, de sacrifier illégitimement à ses appétits sexuels, avant ou après le serment du mariage, alors que le même comportement venant d'une femme est un crime odieux ». C'est en 1923 que les femmes se virent accorder l'égalité des droits en matière de divorce, peu de temps après qu'elles eurent obtenu le droit de vote.

164 ***« Une littérature légère tout entière basée…*** *Saturday Review*, juillet 1857.

165 ***endroit notoirement fréquenté par les prostituées…*** Le poème de Thomas Hood, « The Bridge of Sighs » (1844), avait été le premier à associer ce lieu avec la transgression sexuelle et l'autodestruction. Il commémorait le suicide d'une prostituée rejetée sur cette berge du fleuve : « Paisible malgré toutes ses fautes, / Une de la famille d'Ève – / Essuyez ses pauvres lèvres /Toutes moisies et suintantes. » La femme perdue était rédimée et purifiée par le remords et la mort, mais aussi préservée comme un objet d'horrible fascination érotique. John Everett Millais signa en 1858 une gravure inspirée de ce poème.

Chapitre 8

167 ***Comme Henry refuse de la laisser réintégrer…*** Réponse de HOR à la requête d'IHR auprès de la cour de la chancellerie, 17 avril 1858, AN, C15/550/R24.

168 ***à une trentaine de kilomètres vers le sud…*** Lettre d'IHR à GC, 26 février 1858.

168 ***« la tristesse et la solitude » […] anéantie par la maladie.*** Lettre d'IHR à GC, 21 février 1858.

168 ***« J'ai tout perdu…*** *Ibid.*

169 ***Son intention première était de poursuivre…*** *Ibid.* « Il a tenté, au cours de l'automne 56, une attaque immédiate en justice ; *cela a bien sûr échoué.* »

169 ***un avocat du nom de Gregg…*** Il pourrait s'agir du William Gregg qui fit son droit à l'université d'Édimbourg en même temps qu'Edward et obtint une maîtrise en 1844.

170 ***Ils ne soupçonnent ni l'un ni l'autre…*** Cf. lettres d'IHR à GC des 21 et 26 février 1858.

170 ***Le coût peut atteindre…*** Il pouvait être de deux cents à cinq mille livres, selon « The Operation of the 1857 Divorce Act, 1860-1910 : A Research Note » de Gail L. Savage, in *Journal of Social History* (1983). Le coût d'une séparation de corps était considérablement moindre : Stephen Lushington, juge à la cour ecclésiastique, estima en 1844 que le coût minimum d'une affaire sans opposition était de cinquante livres, et qu'il pouvait s'élever à huit cents livres en cas de contestation. Cf. *Road to divorce* (1990) de Lawrence Stone, p. 188.

170 ***« petit groupe familial douillet…*** In *David Copperfield* (1850) de Charles Dickens.

171 ***« Lady Drysdale est tombée malade…*** Il s'agit, ici comme plus loin, de citations tirées du journal de GC, 3 juillet au 3 août 1857.

171 ***George souffre de problèmes* [...] *d'anxiété.*** Cf. *Queen Victoria's Skull* de David Stack, p. 156.

171 ***Dans ces lettres, Miss Smith...*** In *The Trial of Madeline Smith* (1927) de F. Tennyson, cité in *Culture and Adultery* (1999) par Barbara Leckie.

172 ***Quelques jours après* [...] *un intérêt soutenu. »*** Journal de RC, fonds RC, BNE.

172 ***Bien que Henry* [...] *ses connaissances d'Édimbourg.*** Archives du tribunal des Divorces, AN, J77/44/R4.

173 ***D'ici là, Henry* [...] *entendue en justice.*** Cf. *Register of Tonbridge School* (1893).

173 ***Otway est sélectionné* [...] *la règle n° 13.*** Cf. *The Tonbridgian* d'octobre 1861 et *A History of Tonbridge School* (1947) de D.C. Somervell.

173 ***la requête de Henry* [...] *sous l'ancien système.*** Concernant le fonctionnement des cours ecclésiastiques, voir *Road to Divorce* (1990) de Lawrence Stone.

174 ***le* Times *du lendemain consacre quelques lignes à l'affaire...*** Le *Times* du 4 décembre 1857.

174 ***« à peine de quoi vivre comme une dame de qualité »...*** Requête d'IHR auprès de la commission de recours de la Chambre des lords, 6 juin 1861, ACL. Frederick investit le capital de sa sœur dans des consolidés à trois pour cent (titres de l'État). Elle lui demanda de le placer plutôt dans des actions susceptibles d'obtenir un plus gros rendement, mais il refusa. Après la crise du commerce international de 1857, peut-être estimait-il devoir se montrer prudent. Cf. réponse d'IHR le 4 mars 1862, AN, J77/44/R4.

174 ***trois cents livres par an était considéré comme le minimum...*** Selon *National Income* (1868) par R. D. Baxter.

174 ***Henry habite [...] la bonne société de Reading.*** Lettre d'IHR à GC, 21 février 1858.

174 ***« exaltées et révoltantes »...*** Lettre de GC à Mrs Tennant, demi-sœur de Mary Lane, 28 décembre 1857.

175 ***respecté le pacte conjugal ».*** Lettre de GC à Sir James Clark, 19 décembre 1857.

175 ***« à demi folle » [...] pareil scandale ».*** Lettre d'EWL à GC, 29 décembre 1857.

175 ***« Vous me croirez quand je vous dirai solennellement... »*** Lettre de Lady D. à GC, 1er janvier 1858.

176 ***Edward se rend à Édimbourg...*** Lettre d'EWL à GC, 31 décembre 1857.

176 ***Et Edward d'affirmer...*** Lettre de GC à Sir James Clark, 4 janvier 1858.

176 ***« Je n'ai jamais écrit à Mrs R. une ligne... »*** Lettre d'EWL à GC, 11 janvier 1858.

177 ***« une personne insensée, une fabulatrice exaltée...*** Lettres d'EWL à GC, 5 février et 17 mai 1858.

177 ***« le couronnement de la méchanceté...*** Lettre d'EWL à GC, 17 mai 1858.

177 ***« désireuse d'échapper...*** Lettre d'EWL à GC, 29 décembre 1857.

177 ***Combe se sent personnellement responsable...*** Lettre de GC à HOR, 12 janvier 1858.

177 ***Elle « professait [...] tout intérêt à nos yeux ».*** Lettres de GC à Sir James Clark, 19 décembre 1857 et 4 janvier 1858.

178 ***« une femme hors du commun [...] sa propre infamie ».*** Lettre de Sir James Clark à GC, 22 janvier 1858.

178 ***« En participant [...] en victime. »*** Lettre de M. B. Simpson à GC, 9 janvier 1858.

178 ***Il affirme, non sans fourberie* [...] *confidentielle et privée »*.** Lettre de HOR à GC, 4 janvier 1858.

179 ***« Pour ce qui est de votre proposition* [...] *pour sa défense. »*** Lettre de GC à HOR, 18 janvier 1858.

179 ***« Vous avez agi à mon endroit* [...] *et malveillante »*.** Lettre d'EWL à GC, 5 février 1858.

180 ***« Je m'adresse à vous* [...] *si grande importance »*.** *Ibid.*

180 ***« Puis-je* [...] *notre seule sauvegarde. »*** Lettre de Lady D. à GC, 2 mars 1858.

180 ***Quand le tribunal* [...] *ouvrit...*** Cf. *Parliamentary Papers : Accounts & Papers 1859*, vol. 22, article 106.

181 ***Les audiences du nouveau tribunal* [...] *moyens financiers d'un divorce.*** Cf. *Practice and Evidence* (1860) de Tidswell et Littlet.

182 ***En février 1858, Henry assigna...*** Réponse de HOR le 1er février 1862, AN, J77/44/R4.

182 ***Le 22 avril, par le truchement* [...] *de même le lendemain.*** L'avocat d'Isabella était Francis Hart Dyke, conseil de la reine, qui avait exercé à Doctors' Commons ; celui d'Edward était John Young, du cabinet Desborough, Young & Desborough, établi dans la City de Londres.

182 ***il fit transcrire le journal intime...*** Lettre d'EWL à GC, 26 mai 1858.

182 ***Au cours des cinq premiers mois...*** Cf. le *Birmingham Daily Post* rendant compte d'un rapport parlementaire récemment publié, 25 juin 1858. Selon *Parliamentary Papers : Accounts & Papers 1859*, vol. 22, 302 demandes de divorce furent présentées au tribunal au cours de ses quinze premiers mois d'existence. Sur le nombre, 244 étaient classées en 1858 selon *Vol. XXVI : Return of Proceedings (Session I)*.

183 ***Le 12 mai, un avocat…*** Cf. *Daily News* des 13 et 14 mai 1858 et les *Reports* de Swabey et Tristram.

183 ***« Toute personne à qui l'on parle…*** Cf. *Daily News* du 28 mai 1858.

183 ***Jusqu'à la reine Victoria…*** Cf. *Dearest Child : Letters Between Queen Victoria and the Princess Royal Previously Unpublished* (1964) de Roger Fulford, p. 99.

Chapitre 9

185 ***Peut-être Lord Brougham avait-il connaissance…*** Brougham avait une connaissance de première main de la maladie mentale : il faisait lui-même des crises de manie et de dépression hypocondriaque ; sa sœur était folle et sa femme souffrait de maladie nerveuse depuis la naissance de leur deuxième fille en 1822. Henry Brougham, qui avait eu plusieurs liaisons, paya en 1826 la courtisane Harriette Wilson pour qu'elle ne cite pas son nom dans ses mémoires (Cf. l'article de Michael Lobban dans l'*ODNB*).

186 ***Cet homme aimait occuper* […] *par cette cour.*** Le *Daily Telegraph* du 17 juin 1858 note qu'il s'agit de la première affaire entendue par la nouvelle cour à être rapportée en détail par la presse.

189 ***Caroline Suckling* […] *parent éloigné de Lord Nelson.*** Cf. *A Naval Biographical Dictionary* (1849) de William R. O'Byrne.

189 ***Il la décrivit* […] *conseillé sa mère ».*** Journal de GC, 28 août 1856.

193 ***Sans doute ignorait-il* […] *d'autoflagellation repentante.*** Cf. *Gladstone* (1997) par H.C.G. Matthew, p. 90-95.

194 ***Ainsi, je pourrais évoquer* […] *à la masturbation.*** Dans *Functions and Disorder of the Reproductive Organs, in Childhood, Youth, Adult Age, and*

Advanced Life, Considered in the Physiological, Social, and Moral Relations (1857), William Acton aborde ce point lorsqu'il écrit que Rousseau « furette dans sa personnalité mentale et morale avec une minutie ignoblement morbide », une « hideuse franchise » qui nourrit la maladie qu'elle décrit. Cité dans *The Other Victorians : a Study of Sexuality and Pornography in Mid-Nineteenth-Century England* (1966) de Stephen Marcus, p. 24.

195 ***L'édition de 1848 avait omis* [...] *regretter leur absence* ».** Recension parue dans le *Blackwood's Magazine* de la troisième édition du journal, qui observait que « le grand charme du livre [était] sa totale absence de camouflage ». « Diary of Samuel Pepys », *Blackwood's*, vol. 66 (1849).

195 ***On avait caviardé Pepys* [...] *un excès d'honnêteté.*** Les confessions intimes de Mrs Pepys furent également censurées – par Pepys lui-même –, ainsi qu'il l'explique dans son journal au 9 janvier 1663. Ce jour-là, Elizabeth Pepys sortit d'une malle fermée à clé la copie d'un texte qu'elle avait déjà essayé de montrer à son mari par le passé. Elle commença de le lire à voix haute. Elle s'y exprimait, racontait Pepys, sur « l'isolement et le caractère déplaisant de sa vie ». Il fut horrifié de constater que ce texte était écrit en anglais (son journal à lui était crypté) et donc « risquait de tomber sous des yeux étrangers ». « Fort contrarié, je lui demandai, puis ordonnai de le déchirer, ce qu'elle ne voulut point. Je le lui arrachai et le déchirai en morceaux. Je lui pris de surcroît l'autre liasse de papiers et, sautant du lit en chemise, allai les fourrer dans les poches de mes hauts-de-chausses de sorte qu'elle ne pût me les reprendre ; puis, ayant enfilé bas, chausses et chemise, je les sortis un à un et les lui déchirai sous le nez, quoique ce fût bien à contrecœur, elle

pleurant et m'adjurant de n'en rien faire. » La panique et la colère de Pepys étaient dues au fait que sa femme avait composé un document que des tiers auraient pu lire, répandant ses pensées intimes dans le domaine public.

197 ***Sa préface citait [...] rendu à sa mémoire ».*** Selon l'analyse de Kathryn Carter de l'*English Catalogue of Books* pour cette période, in « The Cultural Work of Diaries in Mid-Century Victorian Britain », *Victorian Review*, vol. 23 (1997).

198 **The Diary of an Ennuyée...** Jameson était un proche de Fanny Kemble, cousine de Cecy Combe et relation des Combe.

199 ***Le succès de ce pastiche inspirera une kyrielle d'imitations...*** Dont *The Maiden and Married Life of Mary Powell : Afterwards Mistress Milton* (1849) d'Anne Manning ; *Passages from the Diary of Margaret Arden* (1856) de Holme Lee (Harriet Parr) ; *The Diary and Houres of the Ladye Adolie, a Faythfulle Childe, 1552* (1853), « présenté » par Lady Charlotte Pepys ; et les anonymes *Ephemeris : or Leaves from ye Journall of Marian Drayton* (1853), *The Diary of Martha Bethune Baliol, from 1753 to 1754* (1853) et le *Diary of Mistress Kate Dalrymple, 1685-1735* (1856).

199 ***Dinah Mulock [...] journal secret d'une gouvernante.*** *Bread upon the Waters* (1852) de Dinah Mulock.

199 ***deux histoires elles aussi en forme de journal tenu par une femme.*** « Leaves from Leah's Diary », trame du recueil *After Dark* [*Quand la nuit tombe*, Phébus (2006)] ; et son récit proto-policier, *Le journal d'Anne Rodway*.

200 ***recouverts en toile ou en box rouge de Russie...*** Réclames pour les journaux Letts dans *The*

Commercial Crisis 1847-48 (1849) de David Morier Evans.

200 ***« Utilisez votre journal…*** Réclame des années 1820, cité dans *Life Writing and Victorian Culture* (2006) de David Amigoni, p. 27. L'essayiste Isaac D'Israeli explique l'objet d'un journal intime dans *Curiosities of Literature* (1793) : « On converse avec l'absent par lettres, et avec soi-même par le biais d'un journal […] [le journal] apporte à l'homme un témoignage sur lui-même. »

200 ***Le vocable* diarist…** Cf. *A New Universal Etymological, Technological, and Pronouncing Dictionary of the English Language* (1859) de John Craig.

201 ***en trois volumes après sa mort en 1840.*** Cf. « The Cultural Work of Diaries in Mid-century Victorian Britain » de Kathryn Carter.

202 ***« Ton journal, qui ne parle que de sentiments…*** Cf. *Letters and Memorials of Jane Welsh Carlyle*, vol. II (1913), réunies par James Anthony Froude.

202 ***Dans* Le Journal de Mr Nightingale […] *fantasmes de son auteur.*** Cf. *Mr Nightingale's Diary : a Farce in One Act* (1877) de Charles Dickens et Mark Lemon.

202 ***La pièce parodie […] des « journaux de santé » portés à l'autodiagnostic.*** Ceux-ci étaient devenus à la mode depuis la parution en 1820 de *The Diary of an Invalid ; Being the Journal of a Tour in Pursuit of Health ; in Portugal, Italy, Switzerland, and France, in the Years 1817, 1818, and 1819* de Henry Matthews. Darwin tint un journal de ses symptômes entre 1849 et 1855.

203 ***« Brûlez ce livre et soyez heureux ! »*** In *Mr Nightingale's Diary* de Charles Dickens et Mark Lemon. Dans *My Wife's Diary : a Farce in One Act*, pièce de Thomas William Robertson créée en 1854 au Royal Olympic Theatre de Londres, un mari jubile

en ouvrant le secrétaire de sa femme avec un double de la clé. « Les journaux intimes sont une diablement belle invention. » Cf. « The Cultural Work of Diaries in Mid-Century Victorian Britain » de Kathryn Carter.

Chapitre 10

204 ***À midi, les juges…*** « Divorce a Vinculo », in *Once a Week*.

204 ***dysfonctionnement de l'utérus même.*** Le terme de « maladie utérine » passait les bornes pour la plupart des journaux. Le *Times* (16 juin 1858) le traduit pour ses lecteurs par « une maladie particulière aux femmes ».

205 ***Ce quaker irlandais…*** Cf. *Joseph Kidd 1824-1918 : Limerick, London, Blackheath : A Memoir* (hors commerce, 1920, révisé 1983) de Walter Kidd. Kidd devint par la suite le médecin de William Gladstone et, à partir de 1877, celui de Benjamin Disraeli, qui recouvra la santé après qu'il lui eut conseillé de boire du bordeaux plutôt que du porto. Disraeli mourut en lui tenant la main.

206 ***Leur rôle est de confirmer…*** Comme le fit observer l'aliéniste John Charles Bucknill, les médecins qui témoignaient en cour d'assises sur des questions d'aliénation mentale pouvaient « le plus souvent se diviser en deux catégories : ceux qui savent quelque chose sur le détenu et rien en matière de démence, et ceux qui savent quelque chose sur le sujet et rien sur le détenu ». Les médecins présents ce jour-là au tribunal des Divorces correspondaient à ces deux catégories : Kidd connaissait Isabella, mais peu de chose sur l'érotomanie ; les autres étaient bien versés dans les maladies de la femme, mais ils n'avaient pas examiné Isabella.

206 ***Le premier de ces spécialistes***... Cf. le portrait de James Henry Bennet par Ferdinand Jean de la Ferté Joubert d'après un mezzo-tinto d'Édouard Louis Dubufe, 1852, NPG.

206 ***la nouvelle école en matière de gynécologie.*** C'est en 1849 que le mot *gynécologie* apparaît pour la première fois dans un dictionnaire.

206 ***Il fait autorité...*** Nécrologie de James Henry Bennet, *British Medical Journal*, 12 septembre 1891.

206 ***Le spéculum est à l'époque sujet à controverse...*** Dans *On the Pathology of Hysteria* (1853), Robert Brudenell Carter écrit avoir « vu plus d'une fois des jeunes femmes non mariées, issues des classes moyennes de la société, réduites par l'usage constant du spéculum à l'état mental et moral d'une prostituée ; cherchant à se procurer le même plaisir par la pratique du vice solitaire ; et demandant à chaque praticien qu'elles se trouvaient consulter de procéder à un examen de leurs organes sexuels ». Dans *Doctor in Medicine : and Other Papers on Professional Subjects* (1872), Stephen Smith aborde le risque de voir les femmes atteintes d'une « spéculomanie », état pouvant conduire à la dépravation et à la folie.

206 ***Le deuxième est Sir Charles Locock...*** Cf. l'article de G. T. Bettany dans l'*ODNB* et la nécrologie de Locock dans le *British Medical Journal* du 31 juillet 1875. Jeune homme, il s'était « diablement épris » d'une jeune femme jolie et de bonne famille, mais qui lui inspira du dégoût quand elle « se montra plutôt entreprenante et amoureuse [...] Je regarde toujours d'un œil sacrément jaloux cette disposition très *hardie* chez les jeunes dames ». Dans une lettre de 1823 à un ami, citée in « Metropolitan Medicine and the Man-Midwife : the Early Life

and Letters of Sir Charles Locock » de Russell C. Maulitz, *Medical History* 26 (1982).

206 ***Il est l'auteur de presque tous…*** Son opinion était que les jeunes femmes qui avaient des rapports ou se masturbaient en période de menstruation pouvaient faire des crises de convulsions, et il expérimenta le bromure de potassium pour le traitement de l'érotomanie (cette substance se révélerait très efficace dans le traitement de l'épilepsie).

207 ***le crâne luisant, sûr de lui, le Dr Forbes Winslow…*** Photographie de Forbes Winslow en 1864 par Ernest Edwards à la NPG, et cf. article de Jonathan Andrews dans l'*ODNB*.

207 ***Si la presse ne rapporta…*** L'état de *furor uterinus*, ou sensibilité sexuelle excessive de la femme, fut décrit pendant la Renaissance. Cf. « Nymphomania : the Historical Construction of Female Sexuality » de Carol Groneman, in *Signs : Journal of Women in Culture and Society*, vol. 19 (1994).

208 ***à peu près dix pour cent des femmes…*** Selon Charles Bucknill et Daniel H. Tuke in *A Manuel of Psychological Medicine* (1858), cité in *Charlotte Brontë and Victorian Psychology* (1996) de Sally Shuttleworth.

208 ***Après avoir donné la vie […] irritation localisée. »*** In *A Practical Treatise on Inflammation of the Uterus, Its Cervix, and Appendages, and on Its Connection with Uterine Disease* (troisième édition, 1853) de James Henry Bennet. Dans une édition ultérieure parue en 1864, Bennet modifia cette phrase pour rendre explicite le fait que la nymphomanie pouvait conduire à l'« abus de soi ». Le *Manual of Obstetrics* (1858) de W. Tyler Smith établissait également une relation entre accouchement et érotomanie : « On observe parfois une excitation sexuelle très poussée pendant ou après

le travail ; de tels cas peuvent même se muer en érotomanie après la parturition. »

208 ***Le facteur déclencheur…*** Cf. *The Change of Life in Health and Disease* (1857) de E.J. Tilt.

208 ***Forbes Winslow nota lui aussi…*** Dans son *Journal of Psychological Medicine and Mental Pathology* (1854), Forbes Winslow écrivait : « L'érotisme se déclenche parfois au moment de l'arrêt de la menstruation et il est manifestement lié à un état particulier des organes sexuels. »

208 ***Tilt soutenait que l'« ovarite subaiguë »…*** *The Change of Life* de E.J. Tilt.

209 ***Quand Euphemia Ruskin demanda…*** Sur le divorce des Ruskin, cf. *Parallel Lives : Five Victorian Marriages* (1983) de Phyllis Rose. Euphemia voulait divorcer parce qu'elle était tombée amoureuse de l'artiste John Millais, qui peignait le portrait de son mari.

209 ***maladies distinctes selon* Mental Maladies…** Le livre d'Esquirol parut en France en 1838 et fut traduit en anglais en 1845. Ses idées avaient été introduites en Grande-Bretagne une décennie plus tôt par James Cowley Prichard dans *A Treatise and Other Disorders Affecting the Mind* (1835). La monomanie pouvait affecter n'importe qui, même sain d'esprit en apparence, écrivait Esquirol, et pouvait disparaître aussi promptement qu'elle était survenue. Les personnes intelligentes et curieuses étaient particulièrement exposées : « Plus l'entendement est développé, plus le cerveau devient actif, et plus la monomanie est à redouter. »

209 ***la première correspondait à des troubles…*** « L'érotomanie est le résultat d'une imagination enfiévrée, explique James Copland dans *A Dictionary of Practical Medicine* (1858), non bridée par les facultés de l'entendement ; le satyriasis et la

nymphomanie procèdent de l'irritation localisée des organes sexuels réagissant sur le cerveau et excitant les passions au-delà des limites posées par la raison. » Selon l'aliéniste écossais Sir Alexander Morison, l'érotomanie se révélait dans « la nervosité, la mélancolie et le silence » ; il observa un malade « écrivant sans désemparer le nom de l'être aimé sur du papier, sur les murs ou sur le sol de la chambre ». Cf. *Outlines of Lectures on the Nature, Causes, and Treatment of Insanity* (1848) de Morison.

209 ***Les nymphomanes étaient moins* [...] *en présence d'un homme.*** Cf. « Cases of Nymphomania » de Horatio Storer, in *American Journal of Medical Science*, vol. 32 (1856), cité in « Nymphomania : the Historical Construction of Female Sexuality » de Groneman.

210 ***« Les deux peuvent coexister* [...] *dans la tête. »*** Cf. « On the Various Forms of Mental Disorder » de Daniel H. Tuke in *The Asylum Journal of Mental Science*, vol. 19 (1857).

210 ***Celles d'un certain âge...*** Cf. *Uneven Developments : the Ideological Work of Gender in Mid-Victorian England* (1988) de Mary Poovey. La formule « femmes surnuméraires » provient de « Why are Women Redundant ? » par W.R. Greg dans le *National Review* d'avril 1862.

211 ***Ces « femmes surnuméraires »...*** Cf. *The Change of Life* de E.J. Tilt.

211 ***Bien que le Dr William Acton...*** In *Functions and Disorders of the Reproductive Organs*. Dans une édition ultérieure, publiée en 1862, Acton semble avoir (légèrement) modifié ses vues à partir de ce cas et d'autres cas de divorce. Et d'ajouter : « Il est vrai, je l'admets, comme le démontre les cours de divorce, qu'il existe quelques rares femmes ayant

des désirs sexuels si forts qu'ils surpassent ceux des hommes et choquent la sensibilité du public par leur exhibition. J'admets, bien évidemment, l'existence d'une excitation sexuelle se terminant en nymphomanie, forme de démence que doivent bien connaître ceux qui ont coutume de visiter les asiles d'aliénés ; mais à ces déplorables exceptions près, il n'est pas douteux que la sensibilité sexuelle est atténuée chez la femme, et qu'elle requiert une excitation tangible et considérable pour être stimulée ; et que, même lorsqu'elle l'est (ce qui ne se peut dans de nombreux cas), elle reste très modérée comparée à celle de l'homme. »

211 ***l'arrière de la tête à l'eau froide.*** Cf. *The Physionomy of Mental Diseases* (1840) d'Alexander Morison. Le frère de George Combe avait aussi affirmé que les dysfonctionnements sexuels avaient leur siège dans le cerveau : « L'affection des organes génitaux, écrit Andrew Combe, est généralement l'effet et non la cause du trouble cérébral. » Il étudia les travaux d'Esquirol en France dans les années 1840. « Remarks on the Nature and Causes of Insanity », *The Phrenological Journal*, vol. 15 (1842).

211 ***bains de siège, immersion de tout le corps et douches.*** Dans *A Practical Treatise on Inflammation of the Uterus*, Bennet notait que l'inflammation utérine était particulièrement courante après l'accouchement – époque où Isabella consulta Kidd pour la première fois. Les symptômes comprenaient « intenses maux de tête, dépression prononcée, abattement et terreurs infondées », souvent « assortis d'illusions ou hallucinations et d'une hantise de la folie ».

211 ***Locock prônait l'application…*** Cf. son article sur l'aménorrhée in *Cyclopedia of Practical Medicine* (1833).

211 ***Un chirurgien londonien [...] l'écho en 1853.*** Numéro du 5 juin 1853 de *The Lancet*. Le médecin Isaac Baker Brown pratiqua au début des années 1850, sur sa sœur, la première clitoridectomie, et cette pratique lui valut une renommée dans la décennie suivante. Cf. « Clitoridectomy, Circumcision and the Politics of Sexual Pleasure in Mid-Victorian Britain » d'Ornella Mosucci, in *Sexualities in Victorian Britain* (1996), dir. Andrew H. Miller et James Eli Adams.

213 ***« Ma chère Lady Drysdale...*** Lettre d'IHR à Lady D., 14 février 1858.

213 ***Le ton est « trop léger et désinvolte [...] de faits réels ».*** Lettre de GC à Lady D., 3 mars 1858.

214 ***« Aidez-moi [...] a fait conserver ».*** Lettre d'IHR à GC, 21 février 1858.

216 ***Combe lui dit encore [...] innocentera, [elle] et le Dr Lane ».*** Lettre de GC à IHR, 23 février 1858.

216 ***Ce même jour [...] est l'aliénation mentale ».*** Lettre de GC à EWL, 23 février 1858.

216 ***« Cela ressemble à de l'aliénation mentale. »*** Lettre de GC à HOR, 6 janvier 1858.

216 ***« Cette femme n'était pas folle [...] des faits avérés ».*** Lettre de GC à Sir James Clark, 4 janvier 1858.

217 ***« Je tiens à vous parler [...] seul regard de leur rédacteur. »*** Lettre d'IHR à GC, 26 février 1858.

218 ***roman de Gustave Freytag...*** Recension de la traduction par Mrs Malcolm dans le *Times* du 31 décembre 1857.

218 ***« Aurais-je pu rêver [...] comment cela se pourrait. »*** Lettre d'IHR à GC, 26 février 1858.

220 ***« J'ai réexaminé votre lettre [...] autre chose à ajouter ».*** Lettre d'IHR à GC, 28 février 1858.

221 ***La dernière lettre d'Isabella [...] au bord de l'aliénation ».*** Lettre de GC à EWL, 2 mars 1858.

221 ***Dans une lettre à Lady Drysdale* [...] *« une explication* insane *».*** Lettre de GC à Lady D., 3 mars 1858.

221 ***George Combe croyait...*** Combe se basait là sur les enseignements de son frère cadet, le Dr Andrew Combe, qui, dans *Observations of Mental Derangement* (1831), mettait en garde contre ce qui risquait d'arriver aux femmes des classes moyenne et supérieure ne disposant pas d'exutoire pour leurs énergies : « Leurs sentiments et relations personnels constituent nécessairement les grands objets de leurs méditations. Elles les ruminent jusqu'à ce que leurs énergies mentales soient diminuées, jusqu'à ce que des idées fausses sur l'existence et la providence leur viennent en tête, que leur imagination soit hantée par d'étranges impressions et que chaque vétille en lien avec le moi soit exagérée au point de devenir un objet d'une immense importance. »

222 ***à son ami William Ivory, avocat...*** Ivory avait fréquenté l'Edimburgh Academy en même temps que George Drysdale de 1834 à 1841. Cf. *Edinburgh Academy Register 1824-1914* (1914).

222 ***au professeur John Hugues Bennett...*** Lettre de GC à EWL, 29 février 1858. Une confusion est possible entre le Bennett que Combe espérait voir comparaître devant le tribunal, et le Bennet qui y témoigna en tant qu'expert. Dans les comptes rendus officiels de l'affaire, le nom de ce témoin est épelé « Bennet », et il y est donné pour docteur et non professeur de médecine, ce qui l'identifie comme James Henry Bennet, médecin londonien spécialisé dans les maladies de la femme, plutôt que John Hughes Bennett, ce médecin et professeur auquel Combe fait allusion. Il est probable que tous deux se connaissaient – dans son ouvrage sur l'inflammation utérine, J.H. Bennet parle avec

admiration du travail de J.H. Bennett sur le cancer de l'utérus.

222 ***« fantasque, vaine* [...] *des plus malades et dépravées ».*** Lettre d'EWL à GC, 13 avril 1858.

222 ***(tous trois comptaient parmi les tenants du spéculum)...*** Dans *The Elements of Social Science* (1861), George loue le travail de « Bennett » [*sic*] sur l'inflammation utérine et fait l'éloge de son emploi du spéculum.

222 ***patient de l'homéopathe John Drysdale.*** Nécrologie de Kidd dans le *British Medical Journal*. John Drysdale soigna Kidd à Liverpool au début des années 1850 et lui conseilla de prendre des vacances.

222 ***« celui d'un compte rendu événementiel* [...] *d'un innocent ».*** Lettre de RC à Cecilia Combe, 26 février 1858.

223 ***« Si vous aviez tenu ce journal...*** Lettre de RC à GC, 2 mars 1858. L'allusion portait sur la mise en garde du Christ dans l'Évangile selon saint Matthieu : « Celui qui regarde une femme avec concupiscence a déjà commis dans son cœur l'adultère avec elle. »

223 ***« si la paix est à l'ordre du jour...*** Lettre d'EWL à GC, 16 mars 1858.

223 ***« parfaitement intraitable et déterminé »...*** Lettre d'EWL à GC, 25 mars 1858.

223 ***« ne* souhaite pas *à l'évidence* [...] *un fanatique achevé ».*** Lettre d'EWL à GC, 28 mars 1858.

Chapitre 11

225 ***À Londres, la chaleur...*** Informations sur le temps in *The Annual Register 1858* (1859).

225 ***« Pestilentiel, infect...*** Cf. *Morning Post* du 20 juin 1858.

225 ***un vaste cloaque »…*** Cf. *Illustrated London News*, 19 juin 1858.

225 ***dans les différents tribunaux de Westminster…*** Cf. *The Annual Register 1858*. Un avocat demanda au juge de la cour de l'Échiquier si l'on pouvait se dispenser de porter la perruque.

226 ***Quand une femme entamait une procédure* [...] *peut-être innocente ».*** Cf. *A Practical Treatise on Divorce and Matrimonial Jurisdiction* (1858) de John Fraser Macqueen.

230 ***En rédigeant la nouvelle loi…*** Cf. *Road to Divorce* (1990) de Lawrence Stone, p. 322.

231 ***Le 21 juin…*** Compte rendu de l'affaire *Curtis contre Curtis* in Divorce Papers, AN, J77/8/4 ; *Reports* de Swabey et Tristram. Sur les débats de la cour de la chancellerie, Cf. *Law Times* du 24 septembre 1859.

231 ***Le père de Fanny…*** Plus tard, alors Attorney General à Gibraltar, Frederick Solly Flood, le père de Fanny, lança des théories conspirationnistes à propos de la *Mary Celeste*, navire marchand retrouvé abandonné en 1872 à six cents milles à l'ouest du Portugal. Devant la cour de la vice-amirauté de Gibraltar, Solly Flood refusa d'accréditer quelque explication de la désertion du navire. Au lieu de cela, il avança que l'équipage s'était mutiné, assassinant le commandant et sa famille ; ou bien que le commandant avait massacré l'équipage, puis remis le bateau à un complice chargé de réclamer la récompense pour avoir retrouvé un navire abandonné ; ou que l'équipage d'un autre navire avait assassiné tous ceux qui se trouvaient à bord afin de s'assurer ladite récompense. Ne trouvant aucune preuve à l'appui de ces thèses, la cour conclut que le navire avait été abandonné parce qu'il sombrait, et que l'équipage avait ensuite été

perdu corps et biens. Les théories de Solly Flood ne s'en transformèrent pas moins en légende, notamment grâce à la nouvelle d'Arthur Conan Doyle « Déposition de J. Habakuk Jephson » (1884). Cf. « Solly-Flood Family Notes » de Bob Solly dans le numéro de novembre 1999 de *Soul Search*, journal de la Sole Society.

232 ***Forbes Winslow figurait parmi les…*** Selon le *Times* du 21 mai 1858.

234 ***La loi sur la garde des jeunes enfants…*** Cf. « The Double Standard in the English Divorce Laws, 1857-1923 » d'Ann Sumner Holmes, in *Law and Social Inquiry*, vol. 20 (1995).

235 ***Kindersley rejeta la demande de Fanny…*** En dépit de cette décision, les trois enfants Curtis vivaient en 1861, selon le recensement de l'année, avec leur mère à Lyme Regis, dans le Surrey, tandis que leur père occupait seul à Londres une maison située derrière la National Portrait Gallery. Vingt ans plus tard, Mrs Curtis avait emménagé dans une maison située au pied de la falaise à Douvres et qu'elle partageait avec ses deux filles, étudiantes en beaux-arts âgées de vingt-sept et trente-deux ans. Fanny Curtis mourut à Douvres en 1896 à l'âge de soixante et onze ans.

236 ***En mai 1858* […] *l'immortalité de l'âme.*** Lettre d'EWL à GC, 17 mai 1858.

236 ***« nuire à [sa] réputation* […] *ou immoral ?*** Lettres de GC à EWL, 17 et 22 mai 1858.

237 ***« ont été dès le début* […] *paraître dans le journal.*** Lettre d'EWL à GC, 30 juin 1858.

238 ***L'*Examiner […] *à la valeur incontestables »…*** Cf. l'*Examiner* du 26 juin 1858.

238 ***« Mrs Robinson est folle…*** Lettre de Charles Mackay à GC, 21 juin 1858. Mackay était l'auteur de *Extraordinary Popular Delusions and the Madness*

of Crowds (1841), qui étudiait les fantasmes de masse susceptibles de produire des bulles économiques comme des chasses aux sorcières. « Les hommes, comme cela a été bien dit, pensent en troupeau ; on observera qu'ils deviennent fous en troupeau, alors qu'ils ne reviennent à la raison que lentement et un par un. »

238 ***« Tous ceux à qui j'ai posé la question…*** Lettre de CD à William D. Fox, 24 juin 1854. Darwin traversait une crise tant personnelle que professionnelle : il venait d'apprendre l'existence d'un essai qui menaçait de devancer sa théorie de la sélection naturelle ; d'autre part, son plus jeune fils était gravement malade. Le 1er juillet, ses amis présentèrent sa théorie en public pour la première fois lors d'une réunion à Londres de la Linnean Society. Il ne put être présent, car son fils, Charles Waring Darwin, était décédé la veille.

239 ***« Je suis profondément navré…*** Lettre de CD à William D. Fox, 27 juin 1858.

239 ***Edward demande à Combe…*** Lettre d'EWL à GC, 30 juin 1858.

239 ***Son nom a été « traîné…*** Lettre d'EWL à Thomas Jameson Torrie, 25 juin 1858, citée dans *Predicaments of Love* par Miriam Benn, p. 242.

239 ***Le* Daily News *réclame…*** Cf. le *Daily News* du 25 juin 1858.

239 ***« nul homme n'est à l'abri* […] *perdu de réputation ».*** Cf. L'*Observer* du 20 juin 1858.

240 ***« Le Dr Lane est un homme innocent…*** Cf. *Morning Post* du 8 juillet 1858.

240 ***« n'importe lequel de nos confrères ayant "des boucles…*** Cf. *British Medical Journal*, 10 juillet 1858.

240 ***Le roman épistolaire de Rousseau et le poème…*** Comme Isabella dans son journal, la moderne

Héloïse de Rousseau séduit son amant dans un « bosquet ». Comme Isabella dans son rêve, l'Eloisa de Pope croit enlacer un succube : « Je t'entends, te vois, regarde tous tes charmes / et autour de ton fantôme applique et referme les bras. »

241 ***« Ce journal intime s'accuse…*** Cf. *Saturday Review*, 26 juin 1858.

242 ***« Jamais, non, jamais je n'oublierai…*** Analysé dans *The Other Victorians* de Stephen Marcus, p. 197-216.

242 ***embrasée d'un feu excitant. »*** Cf. *Fanny Hill : Memoirs of a Woman of Pleasure* (Wordsworth Editions, 2258), p. 31. Cf. la description par Peter Gay de la pornographie de Holywell Street dans *Education of the Senses : the Bourgeois Experience, Victoria to Freud*, vol. I (1984).

243 ***Cela faisait maintenant des semaines…*** Cf. le *Saturday Review* du 26 juin 1858 : « Un homme n'a pas plus le droit moral que, pensons-nous, le droit légal de corrompre la moralité publique en augmentant la circulation de telles publications, ainsi qu'en en étant l'auteur. » Dans *Novels and Novelists of the Eighteenth Century* (1871), William Forsyth – l'avocat d'Edward Lane – comparait les « détails polluants » des comptes rendus de presse sur les débats du tribunal des Divorces aux passages licencieux des romans du dix-huitième siècle ; il réprimandait les chefs de rédaction qui permettaient à ce « ton de vulgarité, aujourd'hui emprunté à la fiction, de venir se loger dans leurs pages ».

243 ***John George Phillimore* [...] *une goutte de sang anglais. »*** Cf. *The Divorce Court : Its Evils and the Remedy* (1859) de Phillimore, p. 71, où l'auteur fait observer qu'Isabella avait éprouvé une « exalta-

tion morbide en jubilant à la pensée des preuves accumulées de sa propre licence ».

243 ***au cours de la session d'été...*** Palmerston avait longtemps eu une réputation d'homme à femmes. Il consignait ses prouesses sexuelles dans un journal de poche. Cf. l'article de David Steele dans l'*ODNB*.

244 ***« Le grand principe qui régule...*** L'auteur des deux était probablement l'essayiste et juriste victorien James Fitzjames Stephen, qui s'en prenait souvent aux excès sentimentaux des romans de Dickens. Avec les rumeurs qui circulaient désormais sur la vie privée de ce dernier, les attaques de Stephen contre ses malhonnêtetés littéraires se firent plus dures.

244 ***Que l'on bouche un canal...*** « La vénérable mère Tamise a une rivale », observait « Vieux Célibataire » dans un opuscule anonyme publié en 1859 ou 1860. « L'accumulation des ordures qui flottent sur son auguste poitrine n'est pas aussi nocive que le poison quotidiennement inoculé avec l'aval [de] notre chrétienne législature. Et à quoi devons-nous ce scandale ? À nous-mêmes – à notre accommodante morale – à la manière dont nous éduquons nos femmes – à l'effarante licence que nous leur accordons. » Cité dans *Culture and Adultery* (1999) de Barbara Leckie, p. 71.

244 ***« Le margouillis est en ébullition...*** Cf. *Illustrated London News*, 26 juin 1858.

244 ***George et Cecy Combe...*** Lettre de GC à EWL, 2 juin 1858.

244 ***Durant ce séjour...*** Jane Welsh Carlyle à Thomas Carlyle, 27 juin 1858. Correspondance des Carlyle en ligne, <carlyleletters.dukejournals.org>.

244 ***Lors de l'interruption [...] a fait peser sur eux.*** Journal de GC, 12 juillet 1858.

245 ***Bertie va « beaucoup mieux [...] notre civilisa-***

***tion.* »** Lettre de GC à Sir James Clark, 12 août 1858.

245 ***si l'amendement à la loi sur le divorce…*** Lettre de J. B. Stewart à GC, 3 juillet 1858.

245 ***« C'est aujourd'hui l'anniversaire [...] la famille tout entière. »*** Journal de GC, 25 juillet au 14 août 1858 ; *The Life of George Combe, the Author of « The Constitution of Man »* (1878) de Charles Gibbon.

246 ***Le 15 août, les entrepreneurs des pompes funèbres…*** Cf. *Queen Victoria's Skull* de David Stack, p. 2.

Chapitre 12

247 ***Le personnage a tout d'un inoffensif…*** Cf. portrait de Bovill à la NPG et *The Reminiscence of Sir Henry Hawkins, Baron Brampton*, vol. II (1904), éd. Richard Harris.

252 ***D'une voix rapide et monocorde…*** Cf. *The Life and Correspondance of John Duke Coleridge : Lord Chief Justice of England* (1904) de E.H. Coleridge.

254 ***elle aurait pu le citer comme témoin.*** La question de savoir si Lane aurait pu déposer devant la cour ecclésiastique fit naître une certaine confusion. Selon le *Times*, Cockburn avait déclaré qu'il « aurait pu être entendu » s'il s'y était prêté ; mais il s'agissait d'une coquille : Cockburn avait en fait dit que Lane *n'aurait* pu témoigner de son plein gré. Ses avocats signalèrent l'erreur au journal par un courrier du 29 novembre.

258 ***« un carnet rempli d'absurdités »…*** Cf. *Daily Telegraph* du 17 juin 1858.

258 ***« Quiconque lit ce journal…*** Cf. *Daily Telegraph* du 24 novembre 1858.

259 ***Des articles fouillés parurent également…*** Cf. « Advocacy or Folly : the Alleged Lunatics' Friend Society, 1845-63 » de Nicholas Hervey in *Medical History*, vol. 30 (1986). En août 1858, dans une lettre reprise par les journaux britanniques et américains, Charles Dickens tenta de restaurer une réputation mise à mal en présentant sa femme Catherine, dont il était séparé, comme souffrant de « troubles mentaux ».

259 ***Une succession d'affaires inquiétantes…*** Comptes rendus dans les *Reports* de Swabey et Tristram ; articles dans le *Times* et le *Daily News*.

260 ***Le* Saturday Review *manifesta son désaccord…*** Cf. le *Saturday Review* du 4 décembre 1858. Le pardon et la connivence firent obstacle au divorce pendant encore un siècle. Afin d'obtenir le divorce, un mari ou une femme « innocent » devait fournir la preuve de la faute de son conjoint ; cette preuve consistait souvent en un constat d'adultère établi dans une chambre d'hôtel à la suite d'une mise en scène. En 1969, une loi ouvrit la voie au divorce par consentement mutuel.

262 ***Une semaine plus tard, la reine Victoria…*** In *Letters of Queen Victoria : a Selection from Her Majesty's Correspondence between the Years 1837 and 1861* (1907), cité dans le *Report of Royal Commission on Divorce and Matrimonial Causes* (1912).

263 ***Dans un jugement que les journaux qualifieront de…*** John Thom signala au *Times* que les propos de Cockburn avaient été déformés dans le numéro du 5 mars 1859 : « On prête à Sa Seigneurie d'avoir déclaré que Mrs Robinson m'écrivait en des termes très exaltés, disant que “la passion étreignait sa corde sensible”, etc. Il s'agit d'une erreur. Jamais Mrs Robinson ne s'est adressée à moi de cette

manière. Il se peut qu'elle ait écrit sur moi en ces termes dans son journal, ce qui est très différent. »

264 ***Les magistrats* [...] *n'ont pas trouvé matière...*** Dans le *Journal of Psychological Medicine and Mental Pathology*, vol. 12 (1859), Forbes Winslow exprime sa contrariété devant le fait que Cockburn a rejeté d'emblée le témoignage des médecins et émis l'assertion infondée que les maniaques sexuels confessaient toujours leurs obsessions à autrui.

265 ***De telles lignes ne peuvent guère être interprétées...*** Après la publication dans les années 1880 de *Ma vie secrète*, mémoires érotiques anonymes, beaucoup se demandèrent si l'ouvrage se fondait sur des faits ou s'il s'agissait d'une œuvre d'imagination. Les partisans de l'authenticité arguaient des nombreux détails quotidiens du livre et des scènes dans lesquelles l'auteur racontait ses défaillances sexuelles et ses déceptions. Cf. *The Other Victorians* de Stephen Marcus.

267 ***Bovill demande à la cour* [...] *défraiements versés aux témoins.*** Requête d'IHR auprès de la commission de recours de la Chambre des lords, 6 juin 1861, ACL. En ce qui concerne les frais, voir : *A Handy Book on the New Law of Divorce and Matrimonial Causes* (1860).

267 ***« Qu'il suffise de poser* [...] *débattue l'été dernier. »*** Cf. l'*Examiner* du 5 mars 1859.

268 ***Le Medical Times & Gazette...*** Dans sa livraison du 12 mars 1859.

268 ***« Rien n'aurait pu être plus limpide* [...] *complètement aliénée ».*** Rassemblé dans *Paradoxes and Puzzles* (1874) de John Paget. Même en 1910, l'avocat H. E. Fenn écrit dans ses mémoires que la cour des Divorces reçoit toujours l'aveu d'adultère de l'épouse « avec beaucoup de méfiance et, dans tous les cas, ne le prend pas en compte sans

qu'il soit pleinement corroboré ; sans cela, qui serait à l'abri des déclarations d'une hystérique ? [...] Il n'est pas douteux que certaines femmes « affabulent », surtout si elles sont d'une nature nerveuse, imaginant des choses qu'elles ne seraient pas vraiment fâchées de voir se produire. »

271 ***pourra siéger à huis clos. »*** En 1860, de toute façon, les femmes étaient le plus souvent exclues de la salle du tribunal, sauf si elles comparaissaient comme témoins. « Divorce a Vinculo », in *Once a Week.*

Chapitre 13

272 ***« Je suis heureux de dire* [...] *assez régulièrement. »*** Lettre de CD à William Fox, 12 février 1859.

273 **Hydropathy [...] an Explanatory Essay...** Cet ouvrage fut rejeté par le *Lancet*, organe de la médecine officielle, car il ne contenait « rien de particulièrement neuf ou ingénieux » et n'offrait que l'exemple d'un hydropathe « vantant sa marchandise » ; il fut en revanche salué dans le *Living Age* comme « lumineux et compétent [...] de loin la présentation [de la cure hydrothérapique] la plus intelligente et la plus rationnelle qui nous ait été donnée à ce jour ». Combe et Darwin recommandèrent le livre à leurs amis. Il était « rationnel et scientifique », selon Combe ; « très bon et d'une lecture profitable », selon Darwin. Lane envoya un exemplaire à Dickens qui, montrant moins d'enthousiasme, le remercia dans une lettre pour son « petit livre ».

273 ***« Mon amour de jeunesse... »*** Lettre de Catherine Crowe à Helen Brown, 25 juin 1861, fonds Crowe, F191822.

274 ***il décida d'émigrer en Australie.*** Lettre de Mary Butler à CD, décembre 1862.

274 ***appareilla pour le Queensland en 1863.*** Lettre de J. P. Thom à CD, 14 janvier 1863.

274 ***« eu égard à certains motifs familiaux ».*** Homologation des testaments respectifs d'Elizabeth Drysdale (14 mai 1887), d'Edward Wickstead Lane (30 octobre 1889) et de Margaret Mary Lane, née Drysdale (15 août 1891). Lady Drysdale mourut à Harley Street, Edward à Boulogne, Mary à Connaught Square, près de Hyde Park.

274 ***Charles se fit le porte-parole…*** Il fut témoin de la défense lorsque Annie Besant et Charles Bradlaugh furent poursuivis pour publication obscène après la parution en 1877 de leur livre sur le contrôle des naissances. En dépit de son intervention, ils furent condamnés pour avoir diffusé des écrits « susceptibles de dépraver et corrompre », définition de l'obscénité énoncée par Sir Alexander Cockburn en 1868 et ayant toujours cours aujourd'hui.

274 ***Charles eut deux fils avec Anne Vickery…*** Leurs fils étaient Charles Vickery Drysdale et George Vickery Drysdale.

275 ***George partageait une maison […] mourut trois ans plus tard.*** Testaments respectifs de George Drysdale (homologué le 10 décembre 1904) et de Charles Drysdale (homologué le 21 décembre 1907). Tous les deux décédèrent dans la même maison de West Dulwich, dans le Surrey. Susannah Hamilton Spring, selon les recensements de 1891 et 1901.

275 ***À sa mort en juillet 1863…*** Cf. l'article de Joshua S. Getzler dans l'*ODNB*.

275 ***« une des plus grandes révolutions sociales…*** Le *Times* du 28 mai 1867.

276 ***La reine Victoria pensait […] une actrice en***

Irlande. Cf. *Queen Victoria : a Personal History* (2000) de Christopher Hibbert, p. 299.

277 ***peuvent être en fin de compte physiologiques.*** En 1854, l'aliéniste français Jean-Pierre Falret avait décrit une forme de manie qu'il baptisa *folie circulaire** ; il s'agissait de la première identification de la maladie aujourd'hui appelée psychose maniacodépressive ou trouble bipolaire. En phase maniaque, écrivait Falret, les malades pouvaient manifester une pulsion sexuelle accrue accompagnée de l'illusion que l'objet de leur désir se trouvait dans les mêmes dispositions à leur endroit ; ils recherchaient parfois les épisodes sexuels avec une imprudente avidité. En phase dépressive, ils étaient plongés dans un état mélancolique, voire suicidaire. Falret signalait que les victimes de cette folie circulaire paraissaient souvent normales : elles ne souffraient pas de dysfonctionnements de la pensée, et leurs humeurs extrêmes étaient souvent entrecoupées de périodes de lucidité. Ces symptômes correspondaient aux sensations d'être « folle » puis « accablée », qu'Isabella décrivait dans son journal. Même si les médecins qui témoignèrent dans le procès Robinson avaient probablement connaissance des découvertes de Falret (évoquées en 1854 dans la presse médicale britannique), sa théorie ne corroborait pas la thèse de la démence d'Isabella : une victime de la *folie circulaire** pouvait se méprendre sur les intentions sexuelles d'autrui, mais n'était pas portée aux hallucinations en ce qui regardait l'acte sexuel.

278 ***Dinah Mulock* [...] A Life for a Life...** Cet ouvrage et *Adam Bede* de George Eliot furent en 1859 les deux livres les plus empruntés dans les bibliothèques, selon *Dinah Mulock Craik* (1983) de Sally Mitchell. Dinah Mulock épousa le cousin

de Georgiana Craik, George Lillie Craik, en 1865. Elle avait quarante ans et lui vingt-cinq.

279 ***« romans à sensations » des années 1860.*** Le narrateur de *The Serpent on the Hearth : a Mystery of the New Divorce Court* (1860), par exemple, ne peut s'empêcher de « ressasser le passé [...] bien que ce passé soit empreint de souffrance, il est toujours pour moi porteur d'un ravissement exquis et d'un plaisir que je parviens, seulement en rapportant ce mystère, à me rappeler encore et encore ».

279 ***« Il est curieux...*** Cf. *The Gay Science* (1866) de E.S. Dallas.

279 ***les livres parlant de « femmes perdues ».*** « To Novelists – and a Novelist » de Dinah Mulock, recension du *Moulin sur la Floss* de George Eliot dans *Macmillan's Magazine*, 1861.

280 ***« adultère dans son cœur ».*** Réponse de HOR le 1er février 1862, AN, J77/44/R4.

280 ***il se pourvut en 1859 devant la Chambre des lords...*** Minutes de la commission de recours de la Chambre des lords, 25 juin 1860, et requête de HOR pour un retrait du recours, 3 juin 1861, ACL.

280 ***Requis de régler*** **[...]** ***la guerre de Sécession.*** Réplique de HOR le 14 avril 1862, AN, J77/44/R4.

281 ***« Les petits enfants et leurs bons maîtres...*** Lettre de Bridget Curwen Walker à son petit-fils Thomas Walker, 3 janvier 1959, collection privée (Ruth Walker).

281 ***Quand Bridget mourut...*** Testament de Bridget Christian Walker, homologué le 28 mai 1859.

281 ***la propriété d'Ashford Court revint à Frederick.*** À la mort de celui-ci en 1880 à l'âge de cinquante-sept ans, la valeur du domaine fut estimée à quarante et un mille livres. Il revint à John Walker, frère

aîné d'Isabella, et à son fils, qui fit par la suite supprimer la clause d'inaliénabilité et le vendit. Frederick laissa une veuve, Henrietta ; leurs deux enfants, Isabella et Frederick, étaient décédés avant lui.

281 ***Henry répondit…*** Réplique de HOR le 17 avril 1858 devant la cour de la chancellerie et sa réponse du 1er février 1862, AN, J77/44/R4.

281 ***Elle continuait d'entretenir Alfred…*** Documents conservés aux AN, J77/44/R4 et recensement de 1861.

281 ***à condition qu'il lui en reverse les dividendes.*** Réponse de HOR le 1er février et réplique d'IHR le 4 mars 1862, AN, J77/44/R4.

281 ***En 1861, elle n'avait encore réglé…*** Requête d'IHR auprès de la commission de recours de la Chambre des lords, 6 juin 1861, ACL.

281 ***Henry vendit Balmore House…*** Réplique de HOR le 14 avril 1862, AN, J77/44/R4. Henry décrivit la propriété de Talbot Square – un bâtiment de quatre niveaux – comme une « petite maison » qu'il s'apprêtait à quitter en raison de pertes dans son activité. Selon le recensement de 1861, il y résidait au printemps de cette année-là en compagnie d'Otway, de Stanley, de trois domestiques et de deux de ses nièces. Selon sa déclaration, la maison de Park Street lui coûtait 84 livres par an.

282 ***Otway quitta Tonbridge School…*** Cf. *Register of Tonbridge School* (1893).

282 ***« en dépit et au mépris… »*** Réplique de HOR le 14 avril 1862, AN, J77/44/R4.

282 ***En 1863, sept ans après […] Grosvenor Hotel le 27 juin.*** Demande de HOR auprès du tribunal des Divorces et Affaires matrimoniales, 2 novembre 1863, déposée sous serment à Paris devant le consul britannique et de nouveau à Londres

une semaine plus tard avant d'être enregistrée le 10 novembre, minutes du tribunal, *Robinson contre Robinson et Le Petit*. Les deux documents aux AN, J77/44/R4.

282 ***Le splendide Victoria Hotel…*** Cf. *The Tourist's Guide ; or Pencillings in England and on the Continent* (1847) de John Henry Sherburne.

282 ***« pièce élévatrice ».*** Cf. *A History of London Transport* (1963) de T.C. Barker et M. Robbins.

282 ***dissous le 3 novembre 1864.*** Minutes du tribunal, *Robinson contre Robinson et Le Petit*, AN, J77/44/R4.

283 ***L'amant qu'elle accompagnait à l'hôtel…*** Demande de HOR auprès du tribunal des Divorces et Affaires matrimoniales, 2 novembre 1863, AN, J77/44/R4.

283 ***fils d'un aristocrate irlandais.*** In *Things I Can Tell* (1912) de Lord Rossmore.

283 ***une enquête sur les écoles primaires de la région.*** Cf. *Mémoires de la société académique de l'arrondissement de Boulogne-sur-Mer* (1880).

283 ***Il épousa en mai 1865 à Dublin…*** Mariage annoncé dans le *Belfast News-Letter* du 4 mai 1865. La cérémonie fut célébrée en l'église St Stephen.

283 ***divorcés qui se remarièrent cette année-là.*** Cf. *Annual Reports of the Register-General of the Births, Deaths and Marriages in England* (HMSO, 1878-1902).

283 ***Après avoir créé puis revendu…*** Voir à ce sujet *Maritime Enterprise and Empire* (2003) de J. Forbes Munro.

283 ***Henry ne tint pas sa promesse…*** Dans une lettre de la sœur de Tom, Amy Waters, à leur sœur Lucy le 19 juin 1864, où il est question du comportement « tout à fait honteux » de Henry, WG 9/6. Cette lettre et la correspondance ultérieure entre

des membres de la famille Waters se trouvent dans le fonds William/Gray au Tairawhiti Museum and Art Gallery, à Gisborne en Nouvelle-Zélande.

283 ***à la différence du bienveillant Albert…*** À l'époque du recensement de 1871, Albert habitait Westbourne Park avec son père, veuf, âgé de quatre-vingt-neuf ans. En 1881, Julia, sa femme, prenait les eaux à Malvern avec ses enfants, Alice et Hubert.

283 ***« HOR ne veut pas se donner l'embarras…*** Lettre de Helena Waters (née Robinson) à sa fille Lucy, 19 juin 1864, WG 9/6.

283 ***le surnommaient « le Turc ».*** Lettre de Helena à sa fille Lucy Waters, 31 décembre 1868 ; lettre de Carry Cowan à sa sœur Lucy Waters, début 1864. Carry ajoutait que Henry venait de rentrer d'un voyage en Orient, « plein d'onction, […] un vieil imbécile très terne et très cachotier », WG 9/6. Pour ses nièces, Albert était en revanche le « cher Albert ». Sa sœur Helena et lui étaient membres des Plymouth Brethren, secte chrétienne évangélique fondée à Dublin dans les années 1820. Albert fut le négociateur en chef quand la firme Robinson accepta de construire un moulin à farine à prix coûtant pour les pauvres de Hereford. Cf. *John Venn and the Friends of the Hereford Poor* (2007) de Jean O'Donnell.

284 ***« Stanley paraît très désireux…*** Lettre de Helena Waters à Lucy Waters, 23 novembre 1863, WG 9/6.

284 ***trouvé* particulièrement *impossible. »*** Lettre de Helena Waters à Lucy Waters, 25 décembre 1863, WG 9/6.

284 ***L'année suivante, son père lui fit quitter…*** Cf. *Register of Tonbridge School* (1893) et *Edinburgh*

Academy Register, dans lesquels la présence de Stanley est attestée de 1864 à 1866.

284 ***À la fin de la décennie, Henry…*** La *Scottish Commercial List* montre que HOR se trouvait à Glasgow en 1869.

284 ***En 1869, il fit breveter…*** Brevet figurant dans *Chronological Index of Patents* (1869).

285 ***« Une superbe épistolière !…*** Journal de la famille Waters, 13 avril 1870, WG 10/7.

285 ***« Mrs Robinson […] dans la soirée. »*** Journal de la famille Waters, 4 avril 1870, WG 10/7.

285 ***Lors d'une visite à Frant…*** Journal de la famille Waters, 7 avril 1870, WG 10/7.

285 ***En 1874, Alfred, âgé de trente-trois ans…*** Selon l'acte de mariage, les époux vivaient déjà dans Rupert Street à Westminster avant de convoler le 21 septembre 1874.

285 ***négoce du coton dans les années 1860…*** La *London Gazette* du 24 août 1867 indique qu'Otway a rompu son partenariat avec une entreprise de négociants en coton de Liverpool.

285 ***entré dans la marine marchande.*** Otway obtint son brevet de commandant à Londres le 19 février 1873, selon le *Lloyd's Captains' Register 1851-1947*, AN, ref. BT 122/86.

285 ***Alfred occupant les fonctions d'officier mécanicien.*** Cf., entre autres, le recensement de 1871, dans lequel Otway est déclaré commandant d'un navire à quai à Cardiff, et Hamilton officier mécanicien. Otway commandait le *Frascati* lorsque celui-ci toucha Bute en 1875, selon le *Western Mail* du 15 juin de cette année-là.

285 ***« Il est devenu…*** Lettre de Lucy Gray (née Waters) à son mari Charles, 12 mars 1876, WG 9/3.

286 ***« il n'en pouvait plus…*** Lettre de Lucy Gray à sa sœur Adelaide, vers mai 1877, WG 10/2.

286 ***« cette pauvre petite "Marie" »…*** Lettre de Helena Waters à Lucy Waters, 31 décembre 1868, WG 9/6.

286 ***donna trois fils à son époux.*** Oliver, né en 1867, devint chirurgien de la Marine ; Arthur, né en 1871, devint charpentier naval ; Ernest, né en 1877, devint ingénieur des constructions navales. Cf. recensements de 1871, 1881 et 1891.

286 ***une maison baptisée Fairlight à Bromley, dans le Kent.*** Au début des années 1870, Isabella acheta à Bromley, à l'angle de Newman Road et de Tweedy Road, une maison avec terrain à Dorothea Tweedy de Belvedere, selon l'inventaire des actes conservé à la bibliothèque municipale de Bromley. Elle revendit plusieurs parcelles au début des années 1880.

286 ***Emma Bovary…*** Les citations de *Madame Bovary* contenues dans cet ouvrage proviennent de la première traduction anglaise, due à la fille de Karl Marx, Eleanor, et publiée en 1886, un an avant le décès d'Isabella Robinson. En 1898, Eleanor se suicida à l'acide prussique après avoir découvert que son amant, l'athée Edward Aveling, avait épousé une jeune actrice.

286 ***Chez elle à Bromley…*** Selon le certificat de décès, Isabella succomba à une pyohémie généralisée, forme souvent fatale de scepticémie, trois jours après qu'un abcès suppurant fut apparu sur son pouce.

286 ***Au mois de décembre suivant…*** Henry mourut au 84 Upper Leeson Street, à Dublin, le 12 décembre 1887. Cf. « Calendars of Probate and Administration », Dublin.

287 ***« soupé de l'Angleterre »…*** Cf. *Time* du 14 avril 1930. Le testament d'Otway fut vainement contesté par son frère Alfred – voir AN, TS27/794.

Épilogue

290 ***« Cette adresse* [...] *celui-là seul y suffit. »*** Lettre d'EWL à GC, 13 avril 1858.

Bibliographie

Sources inédites

Archives du tribunal des Divorces et Affaires matrimoniales, dossier J77/44/R4, contenant les pièces du divorce Robinson, AN.

Archives de la cour de la chancellerie, dossier C15/550/R24, *Robinson contre Robinson*, AN.

Journal de George Combe, années 1856, 1857 et 1858 (MS 7431), BNE.

Journal de Robert Chambers (sections 341/30 et 341/33) et registre des auteurs (section 341/289), BNE.

Journal et correspondance de Helena Waters, sœur de Henry Robinson, et de sa famille, fonds WG.

Lettres de Mary Drysdale à Jane Williams, archives de la Clyde Company conservées à la State Library of Tasmania, Hobart, Australie.

Lettres de Charles et Bridget Walker et de Henry Curwen, archives de la famille Curwen (ref. DCu/3/31, DCu/3/81 et 3/7), Cumbria Record Office and Library, Whitehaven, Cumbria.

Lettres de William Copland et Mary Drysdale à John Murray, fonds John Murray, BNE.

Cahier et lettres adressées à George Combe entre 1850 et 1858. Lettres de 1850 à avril 1854, MS 7392 ; d'avril 1854 à juin 1858, MS 7393. Les lettres reçues par GC citées dans cet ouvrage, MS 7350, MS 7365 et MSS 7369-7374, fonds Combe, BNE.

Lettres de et à Catherine Crowe, fonds Catherine Crowe, Templeman Library, Kent University, Canterbury, Kent.

Archives paroissiales d'Ashford Carbonel, Hereford Record Office, Hereford, Herefordshire.

Archives paroissiales de Ludlow, Salop Record Office, Shrewsbury, Shropshire.

Archives paroissiales de St Pancras, London Metropolitan Archives, Londres.

Archives de la Chambre des lords, HO/PO/JO/9/9/382-448 (du 17 juin 1859 au 13 juin 1861) ; documents concernant l'appel contre le verdict du tribunal des Divorces, ACL.

Sources publiées

Articles de presse sur le procès Robinson et autres affaires de divorce, de juin 1858 à mars 1859 : *Caledonian Mercury*, *Daily News*, *Daily Telegraph*, *The Era*, *Examiner*, *Liverpool Mercury*, *Manchester Times*, *Morning Chronicle*, *Morning Post*, *Nottinghamshire Guardian*, *Observer*, *Reynold's Newspaper*, *The Times*.

Acton, William, *The Functions and Disorders of the Reproductive Organs, in Childhood, Youth, Adult Age, and Advanced Life, Considered in the Physiological, Social, and Moral Relations* (Londres, 1857).

Allan, Janice M., « Mrs Robinson's "Day-Book of Iniquity" : Reading Bodies of/and Evidence in the Context of the 1858 Medical Reform Act », *The Female Body in Medicine and Literature*, dir. Andrew Mangan et Greta Depledge (Liverpool, 2011).

The Annual Register 1858 (Londres, 1959).

Anonymes :

— *A Handy Book on the New Law of Divorce and Matrimonial Causes* (Londres et Dublin, 1860).

— « Moor Park, As It Was and Is », *New Monthly Magazine*, vol. 104 (mai 1855).

— « Moor Park Hydropathic Establishment [a Prospectus] » (1856).

— [Charles Dickens], « Our French Watering-place », *in Household Words*, vol. 10, n° 12 (4 novembre 1854).

— [Marianne Young], *Sketches of the Camp at Aldershot : also Farnham, Waverly Abbey, Moor Park* (Aldershot, 1858).

— « The Working of the New Divorce Bill », *The English Woman's Journal 1* (1858) : « Act to Amend the Divorce and Matrimonal Causes Act of Last Session » ; et « Matrimonial Divorce Act », *The English Woman's Journal 2* (1859).

— « The Divorce Court at Work », *Saturday Review* (31 décembre 1858) ; et « A Month in the Divorce Court », *Saturday Review* (8 janvier 1859).

— « Divorce a Vinculo ; or, the Terrors of Sir Cresswell Cresswell », *Once a Week* (en six parties débutant le 25 février 1860).

— *The Serpent on the Hearth : a Mystery of the New Divorce Court* (Londres, 1861).

Arnold, A. J., *Iron Shipbuilding on the Thames, 1832-1915 : an Economic and Business History* (Aldershot, 2000).

Auerbach, Nina, « The Rise of the Fallen Woman », *Nineteenth-Century Fiction*, vol. 35, n° I (juin 1980).

Baxter, R. D., *National Income* (Londres, 1868).

Beizer, Janet, *Ventriloquized Bodies : Narratives of Hysteria in Nineteenth-Century France* (Ithaca, 1994).

Bell, Acron [Anne Brontë], *La Locataire de Wildfell Hall* (Londres, 1848).

Bell, Currer [Charlotte Brontë], *Jane Eyre : an Autobiography* (Londres, 1848).

Benn J. Miriam, *Predicaments of Love* (Londres, 1992).

Bennet, J. H., *A Practical Treatise on Inflammation of the Uterus, Its Cervix, and Appendages, and on Its Connection with Uterine Disease* (3e éd., Londres, 1853).

Berrios, G. E., et Kennedy, N., « Erotomania : a Conceptual History », *History of Psychiatry*, vol. 13, n° 52 (décembre 2002).

Black, Adam, et Black, Charles, *Black's Guide Through Edinburgh* (Édimbourg, 1851).

Blodgett, Harriet, *Centuries of Private Diaries : Englishwomen's Private Diaries* (Nouveau-Brunswick, 1989).

— *« Capacious Hold-All » : an Anthology of Englishwomen's Diary Writings* (Charlottesville, 1991).

Bostridge, Mark, *Florence Nightingale : the Woman and her Legend* (Londres, 2008).

Boyle, Thomas, *Black Swine in the Sewers of Hampstead : the Surface of Victorian Sensationalism* (New York, 1989).

Braddon, Mary Elizabeth, *The Doctor's Wife* (Londres, 1864).

Bradley, James, Dupree, Margaret, et Durie, Alastair, « Taking the Water-Cure : the Hydropathic Movement in Scotland, 1840-1940 », *Business and Economic History*, vol. 26, n° 2 (1997).

Bulwer-Lytton, Edward, *Confessions of a Water Patient* (Londres, 1845).

Bunkers, Suzanne L., et Huff, Cynthia A., *Inscribing the Daily : Critical Essays on Women's Diaries* (Amherst, 1996).

Carter, Kathryn, « The Cultural Work of Diaries in Mid-Century Victorian Britain », *Victorian Review*, vol. 23, n° 2 (1997).

Carter, Robert Brudenell, *On the Pathology and Treatment of Hysteria* (Londres, 1853).

Chase, Karen, et Levenson, Michael, *The Spectacle of Intimacy : a Public Life for the Victorian Family* (Princeton, 2000).

Collins, Wilkie, « Le Journal d'Anne Rodway », *Household Words*, vol. 14, n° 330-331 (19 au 26 juillet 1856).

— *La Dame en blanc* (Londres, 1860).

— *Armadale* (Londres, 1866).

Colp Jr, Ralph, *Darwin's Illness* (Floride, 2008).

— « Charles Darwin, Dr Edward Lane, and the "Singular Trial" of Robinson v Robinson & Lane », *Journal of the History of Medicine*, vol. 36, n° 2 (avril 1981).

Combe, Andrew, *Observations on Mental Derangement : Being an Application of the Principles of Phrenology to the Elucidation of the Causes, Symptoms, Nature and Treatment of Insanity* (Édimbourg et Londres, 1831).

Combe, George, *The Constitution of Man Considered in Relation to External Objects* (Édimbourg et Londres, 1828).

— *On the Functions of the Cerebellum* : traduction de *Sur les fonctions du cerveau* de Josef Franz Gall (Édimbourg et Londres, 1838).
— *A System of Phrenology* (5e éd., Édimbourg et Londres, 1843).
— *Life and Correspondence of Andrew Combe, MD* (Édimbourg, 1850).
— *The Relation Between Science and Religion* (Édimbourg et Londres, 1857).
Craik, Georgiana, *My First Journal* (Cambridge et Londres, 1860).
Creaton, Heather, *Victorian Diaries : the Daily Lives of Victorian Men and Women* (Londres, 2001).
Crowe, Catherine, *The Night Side of Nature ; or, Ghosts and Ghost Seers* (Londres, 1848).
Curwen, John F., *A History of the Ancient House of Curwen of Workington in Cumberland* (Kendal, 1928).
Dallas, Eneas Sweetland, *The Gay Science* (Londres, 1866).
Darwin, Charles, *De l'origine des espèces au moyen de la sélection naturelle, ou la préservation des races favorisées dans la lutte pour la vie* (Londres, 1859).
Dawson, Gowan, *Darwin, Literature, and Victorian Respectability* (Cambridge, 2007).
Delafield, Catherine, *Women's Diaries as Narrative in the Nineteenth-Century Novel* (Farnham, 2009).
Dickens, Charles, et Lemon, Mark, *Le Journal de M. Nightingale, farce en un acte* (Boston, 1877).
Dillon, Brian, *Tormented Hope : Nine Hypochondriac Lives* (Dublin, 2009).
Durie, Alastair J., « "The Drugs, the Blister and the Lancet are all Laid Aside" – Hydropathy and Medical Orthodoxy in Scotland, 1840-1900 », *Repositioning Victorian Sciences : Shifting Centres*

in Nineteenth-Century Thinking, dir. David Clifford, Elizabeth Wadge, Alexandra Warwick et David Willis (Cambridge, 2006).

Emmerson, George, *John Scott Russell* (Londres, 1977).

Esquirol, J. E. D., *Mental Maladies : a Treatise on Insanity*, trad. E. K. Hunt (New York et Londres, 1845).

Fenn, Henry Edwin, *Thirty-Five Years in the Divorce Court* (Londres, 1911).

Flaubert, Gustave, *Madame Bovary, mœurs de province* (Paris, 1857) ; traduit par Eleanor Marx sous le titre *Madame Bovary : Provincial Manners* (Londres, 1886).

Flint, Kate, *The Woman Reader, 1837-1914* (Oxford, 1993).

Foss, Edward, *Biographia Juridica : a Biographical Dictionary of the Judges of England from the Conquest to the Present Time* (Londres, 1870).

Fotherhill, Robert, *Private Chronicles : a Study of English Diaries* (Oxford, 1974).

Gay, Peter, *Education of the Senses : the Bourgeois Experience, Victoria to Freud*, vol. I (Oxford, 1984).

General Medical Council, *The Medical Register* (Londres, 1859-1895).

Gibbon, Charles, *The Life of George Combe, the Author of « The Constitution of Man »* (Londres, 1878).

Groneman, Carol, « Nymphomania : the Historical Construction of Female Sexuality », *Signs : Journal of Women in Culture and Society*, vol. 19, n° 2 (hiver 1994).

Hager, Kelly, *Dickens and the Rise of Divorce : the Failed-Marriage Plot and the Novel Tradition* (Farnham and Burlington, 2010).

Healy, David, *Mania : a Short History of Bipolar Disorder* (Baltimore, 2008).
Holmes, Ann Sumner, « The Double Standard in the English Divorce Laws, 1857-1923 », *Law and Social Inquiry*, vol. 20, n° 2 (printemps 1995).
Hoppen, K. Theodore, *The Mid-Victorian Generation*, 1846-1886 (Oxford, 1998).
Horstman, Allen, *Victorian Divorce* (Londres, 1985).
House, Madeline, Storey, Graham et Tillotson, Kathleen, éd., *The Pilgrim Edition of the Letters of Charles Dickens, vol. 6-9, 1850-61* (Oxford, 1988).
Hughes, Edward, *North Country Life in the Nineteenth Century, vol. II : Cumberland and Westmorland, 1700-1830* (Oxford, 1965).
Huff, Cinthia, *British Women's Diaries : a Descriptive Bibliography of Selected Nineteenth-Century Manuscripts* (New York, 1985).
Humpherys, Anne, « Coming Apart : the British Newspaper Press and the Divorce Court », *Defining Centres : Nineteenth-Century Media and the Construction of Identities*, dir. Laurel Brake, William Bell et David Finkelstein (Londres, 2000).
Jameson, Anna Brownell, *The Diary of an Ennuyée* (Londres, 1834) ; édition originale anonyme : *A Lady's Diary* (Londres, 1826).
Lane, Edward Wickstead, *Hydropathy ; or, the Natural System of Medical Treatment : an Explanatory Essay* (Londres, 1857).
— « Thesis : Notes on Medical Subjects, Comprising Remarks on the Constitution and Management of British Hospitals, etc. » (Édimbourg, 1853).
— *Medicine Old and New* (Londres, 1873).
— « Letter read by Dr B.W. Richardson FRS at his lecture on Charles Darwin FRS in St George's Hall, Langham Place, 22 October 1882 » (édition privée).

— *Hygienic Medicine : the Teachings of Physiology and Common Sense* (Londres, 1885).
Laqueur, Thomas, *Solitary Sex : a Cultural History of Masturbation* (New York, 2003).
Leckie, Barbara, *Culture and Adultery : the Novel, the Newspaper and the Law, 1857-1914* (Philadelphie, 1999).
Maclaren, Angus, *Birth Control in Nineteenth-Century England* (Londres, 1978).
Macqueen, John Fraser, *A Practical Treatise on Divorce and Matrimonial Jurisdiction Under the Act of 1857 and New Orders* (Londres, 1858).
Marcus, Stephen, *The Other Victorians : a Study of Sexuality and Pornography in Mid-Nineteenth-Century England* (New York, 1966).
Martens, Lorna, *The Diary Novel* (Cambridge, 2009).
Martin, Philip W., *Mad Women in Romantic Writing* (Brighton, 1987).
Mason, Michael, *The Making of Victorian Sexuality* (Oxford, 1984).
Mulock, Dinah, « The Water Cure », *Dublin University Magazine* (avril 1855).
— *A Woman's Thoughts about Women* (Londres, 1858).
— *A Life for a Life* (Londres, 1859).
Munro, J. Forbes, *Maritime Enterprise and Empire* (Woodbridge, 2003).
Nead, Lynda, *Myths of Sexuality : Representations of Women in Victorian Britain* (Oxford, 1998).
Norton, Caroline, *A Letter to the Queen on Lord Chancellor Cranworth's Marriage and Divorce Bill* (Londres, 1855).
Overton, Bill, *The Novel of Female Adultery, 1830-1900* (Basingstoke et Londres, 1996).
The Oxford Dictionary of National Biography (Oxford, 2004).

Phillimore, John George, *The Divorce Court : its Evils and the Remedy* (Londres, 1859).

Poovey, Mary, *Uneven Developments : the Ideological Work of Gender in Mid-Victorian England* (Chicago, 1988).

Ray, Phyllis M., *Ashford Carbonel : a Peculiar Parish ; A Brief History* (Ludlow, 1998).

Richards, Graham, *Mental Machinery : The Origins and Consequences of Psychological Ideas, Part I : 1600-1850* (Londres, 1992).

Robertson, Thomas William, *My Wife's Diary* (Londres, vers 1854) : adaptation d'une pièce du Français Adolphe d'Ennery, d'abord jouée en Angleterre sous le titre de *The Wife's Journal*.

Rose, Phyllis, *Parallel Lives : Five Victorian Marriages* (New York, 1983).

Rosenman, Ellen Bayuk, *Unauthorized Pleasures : Accounts of Victorian Erotic Experience* (Ithaca, 2003).

Russett, Cynthia Eagle, *Sexual Science : the Victorian Construction of Womanhood* (Harvard, 1989).

Sato, Tomoko, « E. W. Lane's Hydropathic Establishment at Moor Park », *Hitotsubashi Journal of Social Studies*, vol. 10, n° I (avril 1978).

— « George and Charles Drysdale in Edinburgh », *Journal of Tsuda College Tokyo*, vol. 12 (1980).

— « Charles Robert Drysdale in 1848-69 », *Journal of Tsuda College Tokyo*, vol. 13 (mars 1981).

— « La mort supposée de George Drysdale et *The Elements of Social Science* » (en japonais), *Hitotsubashi Ronsu*, vol. 78, n° 2 (août 1977).

Savage, Gail, « The Operation of the 1857 Divorce Act, 1860-1910 », *Journal of Social History* (1988).

— « Erotic Stories and Public Decency », *The Historical Journal*, vol. 41 (2 juin 1998).

Secord, James A., *Victorian Sensation : the Extraordinary Publication, Reception, and Secret Authorship of Vestiges of the Natural History of Creation* (Chicago, 2000).

Shanley, Mary Lyndon, « One Must Ride Behind : Married Women's Rights and the Divorce Act of 1857 », *Victorian Studies*, vol. 25 (printemps 1982).

Shortland, Michael, « Courting the Cerebellum : Early Organological and Phrenological Views of Sexuality », *British Journal for the History of Science*, vol. 20 (1987).

Shuttleworth, Sally, *Charlotte Brontë and Victorian Psychology* (Cambridge, 1996).

Smethurst, Thomas, *Hydrotherapia ; or, The Water Cure* (Londres, 1843).

Smith, Roger, *Trial by Medicine : Insanity and Responsibility in Victorian Trials* (Édimbourg, 1981).

Smith, W. Tyler, *Manual of Obstetrics* (Londres, 1858).

Spencer, Herbert, *Social Statics ; or, The Conditions Essential to Happiness Specified, and the First of Them Developed* (Londres, 1851).

Stack, David, *Queen Victoria's Skull : George Combe and the Mid-Victorian Mind* (Londres 2007).

« A Student of Medicine » [George Drysdale], *Physical, Sexual, and Natural Religion* (Londres, 1854), réédité sous le titre de *The Elements of Social Science* (la trente-cinquième édition, parue en 1905, est accompagnée d'une notice biographique sur George par Charles Drysdale).

Stone, Lawrence, *Road to Divorce : England 1530-1987* (Oxford, 1990).

— *Broken Lives : Separation and Divorce in England, 1660-1857* (Oxford, 1993).

Swabey DCL, M. C. Merttins, Tristram DCL et Thomas Hutchinson, éd., *Reports of Cases Decided in the Court of Probate and in the Court for Divorce and Matrimonial Causes*, vol. I (Londres, 1860).

Tallent-Bateman, Charles T., *A Home Historical : Moor Park, Surrey* (édition privée, 1885).

Tanner, Tony, *Adultery in the Novel : Contract and Transgression* (Baltimore et Londres, 1979).

Taylor, Jenny Bourne, « Obscure Recesses : Locating the Victorian Unconscious », *Writing and Victorianism*, dir. J. B. Bullen (Londres, 1997).

— et Sally Shuttleworth, éd., *Embodied Selves : an Anthology of Psychological Texts, 1830-1890* (Londres, 1988).

Tennyson, Alfred, *The Idylls of the King* (Londres, 1859).

Thomas, Keith, « The Double Standard », *Journal of the History of Ideas*, vol. 20, n° 2 (avril 1959).

Tidswell, Richard Thomas, et Littler, Ralph Daniel Makinson, *The Practice and Evidence in Cases of Divorce and other Matrimonial Causes* (Londres, 1860).

Tilt, E. J., *On Diseases of Menstruation and Ovarian Inflammation* (Londres, 1850).

The Change of Life in Health and Disease (Londres, 1857).

Turner, E. S., *Taking the Cure* (Londres, 1967).

Vicinus, Martha, dir., *Suffer and be Still : Women in the Victorian Age* (Bloomington, 1972).

Wood, Ellen, *East Lynne* (Londres, 1861).

Wood, Jane, *Passion and Pathology in Victorian Fiction* (Oxford, 2001).

van Wyhe, John, *Phrenology and the Origins of Victorian Scientific Naturalism* (Aldershot et Burlington, 2004).

Young, Marianne, *Aldershot and All About It, with Gossip, Literary, Military and Pictorial* (Londres, 1857).

La correspondance de Charles Darwin à <www.darwinproject.ac.uk>.

Remerciements

Je remercie le personnel de la British Library, de la London Library, des Archives nationales et de la Wellcome Library de Londres ; le personnel des archives locales de Hereford, Reading, Shrewsbury et Whitehaven ; Pauline Dunne des Archives nationales à Dublin et Alison Metcalfe de la National Library of Scotland à Édimbourg. Pour m'avoir autorisée à citer leurs archives, merci aux administrateurs de la National Library of Scotland, au Cumbria Archive & Local Studies Centre (Whitehaven) et au Tairawhiti Museum de Gisborne, en Nouvelle-Zélande. Un grand merci à Meg Vivers de m'avoir fait bénéficier de son excellent travail de recherche sur la famille Robinson ; à Mark Robinson pour les informations sur son arrière-grand-père ; à Phyllis Ray et Ruth Walker, qui m'ont transmis ce qu'elles savent sur les Walker. Pour avoir fait en sorte que je puisse visiter certaines des maisons où vécurent Isabella Robinson et ses amis, je suis reconnaissante à Clynt Wellington dans le Surrey, à Ann et Freddy Johnston à Ludlow, à Florence Shanks et Lucinda Miller à Édimbourg.

Merci à tous les amis et parents qui m'ont aidée pendant que je travaillais à ce livre, dont Lorna

Bradbury, Alex Clark, Toby Clements, Will Cohu, Tamsin Currey, Robert Douglas-Fairhurst, Claudia FitzHerbert, Miranda Fricker, Stephen Grosz, Victoria Lane, Ruth Metzstein, Sinclair McKay, Daniel Noguès, Marina Noguès, Tasio Noguès, Stephen O'Connell, Kathy O'Shaughnessy, Robert Randall, John Ridding, Wycliffe Stutchbury, Ben Summerscale, Juliet Summerscale, le regretté Peter Summerscale, Lydia Syson, Frances Wilson, Keith Wilson, les mères qui se réunissent au Coffee Cup à Hampstead et les écrivains qui se réunissent au Novel History Salon à Bloomsbury. Un merci tout particulier à mon fils, Sam.

Un grand merci, comme toujours, à mon agent, David Miller ; à ses collègues chez Rogers, Coleridge & White, dont Stephen Edwards, Alex Goodwin et Laurence Laluyaux ; ainsi qu'à Julia Kreitman de The Agency de Londres et à Melanie Jackson à New York. Merci à Richard Rose pour ses suggestions et avis, toujours excellents. Merci à tous les gens de Bloomsbury à Londres pour avoir rendu si plaisant le travail de préparation à la publication, et parmi eux Geraldine Beare, Richard Charkin, Jude Drake, Sarah-Jane Forder, Alexa von Hirschberg, Nick Humphrey, Kate Johnson, David Mann, Paul Nash, Anya Rosenberg, Alice Shortland, Anna Simpson et – tout particulièrement – mon éditrice, Alexandra Pringle, dont les conseils m'ont été si précieux. Un grand merci également aux autres éditeurs qui ont soutenu ce projet : George Gibson et le reste de l'équipe de Bloomsbury à New York, Ann-Catherine Geuder à Berlin, Dominique Bourgois à Paris, Ludmila Kuznetsova à Moscou, Andrea Canobbio à Turin, Sofia Ribeiro à Lisbonne et Henk ter Borg à Amsterdam.

Index

Table

MIXTE
Papier issu de sources responsables
FSC® C003309
www.fsc.org

10/18, une marque d'Univers Poche,
est un éditeur qui s'engage pour
la préservation de son environnement
et qui utilise du papier fabriqué à partir
de bois provenant de forêts gérées
de manière responsable.

Impression réalisée par

CPI
BRODARD & TAUPIN

La Flèche (Sarthe), 3004107
Dépôt légal : mars 2014
X06254/01

Imprimé en France